H. SCHIELE und M. RICKER

Betriebswirtschaftliche Aufschlüsse aus der Fuggerzeit

NÜRNBERGER ABHANDLUNGEN
ZU DEN WIRTSCHAFTS- UND SOZIALWISSENSCHAFTEN

Herausgegeben von Prof. Dr. Joachim Klaus, Prof. Dr. Hanns Linhardt,
Prof. Dr. Gerhard Mann, Prof. Dr. Dr. Walter Weddigen

Verantwortlicher Herausgeber: H. Linhardt

Heft 25

Betriebswirtschaftliche Aufschlüsse aus der Fuggerzeit

Von

Hartmut Schiele und Manfred Ricker

DUNCKER & HUMBLOT / BERLIN

Gedruckt 1967 bei Berliner Buchdruckerei Union GmbH., Berlin 61
Printed in Germany
n 2

Inhalt

Betriebswirtschaftliche Aufschlüsse aus den Fugger-Veröffentlichungen von Götz Freiherrn von Pölnitz
Von *Hartmut Schiele* 5

Beiträge zur älteren Geschichte der Buchhaltung in Deutschland
Von *Manfred Ricker* 111

Namenverzeichnis 219

Sachverzeichnis 220

Betriebswirtschaftliche Aufschlüsse aus den Fugger-Veröffentlichungen von Götz Freiherrn von Pölnitz

Von

Hartmut Schiele

Inhaltsverzeichnis

A. Die Wirtschaftszweige 9

I. Der Fernhandel 10

1. Die zentrale gesamtwirtschaftliche Bedeutung des Fernhandels im „Zeitalter der Fugger“ 10
2. Der Fuggerhandel 12

II. Die Verbindung von Handel und Produktion 14

1. Die Organisation der Textilproduktion und des Bergbaus in der Form des Verlagssystems 14
2. Die Bergbauunternehmen 16

III. Die Verbindung von Handel und Finanzgeschäft 18

1. Die gegenseitige Bedingung von Fernhandel und Staatskredit 18
2. Die sogenannten Metallkäufe 19
3. Das Steuerpachtgeschäft 21

IV. Das Bankgeschäft 23

1. Kreditgeschäfte 23
2. Depositengeschäfte 25
3. Zahlungsverkehr 26

B. Unternehmungsform und Unternehmungszusammenschlüsse 29

I. Die Gesellschaftsverträge der Fugger 30

1. Firma 31
2. Dauer der Gesellschaft 31
3. Einlagen der Gesellschafter 32
4. Geschäftsführung und Vertretung nach außen 33
5. Gewinnverteilung 35
6. Beschlußfassung der Gesellschafter 36
7. Nachfolgeschaft, Tod eines Gesellschafters 37

II. Die Form der Fuggerschen Handelsgesellschaft und ihre wirtschaftliche Bedeutung 38

1. Versuch einer Bestimmung der Rechtsform der Fuggerschen Handelsgesellschaft 38
2. Die wirtschaftlichen Gründe für die Wahl der Gesellschaftsform 42

III. Unternehmungszusammenschlüsse 44

1. Konsortien 44
2. Das Kupferkartell vom Jahre 1498 47
3. Die Interessengemeinschaft Fugger — Thurzo 48

C. Rechnungswesen ... 51

I. Wesen und Bedeutung der Fuggerbuchhaltung ... 51

II. Buchhaltungstechnik ... 53
1. Rechnungsbücher ... 54
2. Buchungen ... 56
3. Abschluß der Bücher ... 60

III. Die Inventur ... 64
1. Die Aktiva ... 65
2. Die Passiva ... 66
3. Die Sonderstellung der ungarischen Handels ... 67

IV. Die Bilanz ... 68

D. Organisation ... 72

I. Der organisatorische Aufbau des Fuggerschen Faktoreiensystems 72
1. Standortwahl ... 72
2. Organisation der Verkehrswege ... 76
3. Nachrichtendienst ... 79

II. Aufgabenteilung und Arbeitsgliederung ... 80
1. Aufgabenteilung ... 80
2. Arbeitsgliederung ... 85

III. Personalpolitik ... 87

E. Unternehmung und Markt ... 90

I. Märkte ... 90
1. Warenmärkte und ihre Schichtung ... 91
2. Geld- und Kapitalmärkte ... 94

II. Die Stellung der Fugger-Unternehmung am Markt ... 98
1. Marktbeobachtung ... 98
2. Absatzorganisation ... 100

III. Monopolbestrebungen ... 102

Anhang: 2 Karten
1. Niederlassungen und Handelswege der Fugger im Zeitraum von 1495—1525 ... nach 104
2. Fuggerscher Kupferexport aus Ungarn 1497—1539 ... 105

Literaturverzeichnis ... 107

A. Die Wirtschaftszweige

„Das Zeitalter der Fugger“ überschrieb Richard *Ehrenberg* sein zweibändiges Werk über Geldkapital und Kreditverkehr im 16. Jahrhundert[1]. Diese Überschrift läßt die überragende Bedeutung des Hauses Fugger in der oberdeutschen Handelsgeschichte des Spätmittelalters und der beginnenden Neuzeit erkennen. Den ersten Platz unter den oberdeutschen Handelsherren nehmen zweifelsohne die Fugger ein, und ihre kaufmännische Tätigkeit spiegelt in eindrucksvoller Weise Struktur und Ablauf, aber auch den Geist des Wirtschaftslebens jener Epoche wider.

Der Zeitraum vom Ende des 15. bis zur Mitte des 16. Jahrhunderts, den wir der folgenden Untersuchung zugrunde legen wollen, umfaßt jene unvergleichliche Periode Fuggerschen Aufstiegs und Fuggerscher Weltgeltung unter Jakob und Anton Fugger, welche in der Geschichte der deutschen Handelshäuser ihresgleichen sucht. Weder zuvor noch in späteren Jahrhunderten hat ein deutsches Kaufmannsgeschlecht durch seinen Reichtum ein solches Maß an Herrschgewalt und beeindruckenden Glanzes entfaltet wie die Fugger. Es würde zu weit führen, an dieser Stelle auf den unerhörten Einfluß und die großartige Machtstellung einzugehen, die dieses stolze Kaufmannsgeschlecht zu seiner Zeit hatte. Die Rolle, die die Fugger als Führer der europäischen Kaufmannschaft, als Warengroßhändler, Verleger, Montanindustrielle und besonders als Bankiers und Finanzierer von Kaisern und Päpsten, von weltlichen und geistlichen Fürsten gespielt haben, ist hinlänglich bekannt.

„Wer bezahlte die Dienste des Söldnerführers Georg von Frundsberg? Die Fugger! Wer finanzierte den Schmalkaldischen Krieg? Die Fugger! Wer half Kaiser Maximilian I., Kaiser Karl V., Kaiser Philipp II. ihre Erblande zu schützen, ihre Krone zu gewinnen und zu verteidigen, ihre Bodenschätze zu heben, ihre Beziehungen zum Hl. Stuhl und zu auswärtigen Mächten zu pflegen und zu festigen? Die Fugger! Und was waren sie? Finanzierer. Von Dr. Martin Luther bekämpft, von Ulrich von Hutten angegriffen, von Johannes Eck, Erasmus von Rotterdam verteidigt, von Kaiser und Papst geschützt[2].“

---

[1] *Ehrenberg*, Richard: Das Zeitalter der Fugger, 2 Bde., 1. Aufl. 1896, 3. Aufl., Jena 1922.

[2] *Linhardt*, Hanns: Die historische Komponente der funktionalen Betriebswirtschaftslehre, Berlin 1964, S. 87.

Hineingestellt in eine Zeit des tiefgreifenden geschichtlichen Wandels, des geistigen und kulturellen Umbruchs in Religion und Wissenschaft, Staat und Gesellschaft, werden sie, heftig umstritten in Kreisen der Theologie, des Humanismus und der Jurisprudenz, zu den hervorragenden Verfechtern einer neuen Wirtschaftsverfassung, welche später einmal mit dem Schlagwort des „Kapitalismus" belegt werden sollte. Allerdings darf der vielzitierte Ausspruch Jakob Fuggers, „er wolle gewinnen, dieweil er könne", nicht dahingehend verallgemeinert werden, daß man aus ihm, wie es vielfach geschehen ist, die typisierende Vorstellung vom renaissancehaft-frühkapitalistischen Wirtschaftskapitän ableitet[3]. Der Begründer eines neuen, vom Hause Fugger geführten Wirtschaftsstils muß in seiner ganzen Einmaligkeit gesehen werden, als „eine jener im deutschen Raume gar nicht seltenen Gestalten des Übergangs — hier: einer Generation zwischen Mittelalter und Renaissance —, die noch im Alten wurzelnd schon zum Neuen weisen, durch diesen inneren Widerspruch zwar schwierig, freilich, richtig erfaßt, unglaublich aufschlußreich für das Begreifen ihrer gesamten Zeit erscheinen"[4].

I. Der Fernhandel

1. Die zentrale gesamtwirtschaftliche Bedeutung des Fernhandels im „Zeitalter der Fugger"

Eine Wirtschaftsepoche nennt *Sombart*[5] „eine historische Zeitspanne, während welcher das Wirtschaftsleben einen wahrnehmbar besonderen Artcharakter trägt". Das „Zeitalter der Fugger" erfährt seine wirtschaftliche Prägung vor allem durch Aufbau, Eigenart und gegenseitige Verflechtung der Wirtschaftszweige, in denen sich die Kaufherren jener Zeit, allen voran die Fugger, betätigen.

Der Wirtschaftszweig des Handels nimmt dabei eine zentrale Stellung ein. Ihm obliegt die Verteilung von Waren verschiedenster Gattung unter Überwindung oft riesiger Entfernungen über ganz Europa, ja sogar außereuropäische Gebiete hin. Er übernimmt die Einfuhr außereuropäischer Gewürze, Luxuswaren und Rohstoffe nach Europa und die Ausfuhr europäischer Metalle, Metallwaren und Textilerzeugnisse nach den außereuropäischen Märkten; daneben verteilt er die Erzeugnisse der

---

[3] Vgl. *Pölnitz,* Götz Frhr. v.: Jakob Fugger. Kaiser, Kirche und Kapital in der oberdeutschen Renaissance, Tübingen 1949 (künftig abgekürzt: Jakob I), S. 338 f.

Vgl. *derselbe:* Jakob Fugger. Quellen und Erläuterungen, Tübingen 1951 (künftig abgekürzt): Jakob II), S. 353 ff.

[4] Jakob II, S. 356.

[5] *Sombart,* Werner: Der moderne Kapitalismus, 2. Bd., 5. Aufl., München und Leipzig 1922, S. 3.

innereuropäischen gewerblichen Produktion auf die europäischen Märkte und beliefert die Gewerbe gleichzeitig mit Rohstoffen[6].

Gehen wir mit *Bauer*[7] von der Tatsache aus, daß innerhalb der bezeichneten Epoche durch die intensiven wirtschaftlichen Tausch- und Verkehrsbeziehungen zwischen den europäischen Ländern ein Gebilde entstanden ist, „das sich als ‚europäische Wirtschaft' ansprechen läßt", daß sich also ein gesamteuropäisches Wirtschaftsgebiet herausgebildet hat, so können wir bezüglich des damaligen innereuropäischen Handels von einem „Binnenhandel" sprechen. Der Importhandel aus außereuropäischen Gebieten nach Europa und der von da nach außereuropäischen Gebieten getätigte Exporthandel kann dementsprechend als „Außenhandel" bezeichnet werden. Daß eine Handelstätigkeit von solchem Umfang nur in der Form des Großhandels, also durch „Warenumsatz im großen"[8] betrieben werden konnte, versteht sich von selbst.

Wollen wir demnach den Wirtschaftszweig des Handels in seiner für die damalige Zeit typischen Art charakterisieren, so können wir ihn als internationalen Warengroßhandel bezeichnen, der Binnen- und Außenhandel hat sich vereinigt. Geht man davon aus, daß dieser Handel die ganze wirtschaftlich bedeutsame Welt jener Zeit umfaßt, so fällt er zusammenfassend gesehen unter den Begriff des Welthandels, wie ihn *Hellauer*[9] definiert.

Die spezifische Prägung dieses Wirtschaftszweiges durch Zeit und Umwelt, wie sie vorangehend zu skizzieren versucht wurde, hat ihren Ausdruck in einem Begriff gefunden, der durchweg in der wirtschaftsgeschichtlichen Literatur anzutreffen ist: dem Begriff des Fernhandels. Auch wir wollen uns künftig dieses Terminus bedienen und darunter den oben gekennzeichneten Wirtschaftszweig bzw. die mit ihm verbundene Handelstätigkeit verstehen.

Innerhalb der Gesamtwirtschaft hat der Fernhandel verschiedene Aufgaben zu erfüllen: die Funktion des Absatzes, der Markterschließung und der Kapitalbildung.

Die absatzwirtschaftliche Funktion des Fernhandels liegt im Absatz und in der Verteilung sowohl der europäischen gewerblichen Produktion an Rohstoffen und Fertigerzeugnissen als auch des Imports an außereuropäischen Waren auf die europäischen Märkte und Bedarfsgebiete.

---

[6] Vgl. *Bauer,* Clemens: Unternehmung und Unternehmungsformen im Spätmittelalter und in der beginnenden Neuzeit, Jena 1936, S. 8.

[7] Ebd., S. 1.

[8] *Seyffert,* Rudolf: Handel (Begriff und Funktionen). In: Handwörterbuch der Betriebswirtschaft, 3. Aufl., Bd. III, Stuttgart 1957/58, Sp. 2496.

[9] *Hellauer,* Josef: Welthandelslehre, Wiesbaden 1950, S. 14 definiert den Welthandel als den Inbegriff des internationalen Handels der gesamten Erdoberfläche.

Bezeichnend für die Markterschließungsfunktion des Fernhandels ist das Aufsuchen neuer (geographischer) Märkte durch die Gründung von Niederlassungen an den wichtigsten Handelsplätzen und sein Eindringen in den Bereich der gewerblichen Produktion. So bedeutet etwa die Belieferung der Weißenhorner Barchentweber mit Baumwolle und der Absatz ihrer Barchente durch die Fugger[10] für diese eine Markterschließung in doppelter Richtung, nach der Absatzseite hin für den Rohstoff Baumwolle, nach der Beschaffungsseite hin für das fertige Textilerzeugnis. Die reichen Gewinne, die der Fernhandel abwirft, führen zur Übernahme einer weiteren gesamtwirtschaftlichen Funktion: die der Kapitalbildung. Das im Fernhandel angesammelte Kapital lockt weiteres Kapital an, das seine Bewirtschaftung auf Gewinn ebenfalls im Handelsgeschäft sucht; dieser Vorgang der Kapitalakkumulation findet in den Handelsgesellschaften jener Zeit statt.

Nicht zuletzt ermöglicht das angehäufte Kapital dem Fernhändler die Ausdehnung seines Geschäftsbereichs auf andere Wirtschaftszweige. In der Form des Verlags finanziert er wesentliche Zweige der Produktion und macht sie von sich abhängig, um schließlich selbst Produktionsunternehmer zu werden. Durch die Vergabe von Fürsten- und Staatskrediten verbindet er den Handel mit dem Finanzgeschäft, aus dem und neben dem er schließlich das reine Bankgeschäft entwickelt. Der Zweig der Finanzgeschäfte wird in einem solchen Umfang ausgebaut, daß die mit ihm befaßten bedeutenden Handelshäuser zur „Großgeldmacht" ihrer Zeit aufsteigen.

Die hier angedeutete, vom Fernhandel ausgehende Kombination der Wirtschaftszweige wird später am Beispiel der Fugger noch ausführlich darzustellen sein. Nachfolgend soll jedoch zunächst eine kurze Darstellung des Fuggerhandels gegeben werden.

2. Der Fuggerhandel

Wie die anderen Kaufleute jener Zeit, so hatten auch die Fugger ihre kaufmännische Tätigkeit mit dem Warenhandel begonnen. Bereits der 1367 nach Augsburg eingewanderte Hans der Alte Fugger verbindet mit der Weberei den Vertrieb seiner Barchente[11]. Als Jakob Fugger der Reiche um das Jahr 1485 in der dritten Generation in das Geschäft seiner Brüder eintritt, betreiben diese einen ausgedehnten Handel mit Spezereien, Tuchen und Seidenstoffen, die sie hauptsächlich aus Venedig beziehen. Gleichzeitig mit der Ausdehnung der Fuggerschen Handelsunternehmung auf neue Wirtschaftszweige und ihren Aufstieg zum Welt-

---

10 Vgl. *Pölnitz*, Götz Frhr. v.: Die Anfänge der Weißenhorner Barchentweberei unter Jakob Fugger dem Reichen. In: Festschrift für Hans Liermann zum 70. Geburtstag, Erlangen 1964, S. 196—220.

11 Vgl. Jakob I, S. 5.

unternehmen vollzieht sich auch die Ausweitung des allgemeinen Warenhandels. Das verlegerische Eindringen bzw. die teilweise Übernahme der Produktionsleitung durch die Fugger in Bergbau und Textilgewerbe schaffen die Grundlage für einen ausgedehnten Metallgroßhandel und ermöglichen einen weiteren Ausbau des Textilhandels. Auf diesen beiden Handelszweigen, insbesondere auf dem Metallgroßhandel, liegt fortan der Schwerpunkt des Fuggerschen Fernhandels. Besonders der Kupfer-, Silber- und Quecksilberhandel wird in großem Stile betrieben und wirft riesige Gewinne ab. Ihm schließt sich ein umfangreicher Metallwarenhandel an: vor allem Rüstungen und Waffen, von den Fuggern meist im Zwischenhandel vertrieben und bisweilen sogar selbst hergestellt[12], werden zu einem gängigen Handelsartikel. Bedeutenden Raum nimmt auch der Handel mit Luxuswaren wie Gewürzen, Stoffen und Edelsteinen ein. Im Nahrungsmittelhandel werden besonders die Zweige des Wein- und Salzhandels gepflegt. Sogar Neger, menschliche Importware aus Afrika für die südamerikanischen Kolonien, werden zum Handelsobjekt der Fugger[13].

Grundsätzlich wird keine Ware vom Handelsbetrieb ausgeschieden, entscheidend ist allein der Gesichtspunkt, ob sich bei ihrem Absatz ein Geschäftserfolg erzielen läßt. Auch weiß man sich Großkunden durch die Erledigung von Gefälligkeitsaufträgen in nicht unerheblichem Umfang geneigt zu erhalten. Die Möglichkeit, jederzeit eine bestimmte Ware fallen zu lassen bzw. eine neue aufzunehmen, bewirkt eine weitgehende Unabhängigkeit vom Geschäftserfolg, der mit der einzelnen Ware erzielt wird. Die Breite bzw. Variabilität des Warenangebots ermöglicht es, das Geschäft auch für solche Märkte bzw. Abnehmerkreise intensiv zu organisieren, für die der Handel mit der einzelnen Ware nur ungenügende Umsätze erbringen würde.

Neben dem in der Hauptsache betriebenen Großhandel verschmähen die Fugger keineswegs das kleinere Warengeschäft. Der sogenannte „Pfennwerthandel", den sie neben dem Bergbau zur Versorgung der Arbeiterschaft mit notwendigen Nahrungsmitteln und Verbrauchsgütern des Alltags betreiben, beweist dies[14]. Bestimmend für den Fernhandel Fuggerscher Prägung ist jedoch das Großgeschäft, welches vielfach spekulativen Charakter aufweist. So finanzieren die Fugger zusammen mit anderen großen Handelsfirmen einen Großteil des spanisch-portugiesischen staatlichen Pfefferimports nach Europa, indem sie den Preis für die später abzunehmende Lieferung im voraus bezahlen[15]. Es han-

---

[12] Vgl. Jakob I, S. 252.

[13] Vgl. *Pölnitz*, Götz Frhr. v.: Anton Fugger, 2. Bd. : 1536—1548 (Teil I: 1536—1543), Tübingen 1963 (künftig abgekürzt: Anton II), S. 14.

[14] Vgl. Jakob II, S. 119, 340.

[15] Vgl. Jakob I, S. 148 f.; Jakob II, S. 507, 569.

delt sich bei diesen Geschäften um die wohl bezeichnendste Form des sogenannten Vorkaufs, einer Art „Termingeschäft ohne Warenumsatz mit preissteigernder Tendenz“[16]. Abgesehen von der Unsicherheit des Ertrags und der Gefahr des Untergangs für die ausgesandte Gewürzflotte bedeutet die in der Vorauszahlung liegende Preisbindung und das Fehlen einer entsprechenden Garantie für die Höhe des beim Absatz erzielbaren Preises ein beträchtliches Spekulationsrisiko. Ähnlich spekulativen Charakter hat das Metallgeschäft der Fugger, in dem die „Bevorschussung“ des Metallerwerbs in Form von Anleihegewährungen oder durch die Zahlung von Bergwerkspachtgebühren an die fürstlichen Regalherren die Regel bilden. Auch der Handel mit Erzeugnissen aus der Fuggerschen Verlagsproduktion entbehrt eines gewissen spekulativen Moments nicht[17], bedeutet doch die verlagsmäßige Organisation der gewerblichen Produktion zugleich auch immer ihre Finanzierung durch Kredite, d. h. Vorschüsse in der Form von Rohstoffen oder Geld, unter Übernahme des damit verbundenen Risikos.

So ist das Risiko im Warenhandel jener Zeit unverhältnismäßig größer als unter heutigen Verhältnissen. Dementsprechend höher wird dafür aber auch die Risikoprämie und damit der Handelsgewinn angesetzt.

Wie der Warengroßhandel mit mehr oder weniger spekulativem Gepräge den größten und bestimmenden Zweig des gesamten Fuggerhandels darstellt, so ist er auch Ansatzpunkt und unmittelbarer Ausdruck der für die Fuggersche Geschäftstätigkeit so typischen Kombination der Wirtschaftszweige. Das reglementierende Eingreifen der staatlichen Fiskalpolitik in Gewürz- und Metallhandel, das aus dem Wunsch entspringt, dem Staat neue Einnahmen zuzuführen[18], gibt den Anstoß zur Verbindung von Handel und Finanzgeschäft, aus dem das reine Bankgeschäft ausgegliedert wird; Textil- und zum Teil auch Metallhandel auf der Grundlage des Verlagssystems bewirken die Verbindung von Handel und Produktion.

II. Die Verbindung von Handel und Produktion

1. Die Organisation der Textilproduktion und des Bergbaus in der Form des Verlagssystems

Im Kampf um hohe Handelsprofite suchen die Fugger ständig neue Wege, ihre im Fernhandel erzielten Gewinne günstig anzulegen und sie dadurch noch zu intensivieren. In der Einflußnahme auf die oberdeutsche

---

16 *Linhardt,* Hanns: Die historische Komponente der funktionalen Betriebswirtschaftslehre, S. 40.

17 Vgl. Anton II, S. 89.

18 Vgl. *Ehrenberg,* Richard: Das Zeitalter der Fugger, I, S. 408.

gewerbliche Textilproduktion und im Eindringen in die Montanindustrie sehen sie eine Möglichkeit, den Umfang der in den Fernhandel gelangenden Waren und die daraus entspringenden Handelsgewinne zu steigern.

Der Textilhandel der Fugger beschränkt sich ursprünglich auf den Vertrieb von Rohstoffen und fertigen Geweben, die sie hauptsächlich aus Venedig beziehen. Mit dem Erwerb der Grafschaft Kirchberg und der Stadt Weißenhorn im Jahre 1507 bietet sich eine günstige Gelegenheit, die in Weißenhorn ansässige Barchentweberei in den Dienst Fuggerscher Handelsinteressen zu stellen. Die Fugger nehmen diese Gelegenheit wahr, wenn auch nachweisbar erst im Jahre 1517 mit der Einführung einer Barchentschauordnung, die in der Folgezeit zu einer raschen Entwicklung und seit 1534 unter Anton Fugger zu nennenswerter außerdeutscher Geltung der Weißenhorner Barchentweberei führt[19]. Die Weißenhorner und benachbarten Barchentwebereien werden fest an das Fugger-Unternehmen gekettet durch eine Verordnung, die sämtlichen Insassen des Weißenhorner Herrschaftsbezirks befiehlt, in Zukunft Wolle und Baumwolle nur noch bei den Fuggern einzukaufen, desgleichen die fertigen Barchentprodukte nur noch an sie zu verkaufen[20]. Hatten die Weber ihre Erzeugnisse früher selbst auf den Markt gebracht, so geht der Absatz von nun an in Fuggersche Hände über. Auf Grund ihres tieferen Einblicks in die Marktverhältnisse und ihrer umfangreichen Kenntnis der Absatzmöglichkeiten als Großhändler leiten und organisieren die Fugger nunmehr die Textilproduktion, deren Durchführung den Webern als alleinige und ausschließliche Aufgabe verbleibt.

Die Fugger werden zu Verlegern, die die Rohstoffe beschaffen, durch genaue, bis ins Detail gehende Vorschriften Produktion und Produktionsstufen regeln[21] und den Absatz der Fertigprodukte besorgen; die Barchentweber werden zu Verlagsproduzenten, die die vom Verleger gehandelten Fertigerzeugnisse gegen Entgelt herstellen.

In ähnlicher Weise vollzieht sich das Eindringen der Fugger in den Tiroler Bergbau, wo sie anfänglich, ohne unmittelbar selbst den Bergbau als Bergwerksbesitzer, als Gewerken oder Kuxinhaber zu betreiben, unter Einsatz beträchtlicher Kapitalien kleinere und mittlere Bergbautreibende verlegen.

Auch den Eintritt in die bergbauliche Produktion Ungarns vollziehen die Fugger letzten Endes in der Form des Verlags. Den Anstoß hierzu bilden die Kupferhandelsinteressen der Fugger und der Kapitalbedarf Johann Thurzo des Älteren, der in Neusohl Pachtbergwerke betreibt. In

---

19 Vgl. Jakob II, S. 181; Anton II, S. 89.

20 Vgl. *Pölnitz*, Götz Frhr. v.: Die Anfänge der Weißenhorner Barchentweberei unter Jakob Fugger dem Reichen, S. 210.

21 Ebd., S. 212 ff.

einem 1494 geschlossenen Vertrag gewähren die Fugger dem Thurzo Kredit für den Betrieb der Bergwerke und den Bau eines Hüttenwerks in Neusohl, wofür ihnen der Absatz des größten Teils der Kupferproduktion überlassen wird. Der beim Verkauf des Kupfers erzielte Gewinn soll je zur Hälfte an die Fugger und an Thurzo fallen[22]. Diese Regelung gibt der Zusammenarbeit zwischen den beiden Vertragspartnern den Charakter einer Betriebsgemeinschaft auf Halbpart[23], die den eigentlichen Verlagscharakter des Vertrags verdeckt. Daß tatsächlich ein Verlagsverhältnis vorliegt, geht aus der im Vertrag vorgenommenen klaren Abgrenzung der Aufgabenbereiche hervor, die in Zukunft für die Thurzo im wesentlichen auf dem Gebiet der Technik, für die Fugger hauptsächlich auf dem Gebiet des Absatzes liegen sollen. Typisch für die Verlagsform ist weiterhin die wirtschaftliche Abhängigmachung der Thurzo durch die Fuggerschen Kredite.

Durch die verlagsmäßige Organisation der Weißenhorner Textilindustrie und Teilen des ungarischen und Tiroler Bergbaus ist den Fuggern ein händlerisch-kapitalistischer Einbruch in die Produktionssphäre, eine Verbindung zwischen Handel und Produktion gelungen, durch die sie ihren Warenumsatz weiter ausbauen können. In ihrer Eigenschaft als Verleger nehmen sie eine „Mittelstellung zwischen Produzenten und gewöhnlichem Händler“[24] ein, wenn auch die Aufnahme der Verlegertätigkeit zweifelsohne händlerischen Motiven entspringt und die Aufgabe der Fugger dabei ausschließlich in der Handelsdurchführung liegt. Der erste Schritt zum eigenen Produktionsunternehmen ist jedoch getan; in der Montanindustrie führt der Weg der Fugger von dieser Stufe zum Bergbau in eigener Regie.

2. Die Bergbauunternehmen

Begnügen sich die Fugger anfangs noch damit, die gewerbliche Produktion mit Hilfe des Verlagssystems zu dirigieren, so schaffen sie sich im Montanwesen bald eigene industrielle Großbetriebe und werden neben Händlern auch unmittelbare gewerbliche Produzenten.

Den Auftakt hierzu bildet eine Erklärung der Thurzo im Jahre 1498[25], in der sie ihren gesamten mittlerweile erworbenen Bergwerks- und Hüttenbesitz zur Hälfte an die Fugger übertragen. Die Fugger sind mithin direkte Produktionsunternehmer geworden. Im weiteren Verlauf ihres Bestehens hat die Fugger-Thurzo'sche Interessengemeinschaft — wir werden auf dieses interessante handelsrechtliche Gebilde später noch

---

22 Vgl. Jakob II, S. 22.
23 Vgl. *Bauer,* Clemens: a.a.O., S. 93.
24 *Hellauer,* Josef: a.a.O., S. 68.
25 Vgl. Jakob II, S. 56.

näher eingehen — hervorragenden Anteil an dem Ausbau und der technischen Verbesserung der von ihr teils gepachteten, teils käuflich erworbenen Kupfer- und Silberbergwerke genommen. Die nach dem Tod Johann des Älteren Thurzo in dessen Haus einsetzende Aufsplitterung der Interessen macht schließlich eine Fortsetzung des einstigen Vertragsverhältnisses zwischen Fuggern und Thurzo unmöglich und führt zur alleinigen Übernahme des ehemals gemeinsam betriebenen Bergbauunternehmens durch die Fugger im Jahre 1526[26].

Schon früh dringen die Fugger in den Tiroler Silberbergbau in dem Gebiet um Gastein ein. Durch Pfändung von Bergwerksanteilen im Zuge der Kreditgewährung an dort ansässige Gewerken erwerben sie immer mehr solcher Besitzanteile und treten damit schließlich selbst in den Kreis der Gewerken ein[27]. Vom Jahre 1522 an, in dem sie aus der Konkursmasse des Augsburger Kaufmanns und Tiroler Gewerken Martin Baumgartner zahlreiche Bergwerksteile erwerben, erfährt der Montanbesitz der Fugger eine erhebliche Erweiterung. Seitdem betreiben sie zahlreiche Gruben im unteren Inntal bei Schwaz und Rattenberg, in Goßensaß und am Schneeberg bei Ridnaun, zu Klausen im Eisacktal, bei Terlan und Nals im Etschtal, bei Lienz im Pustertal, im oberen Möll-, Ziller-, Gleirsch-, Lafatsch- und Vompertal sowie einige kleinere Gruben in Kärnten. Zum Teil wird die Ausbeutung der Bodenschätze in Gemeinschaft mit anderen Gewerken betrieben[28].

Die Verarbeitung des Produktionsertrages aus den ungarischen und Tiroler Bergwerken geschieht in von den Fuggern eigens hierfür errichteten Hüttenwerken. Das in den ungarischen Bergwerken geschürfte mehr oder minder silberhaltige Schwarzkupfer kommt zum Teil gleich in den Handel, zum Teil wird es in den Hüttenwerken von Neusohl in Oberungarn, Hohenkirchen im Thüringerwald und Fuggerau in Kärnten gesaigert, d. h. das Silber wird in einem bestimmten Verfahren vom Kupfer getrennt. Das Werk Fuggerau betreibt neben der Verhüttung ungarischer Kupfer die Herstellung von Messing und, in Anpassung an die starke Nachfrage nach Kriegsmaterial, zeitweise sogar eine ausgedehnte Waffenproduktion. Die Tiroler und Kärntner Silber- und Kupferproduktion wird hauptsächlich in den Hüttenwerken bei Jenbach und Rattenberg verarbeitet.

Liegt der Schwerpunkt der Fuggerschen Bergbauproduktion auch in erster Linie auf der Silber- und Kupfererzeugung, so erschöpft sie sich doch keineswegs darin. Auf dem Reichenstein in der Nähe des Städtchens Freiwaldau im Sudetenland betreiben die Fugger Goldgruben, die sie

---

26 Vgl. *Pölnitz,* Götz Frhr. v.: Anton Fugger, 1. Bd.: 1453—1535, Tübingen 1958 (künftig abgekürzt: Anton I), S. 69 f.
27 Vgl. Jakob II, S. 20.
28 Vgl. Jakob II, S. 554 f.; Anton I, S. 385.

teilweise als Pfand für Darlehen an die dort ansässigen Herzöge, teilweise im Zuge der Überschuldung von Gewerken erhalten haben[29], in Kärnten am Bleiberg, bei Fuggerau und im Lavanttal werden Bleivorräte abgebaut, und von 1525 an übernehmen die Fugger für eine Reihe von Jahren pachtweise die Quecksilbergruben von Almaden in Mittelspanien, deren Ausbeutung ihnen hohe Gewinne einbringt[30].

Wollen wir die Tätigkeit der Fugger im Bergbau noch einmal zusammenfassen, so können wir feststellen, daß ihr Weg vom Erzhandel aus der verlagsmäßig organisierten Bergbauproduktion über den Kuxbesitz zum Abbau am Berg und zum Betrieb eigener Hüttenwerke und von da aus wieder zum Erz-, Metall- und Metallwarenhandel führt. Damit ist es den Fuggern gelungen, in ihrer Hand die Stufe der Urproduktion, verschiedene Stufen der Weiterverarbeitung und die Stufe des Handels zu vereinigen. Die Kombination dieser Stufen im Fuggerschen Großunternehmen ermöglicht sowohl die Ausschaltung des Zwischenhandels als auch die gegenseitige Abstimmung der verschiedenen Stufen untereinander und dadurch wiederum die Erzielung höherer Gewinne aus dem Handel mit den gewonnenen Produkten. Auf der anderen Seite stellen Betrieb und Unterhaltung des Bergwerks- und Hüttenbesitzes an die Fugger naturgemäß laufend hohe Kapitalanforderungen.

III. Die Verbindung von Handel und Finanzgeschäft

1. Die gegenseitige Bedingung von Fernhandel und Staatskredit

Aus den in wirtschaftlicher, gesellschaftlicher und politischer Hinsicht besonderen Verhältnissen im Zeitalter der Fugger ergibt sich im Bereich der Wirtschaft eine neue, eigenartige Konstellation: die Verbindung von Fernhandel und Finanzgeschäft.

Ausgangspunkt für diese Verbindung ist auf der einen Seite der ständig wachsende Kapitalbedarf der Fürsten, der sich vor allem in dem Erfordernis kurzfristiger und außerordentlicher Kapitalaufbringung für Kriegszwecke manifestiert[31], auf der anderen Seite der im Fernhandel erzielte Kapitalüberschuß in den Händen der Kaufleute. Der Staat kann in den Fällen, wo er sich unerwartet vor kostspielige politische und kriegerische Aktionen gestellt sieht, die er nicht durch langsam eingehende Steuern, sondern durch Anleihen finanzieren muß, den kapitalkräftigen Unternehmer nicht entbehren. Vordringlicher staatlicher Kapitalbedarf wird deshalb hauptsächlich durch die Aufnahme

---

[29] Ebd., S. 319.
[30] Ebd., S. 530 f.
[31] Vgl. *Ehrenberg*, Richard: Das Zeitalter der Fugger, I, S. 10.

von Kaufleuten gewährter Anleihen befriedigt, deren Sicherung und Tilgung die Kreditgeber zumeist in der Übernahme fürstlicher Regalabgaben und der Pacht staatlicher Einnahmen finden.

Die Fugger betreiben dieses Geschäft in ganz großem Stile. Im Jahre 1478 beginnt für sie im Tiroler Bergbau die lange Reihe der sogenannten Silber- und Kupferkäufe, die in der Weise vor sich gehen, daß das Augsburger Handelshaus von den Tiroler Landesherren gegen die Gewährung von Darlehen bis zu deren völliger samt Zinsen erfolgter Tilgung das Recht erhält, die Metalle, die auf Grund des Bergregals dem Landesherren zustehen, im Wege des Kaufs zu erwerben. Auf diese Weise gelangen die Fugger mit dem Anleihegeschäft zugleich in den Erzhandel, um darin beachtliche Summen zu verdienen: sie können so Silber und Kupfer billig beziehen und unter Erzielung erheblicher Gewinne weiterveräußern. Im Verlaufe der seit 1525 betriebenen, wiederum gegen Gewährung hoher Kredite an den spanischen Staat empfangenen Pacht der sogenannten „Maestrazgos", ausgedehnter spanischer Liegenschaften, können die Fugger ihren Handel des weiteren durch den Abbau von Quecksilber und die Aberntung großer Getreidevorkommen um ein beträchtliches bereichern.

Aus diesen beiden Beispielen, auf die im folgenden noch näher eingegangen werden soll, wird das Verwobensein von Fernhandel und Staatskredit, wie es das Bild eines Großteils Fuggerscher Geschäftstätigkeit bestimmt, in seinen Grundzügen ersichtlich. Die Fugger werden zu Finanzleuten der Fürsten, weil sie dadurch die Möglichkeit erhalten, ihren Handel auszuweiten und dabei noch ungewöhnlich hohe Gewinne zu erzielen. Einen weiteren Ansporn bilden die vielfach im Zuge solcher Geschäftsabschlüsse gewährten Handelsmonopole und spezielle Handelsprivilegien wie z. B. die Erleichterung von Ausfuhrbestimmungen und Zollvergünstigungen, ja sogar Schutz vor Verlusten durch Abwertung der Währung[32]. Der Staat hingegen wird „einerseits Anreger der großen Vermögensbildung im Bereich des Fernhandels und andererseits der Nutznießer der dort erfolgenden Kapitalakkumulation"[33].

2. Die sogenannten Metallkäufe

Die unter dem Namen der sogenannten „Metallkäufe" laufenden Geschäfte der Fugger mit den fürstlichen Herren des Tiroler Bergregals werden im wesentlichen in zwei Formen abgeschlossen. Die erste Form

---

[32] Vgl. Anton II, S. 189, 198;
vgl. auch *Pölnitz*, Götz Frhr. v.: Fugger und Hanse. Ein hundertjähriges Ringen um Ostsee und Nordsee, Tübingen 1953, S. 153—170.

[33] *Bauer*, Clemens: a.a.O., S. 14.

beruht auf der Institution des „Wechsels“, einer Art Regalabgabe der Gewerken an den Landesherren, die auf indirektem Wege dadurch zustande kommt, daß der mit einem Vorkaufsrecht ausgestattete Landesherr die Metalle gegen Bezahlung einer Summe erwirbt, die beträchtlich unter dem jeweiligen Marktpreis liegt. Die Fugger verknüpfen nun die Darlehensgewährung an den Landesherren mit ihrem Metallhandel, indem sie Silber und Kupfer direkt von den Gewerken zu dem für den Regalherren festgesetzten billigen Preis beziehen und den nunmehr ihnen zufallenden „Wechsel“ als Tilgung der vorgeschossenen Darlehenssumme angerechnet bekommen.

Die zweite Form des Metallkaufs unterscheidet sich von der ersteren dadurch, daß zwar Anleihe und Metallkauf in einem einzigen Geschäft zusammengefaßt, Schuldentilgung und Metallkauf jedoch in keiner Weise miteinander verbunden werden, sondern nebeneinander herlaufen. In diesem Falle soll den Fuggern die Vergabe des Darlehens lediglich durch die gleichzeitig geschaffene Möglichkeit des Metallbezugs schmackhaft gemacht werden, bei dem sie sowohl den für die Gewerken festgesetzten Kaufpreis als auch den an den Regalherren zu entrichtenden Wechsel zu erlegen haben.

Beide Formen des Metallkaufs sollen im folgenden durch zwei für diese Art Fuggerscher Geschäfte besonders repräsentativ erscheinende Verträge veranschaulicht werden, die in den Jahren 1495 und 1541 über den Kauf von Silber und Kupfer abgeschlossen werden.

Am Beispiel des Vertrags, den die Fugger 1495 in Gemeinschaft mit zwei anderen Augsburger Kaufleuten, den Herwart und den Gossembrot, mit König Maximilian über Tiroler Silber abschließen[34], läßt sich zeigen, wie die Geschäfte ersterer Art aussehen: Die Kaufleute leihen Kaiser Maximilian zum nächsten Feldzug 64 000 Gulden und erhalten dafür das Recht, von den Tiroler Gewerken und Schmelzern Silber bis zu einem Gesamtgewicht von 48 000 Mark[35] zu kaufen, die Mark zu 5 Gulden. Der Wechsel an Maximilian beläuft sich auf 1 1/2 Gulden, die Kaufleute brauchen ihn aber nicht zu bezahlen, sondern können sich mit ihm solange für die getätigte Anleihe schadlos halten, bis ihr Anleihebetrag aus dem Wechsel herausgekommen ist, d. h. also, bis die 48 000 Mark Silber bezogen sind und mit einem Wechselgewinn von 1 1/2 Gulden pro Mark den Anleihebetrag von 64 000 Gulden wieder eingebracht haben. Außerdem können sie den Handelsgewinn einstreichen, der sich aus der Weiterveräußerung des Silbers über den Vertragspreis hinaus ergibt und der als Verzinsung der gewährten Anleihe angesehen werden kann.

---

34 Vgl. Jakob II, S. 33.

35 Im Silberhandel verwendetes Gewichtsmaß.

Die zweite Form der von den Fuggern praktizierten Metallkäufe wird aus einem Vertrag vom Jahre 1541[36] ersichtlich, demzufolge diese dem König Ferdinand ein Darlehen von 80 000 Gulden zu einem Zins von 5 % gewähren. Dieser Zins ist aber nicht der einzige Vorteil, den die Fugger aus dem Darlehen ziehen. Als Vergünstigung erhalten sie weiterhin die Berechtigung zum Kauf von 30 000 Mark Silber zum Preise von 9 2/3 Gulden je Mark und 12 500 Ztr. Kupfer zum Preise von 6 1/2 Gulden je Ztr. Damit ergibt sich für die Fugger über den Zinsgenuß hinaus aus dem Metallgeschäft ein Gewinn von 61 250 Gulden, der mithin nicht viel kleiner als der Darlehensbetrag selbst ist. Hervorstechendes Merkmal dieses Metallkaufes im Gegensatz zum erstgeschilderten ist die Tatsache, daß das Darlehen nicht in Gestalt von Metallieferungen getilgt wird, sondern Schuldtilgung und Metallkauf nebeneinander erfolgen.

Unterscheiden sich die Fuggerschen Metallkäufe auch in ihrer äußeren Form, so sind sie ihrem Wesen und ihrer Zielsetzung nach doch nicht voneinander zu trennen. Das Wesen der Metallkäufe liegt in dem ursächlichen Zusammenhang zwischen Darlehensgewährung und Metallgeschäft begründet, ihr Ziel ist für die Fugger die Ausweitung des gewinnbringenden Metallhandels neben dem Handel mit Metallen aus der eigenen Erzeugung. Daß der in Verbindung mit Metallkäufen getätigte Handel riesige Gewinne abwirft, beweist eine Untersuchung Max *Jansens*[37], der errechnet, daß die Fugger in den Jahren von 1488—1495 allein aus dem mit der Darlehensgewährung an Tiroler Fürsten verbundenen Silberhandel einen Gewinn von etwa 400 000 Gulden erzielen. Daß die Metallkäufe neben hohen Gewinnchancen aber auch große Risiken in sich bergen, versteht sich von selbst, wenn man bedenkt, welche Bedeutung die Einhaltung der mit dem Regalherren vereinbarten Metallieferungsfristen, die gleichbleibende Güte der gelieferten Metalle und das Gleichbleiben der auf dem Markt erzielbaren Metallpreise für den Ausgang solcher Geschäfte hat.

3. Das Steuerpachtgeschäft

Neben den oben geschilderten Metallkäufen bildet vor allem „die kapitalistische Verpachtung staatlicher Einnahmen bzw. der pachtweise Betrieb staatlicher Vermögenskomplexe durch Private die überwiegende Form staatlicher Finanzverwaltung und Finanzenführung“[38]. In den sogenannten „Steuerpachtgeschäften“ überlassen die Fürsten die Ein-

---

[36] Vgl. Anton II, S. 539.
[37] *Jansen*, Max: Die Anfänge der Fugger (bis 1494), Leipzig 1907, S. 57.
[38] *Bauer*, Clemens: a.a.O., S. 15.

ziehung ihrer Einkünfte vielfach kapitalkräftigen Kaufleuten, die imstande sind, ihnen darauf Vorschüsse zu leisten.

Die 1525 begonnene und über Jahre hinaus immer wieder erneuerte Pacht der Großmeisterschaft der drei spanischen Ritterorden San Jago, Alcantara und Calatrava, der sogenannten „Maestrazgos“ durch die Fugger stellt bei weitem das größte und bedeutendste der bezeichneten Steuerpachtgeschäfte und lange Zeit einen wesentlichen Bestandteil des Fuggerschen Weltunternehmens[39] dar.

Ein im Jahre 1536 für die Zeit von 1538—1542 abgeschlossener Maestrazgos-Pachtvertrag[40] vermittelt einen Einblick in die Durchführung solcher Steuerpachtgeschäfte: Die Fugger gewähren Karl V. 1535 eine Anleihe über 400 000 Dukaten und 1536 eine weitere über 200 000 Dukaten. Dafür ist es ihnen für die Dauer der Pachtzeit überlassen, sich aus den Naturalabgaben der gepachteten Liegenschaften (hauptsächlich in Form von Getreide und Quecksilber) und der Beitreibung von Geldgefällen bezahlt zu machen. Über den zu erwartenden Handelsgewinn hinaus sollen die Fugger als Verzinsung der gewährten 600 000 Dukaten den für den voraussichtlichen Eingang der Pachteinnahmen errechneten Überschuß von 30 000 Dukaten erhalten. Außerdem wird ihnen im Falle eines verzögerten Eingangs der Einnahmen ein weiterer Zins von 14 % zugesagt.

Wie man sieht, sind die Kapitalinvestitionen der Fugger bei dieser Kombination von Handel und Finanzgeschäft ganz erheblich. Der Kapitaleinsatz bei solchen Geschäften besteht zudem nicht nur in der teils im voraus, teils zu bestimmten späteren Terminen erfolgenden Zahlung der Pachtsumme, sondern auch in der Finanzierung der laufenden Verwaltungs- und Beitreibungskosten der gepachteten Einnahmen. Das Risiko bei Steuerpachtgeschäften, die, wie im Falle der Maestrazgos-Pacht, hauptsächlich auf den Erwerb handelsfähiger Naturalabgaben abgestellt sind, liegt einmal in der durch Natureinflüsse bedingten Unsicherheit des Ertrags sowohl in quantitativer wie in qualitativer Hinsicht, zum andern in der Unmöglichkeit, die Entwicklung der Absatzverhältnisse für die erst zukünftig in den Handel gelangenden Naturalien genau vorherzusehen und in Rechnung zu stellen.

Wie aus dem bisher Gesagten hervorgeht, werden die Anleihen, die die Fugger für die Pacht der Maestrazgos gewähren, hauptsächlich in Form von Naturalien getilgt, die dem Fuggerhandel zufließen. Ein kleiner Teil der Pachtsumme wird jedoch durch die Einziehung von Geldgefällen zurückerworben. Entsprechend tätigen die Fugger auch Steuerpachtgeschäfte, im Rahmen derer sie Anleihen ausschließlich gegen

---

[39] Vgl. Jakob II, S. 531.
[40] Vgl. Anton I, S. 671.

Verpachtung von Geldsteuern gewähren. Beispiele dafür sind die Pacht der in Spanien erhobenen „Crusada", einer Kreuzzugssteuer, und der „Quarta", einer Steuer vom kirchlichen Einkommen, die gegen Vorausgewährung eines Darlehens von 1,5 Millionen Dukaten von Fuggern und Welsern gemeinsam übernommen wird[41], weiterhin die für die Gewährung von Darlehen an König Ferdinand erfolgten zahlreichen Verweisungen der Fugger auf dessen Neapeler Geldeinkünfte[42].

Derartige Fuggersche Geschäfte nehmen insofern eine Sonderstellung ein, als mit ihnen im Gegensatz zu allen anderen bisher geschilderten Geschäftsarten keine Warenhandelsinteressen befriedigt werden, der Geschäftsvorteil lediglich in der Verzinsung des geliehenen Kapitals gesucht wird. Anstatt mit verbundenen Handels- und Finanzgeschäften haben wir es hier mit reinen Finanzgeschäften zu tun, deren Umfang und Bedeutung laufend wachsen; diese Finanzgeschäfte bilden gewissermaßen den Übergang zu den Bankgeschäften der Fugger, mit denen wir uns im nächsten Abschnitt zu befassen haben werden.

IV. Das Bankgeschäft

Für die Aufnahme des Bankgeschäfts durch die Fugger lassen sich verschiedene Ansatzpunkte erkennen. Das bankmäßige Kreditgeschäft ist teils Nebenerscheinung, teils Weiterentwicklung der Verbindung von Handel und Finanzgeschäft bzw. des reinen Finanzgeschäfts; das Depositengeschäft wird aus der Notwendigkeit, die Kredite zu finanzieren, aber auch aus dem Wunsch des nichtkaufmännischen Publikums heraus, sein Geld gewinnbringend anzulegen, begonnen; die Organisation des Zahlungsverkehrs im Überweisungsgeschäft schließlich bietet sich bei der Verbreitung Fuggerscher Niederlassungen über ganz Europa hin als weiteres lohnendes Geschäft an. So entwickelt sich das Bankgeschäft sehr bald zu einem eigenständigen Geschäftszweig innerhalb des Gesamtgeschäftes der Fugger und nimmt allmählich Ausmaße an, die das Wort von der Fuggerschen „Großbank" durchaus rechtfertigen.

1. Kreditgeschäfte

Tätigen die Fugger auch einen Großteil ihrer Kreditgeschäfte im Rahmen der Verkoppelung von Handel und Finanzgeschäft oder in Verbindung mit dem Warenabsatz an kaufmännische Kunden, und sind diese Kreditgeschäfte somit mehr oder weniger als eine Begleiterschei-

---

41 Vgl Anton I, S. 512 f.
42 Vgl. Jakob II, S. 529, 574; Anton I, S. 536.

nung der Fuggerschen Handelstätigkeit anzusehen, so gewähren sie in ihrer Eigenschaft als Bankiers reine Kredite, die unabhängig vom Handelsgeschäft zustandekommen. Bei diesen bankmäßigen Krediten handelt es sich in der Hauptsache um langfristige, über mehrere Jahre laufende Staatskredite und um kurzfristige Kredite mit Laufzeiten über mehrere Monate an Privatpersonen aus dem mittleren und niederen Adel und dem wohlhabenden Bürgertum.

Die Staatskredite werden mit 5—14 % verzinst[43], die Formen der Verzinsung sind recht unterschiedlich. Da das kanonische Recht bei Bankgeschäften, denen heutzutage der Zins als Entgelt zugrunde gelegt wird, zwar eine besondere Vergütung für aufgewandte Dienstleistungen und eingegangene Risiken gestattet[44], das Zinsennehmen jedoch als „ungöttlich und wucherisch"[45] verurteilt, verschleiert man die Darlehenszinsen auf jede mögliche Art und Weise. Entweder verlangt man anstatt der Zinsen einen bestimmten Betrag für „Mühe, Gefahr und Kosten"[46], oder man zieht von der Darlehenssumme einen bestimmten Prozentsatz ab und zahlt einen kleineren Betrag als den vom Darlehensnehmer quittierten[47]. Auch ist es üblich, die Rückzahlung einer höheren als der gewährten Darlehenssumme zu vereinbaren[48].

Kaufmännische Kredite bzw. Kredite an sonstige Privatpersonen werden meist gegen Ausstellung eines Schuldscheins oder gegen Hergabe eines Wechsels eingeräumt[49]. Ist die Gewährung derartiger Wechselkredite mit der Ausstellung eines Distanzwechsels verbunden, so kann der Darlehensgeber einen bestimmten Zins in Form des Wechseldiskonts aus dem Gesichtspunkt heraus verlangen, daß der Transport eine Dienstleistung erforderlich macht und — ebenso wie die Valutaschwankung, eventuelle Rechtseinwirkungen durch Arrest, Zoll, Beschlagnahme und der Zeitverlust[50] — ein gewisses Risiko enthält. Gründet sich die Kreditgewährung jedoch auf die Ausstellung eines Platzwechsels, entfallen also die bezeichneten Risiken, so umgeht man das Zinsverbot dadurch, daß man ein Distanzwechselgeschäft vortäuscht und die Darlehensrückzahlung in einer anderen als der bei der Dar-

---

43 Vgl. Anton I, S. 110, 599; Anton II, S. 188, 339.

44 Vgl. *Linhardt*, Hanns: Die historische Komponente der funktionalen Betriebswirtschaftslehre, S. 56.

45 Jakob I, S. 510.

46 *Ehrenberg*, Richard: Das Zeitalter der Fugger, I, S. 99.

47 Vgl. *Goldschmidt*, L.: Universalgeschichte des Handelsrechts, 1. Lieferung, Stuttgart 1891, S. 317 f.

48 Vgl. Jakob II, S. 351.

49 Vgl. *Ehrenberg*, Richard: Das Zeitalter der Fugger, II, S. 25 f.; Jakob II, S. 31; Anton I, S. 419.

50 Vgl. *Linhardt*, Hanns: Die historische Komponente der funktionalen Betriebswirtschaftslehre, S. 56.

lehenshingabe verwendeten Währung festsetzt. Der Zinsgewinn wird dabei durch die Festsetzung eines für den Darlehensgeber günstigen Umwechslungskurses erzielt[51].

2. Depositengeschäfte

Vermitteln die Fugger in ihrer Funktion als Bankiers auf der einen Seite Kredite, so nehmen sie auf der anderen Seite Fremdgelder in der Form von Depositen auf, um diese Kredite zu finanzieren. Es handelt sich bei solchen Depositen um festverzinsliche, kurzfristig kündbare Einlagen von Privatpersonen aus allen Schichten der Bevölkerung, vom weltlichen und kirchlichen Adel über das wohlhabende Bürgertum bis herunter zum einfachen Volk[52]. Das Geldangebot von Seiten der Einleger ist groß. Man glaubt, auf diese Weise seine Ersparnisse am nutzbringendsten und sichersten anlegen zu können; vielfach wird die Möglichkeit einer solchen Kapitalanlage sogar als Vergünstigung angesehen[53].

Für die Fugger wiederum ist das Depositengeschäft ein Mittel der billigen Kapitalbeschaffung — sie verzinsen die Depositen mit durchschnittlich 5 %, während sie für die von ihnen gewährten Kredite bis zu 14 % Zins verlangen — nicht nur für die Finanzierung von Krediten, sondern auch für die riesigen Investitionen, die durch die laufende Geschäftsausdehnung erforderlich werden. So nimmt es nicht wunder, wenn die Hereinnahme von Einlagen in immer größerem Umfang betrieben und zu einer Hauptform Fuggerscher Fremdfinanzierung wird. Bezeichnend für diese Entwicklung ist ein Beispiel *Ehrenbergs*[54], in dem er für verschiedene Geschäftsjahre das Gesellschaftskapital der Fugger mit den kurzfristig kündbaren Passiva (also hauptsächlich Depositen) vergleicht:

	Gesellschaftskapital	Kurzfristig kündbare Passiva
1527	2 000 000 Gulden	290 000 Gulden
1536	1 800 000 „	900 000 „
1946	5 100 000 „	1 300 000 „

Dabei ist die Gefahr nicht zu übersehen, die eine solche Entwicklung im Hinblick auf die Liquiditätssituation mit sich bringt, denn „das

[51] Vgl. Weitnauer, Alfred: Venezianischer Handel der Fugger nach der Musterbuchhaltung des Matthäus Schwarz, München und Leipzig 1931, S. 138 f.
[52] Vgl. Anton II, S. 406.
[53] Vgl. ebd., S. 406.
[54] Vgl. *Ehrenberg*, Richard: Das Zeitalter der Fugger, I, S. 394.

typische Liquiditätsproblem der Banken hat seinen Ursprung im Verhältnis der Fremdgelder zum Eigenkapital ... und in dem Willen der Einleger, in bar oder anders über ihr Guthaben zu verfügen"[55]. Die Fugger erkennen sehr wohl die Gefahr, die darin liegt, daß sie langfristige Kriegsdarlehen mit Depositengeldern finanzieren, welche von den Einlegern kurzfristig abgerufen werden können: schon einmal sind sie beim Tod des Kardinals und Fürstbischofs von Brixen, Melchior von Meckau, im Jahre 1509 in ernsthafte Schwierigkeiten geraten, als Papst Julius II. Ansprüche auf dessen Depositeneinlage in Höhe von über 200 000 Gulden geltend machte[56]. Die Großeinlage des Kardinals hatte seinerzeit maßgeblich geholfen, den gewaltigen Aufschwung der Fuggerschen Geschäfte mitzubewirken. Auch der Bankerott der Höchstetter im Jahre 1529, der auf die außerordentliche Höhe ihrer Fremdmittel in Depositenform zurückzuführen ist und der unter maßgeblicher Beteiligung der Fugger herbeigeführt wird[57], dürfte ihnen eine ernsthafte Warnung gewesen sein. Sie versuchen deswegen, eine Beiziehung zu breiter Schichten im Depositengeschäft, wie solches vor allem durch die Höchstetter geschah, zu vermeiden und die kaufmännisch-bürgerlichen Einlagen durch längerfristige fürstlich-geistliche Depots zu ersetzen[58]. Weiterhin vermeiden sie — seit den unangenehmen Erfahrungen von 1509 — die Hereinnahme zu großer Einzeldeposita[59], um nicht in ein Abhängigkeitsverhältnis zu Großgläubigern zu geraten.

3. Zahlungsverkehr

Wir haben schon an anderer Stelle davon gesprochen, daß die europäischen Länder jener Zeit durch intensive wirtschaftliche Tausch- und Verkehrsbeziehungen miteinander verbunden sind. Unmittelbar im Gefolge dieser Tausch- und Verkehrsbeziehungen spielt sich ein zwischeneuropäischer Zahlungsverkehr ab, der nicht nur die Handelsgeschäfte der Kaufleute, sondern auch das Finanzwesen der europäischen Fürstenhäuser und der katholischen Kirche umfaßt.

Die Fugger übernehmen zu einem maßgeblichen Teil die bankmäßige Organisation dieses Zahlungsverkehrs, indem sie ihre über fast ganz Europa verbreiteten Geschäftsniederlassungen in den Dienst der Geldübermittlung stellen. Ihr umfassendes Netz von Faktoreien ermög-

---

[55] *Linhardt*, Hanns: Bankbetriebslehre. Bd. I: Bankbetrieb und Bankpolitik, Köln und Opladen 1957, S. 18.

[56] Vgl. *Pölnitz*, Götz Frhr. v.: Jakob Fugger und der Streit um den Nachlaß des Kardinals Melchior von Brixen. Quellen und Forschungen aus italienischen Archiven und Bibliotheken, Bd. XXX (1941); Jakob I, S. 224 f.

[57] Vgl. Anton I, S. 128 ff., 144 ff.

[58] Vgl. Jakob I, S. 217.

[59] Vgl. Anton II, S. 332.

licht ihnen die Vornahme von Geldüberweisungen für die Kaufleute von und nach den bedeutenden Handelsplätzen, die rasche Bereitstellung finanzieller Mittel am gewünschten Ort für Kriegszwecke der Fürsten und nicht zuletzt die Einziehung und Übermittlung kirchlicher Servitien- und Ablaßgelder aus allen Teilen Europas an den Heiligen Stuhl.

Zur Vermeidung der Unkosten und Gefahren eines Bargeldtransports bedienen sich die Fugger bei ihren Überweisungsgeschäften zumeist des Wechsels. Der Wechselbrief bedeutete ursprünglich (im Mittelalter) „nur etwas ähnliches wie heute der Scheck. Er war bloßes Zahlungsmittel, regelmäßig Distanzzahlungsmittel, mittels dessen man Schulden durch Gelder bezahlte, über die man an einem anderen Orte verfügen konnte: Ortsverschiedenheit von Zahlungsversprechen und Zahlungserfüllung war wesentlich, und besonders das kanonische Recht hat sich gegen den Platzwechsel als ein „wucherisches" Geschäft mit allem Nachdruck gewehrt[60]." Entstanden ist der Wechsel aus dem Bedürfnis, durch die Einführung eines bargeldlosen Zahlungsmittels eine raschere Abwicklung des interlokalen Warenverkehrs zu ermöglichen. Der Warenschuldner stellte dem Gläubiger, der ihm Waren oder Geld zum Einkauf von Waren kreditierte, eigene Wechsel oder Anweisungen auf Dritte aus, die auf Termin oder auf eine bestimmte Zeit nach Sicht lauteten[61]. Es dürfte unbestritten sein, „daß die Ausdehnung des internationalen Warenverkehrs erst durch den Handelswechsel ermöglicht wurde"[62].

Natürlich konnte mit dem Übermitteln von Geld von einem Platz zum anderen zugleich ein Darlehen verbunden sein, d. h. die durch den Wechsel übermittelte Summe wurde nicht vorher, sondern erst später bezahlt. Von einem eigentlichen, den Wechsel als selbständiges Umlaufsmittel benützenden Kredithandel konnte dabei allerdings noch nicht die Rede sein. „Die Wechsel wurden immer erst auf Verlangen ausgefertigt, neu geschaffen[63]."

Hat z. B. der Gläubiger A eine Forderung an den Schuldner B, der aber an einem ganz anderen Ort ansässig ist, so läßt er sich den Geldbetrag von den Fuggern indirekt dadurch überweisen, daß er sich von einer an seinem Wohnsitz befindlichen Fuggerschen Faktorei die Summe gegen Ausstellung eines auf den Schuldner B gezogenen Wech-

---

[60] *Weber,* Max: Wirtschaftsgeschichte, 3. Aufl., Berlin 1958, S. 229.
[61] Vgl. *Weitnauer,* Alfred: a.a.O., S. 136 f.
[62] *Linhardt,* Hanns: Güterverkehr und Zahlungsverkehr im Fernhandel des Mittelalters und zu Beginn der Neuzeit, Besprechungsaufsatz zu van Klaveren. In: Zeitschrift für handelswissenschaftliche Forschung, N. F., 13. Jg. 1961, S. 205.
[63] *Weitnauer,* Alfred: a.a.O., S. 132.

sels auszahlen läßt[64]. Die am Ort des B befindliche Fugger-Faktorei löst dann den Wechsel von diesem wieder ein.

Oder aber der C zahlt gegen Empfang eines Wechsels bei einer erreichbaren Fugger-Faktorei einen Betrag ein, über den er aus irgendeinem Grund an einem anderen Ort verfügen möchte. Gegen Präsentation des empfangenen Wechsels kann C oder eine andere aus dem Wechsel berechtigte Person sich die Summe von der dortigen Faktorei wieder auszahlen lassen. Solche Wechselgeschäfte tätigen die Fugger z. B. im Jahre 1527, als sie vielen an der Plünderung Roms beteiligten deutschen Soldaten ihre Beute nach Hause überweisen[65].

Wie aus den angeführten Beispielen leicht zu ersehen ist, bietet der Fuggersche Wechselhandel von Fall zu Fall ein vorzügliches Mittel, Geldüberschüsse einzelner Faktoreien solchen Niederlassungen zuzuführen, in denen ein Mangel an flüssigen Mitteln herrscht. Das kann einmal in der Weise geschehen, daß die überliquide an die weniger liquide Faktorei überschüssiges Geld in Form von Wechseln remittiert, zum anderen dadurch, daß die geldbedürftige auf die geldkräftige Niederlassung Wechsel trassiert[66].

Die Gewinne, die die Fugger aus dem Wechselgeschäft ziehen, erwachsen ihnen aus einer für die übernommene Dienstleistung zu zahlenden Wechselgebühr[67] und aus der Festsetzung eines für sie vorteilhaften Kurses der zu wechselnden Geldsorten[68]. Ein solcher Münzwechsel war bei der damaligen Uneinheitlichkeit des Münzwesens mit jedem Geldgeschäft verbunden, das, wie das Wechselgeschäft, über größere Entfernungen ging.

---

64 Vgl. Jakob II, S. 408.
65 Vgl. Anton I, S. 96.
66 Vgl. ebd., S. 575.
67 Vgl. Jakob II, S. 308, 449.
68 Vgl. ebd., S. 286, 415; Anton II, S. 555.

B. Unternehmungsform und Unternehmungszusammenschlüsse

Wenn wir uns im folgenden mit der Unternehmungsform des Fuggerschen Handels und dessen Zusammenschlüssen mit anderen Unternehmungen beschäftigen wollen, so müssen wir zunächst die Kriterien aufsuchen, die überhaupt für das Vorliegen einer Fugger-Unternehmung sprechen.

Nach *Sombart*[1] heißt „die Entstehung der kapitalistischen Unternehmung verfolgen ... nichts anderes als feststellen: wie und wann sich ‚das Geschäft' verselbständigt hat und zum Träger der wirtschaftlichen Vornamen geworden ist". Sombart sieht das Besondere der kapitalistischen Unternehmung in ihrer Eigenschaft als verselbständigte Vermögensorganisation, die als „das Geschäft" (der Inbegriff der einzelnen Geschäfte) an die Stelle der sippenschaftlich, familienmäßig oder zünftisch organisierten Gemeinschaft tritt[2]. Daß der Übergang zur reinen Vermögensorganisation, zur Einheit des „Fuggerschen Geschäfts" spätestens mit der ersten gesellschaftsrechtlichen Abmachung von 1494 vollzogen ist, dürfte aus den anschließenden Ausführungen über die Fuggerschen Gesellschaftsverträge wohl eindeutig hervorgehen. Noch früher wird innerhalb des Fuggerschen Handels — denken wir nur an dessen Eintritt in den Bergbau — die Produktion auf Bestellung von der Produktion auf Vorrat, für den Markt, abgelöst, in welchem Vorgang besonders *Liefmann*[3], auch wegen der damit verbundenen Risikozunahme, die Entwicklung vom Handwerksbetrieb zur Unternehmung sieht. Die Kapitalrechnung als weiteres Unternehmungsmerkmal[4] ist, wie wir noch sehen werden, bei den Fuggern schon verhältnismäßig frühzeitig und in einer erstaunlichen Feinheit durchgebildet.

Daß die Definition der Unternehmung ganz allgemein, unter der wir mit *Passow*[5] „einen selbständigen, auf Erwerb gerichteten Betrieb"

---

1 *Sombart*, Werner: Der moderne Kapitalismus, II, S. 103.

2 Vgl. ebd., S. 101 ff.

3 Vgl. *Liefmann*, Robert: Die Unternehmungsformen mit Einschluß der Genossenschaften und der Sozialisierung, 4. Aufl., Stuttgart 1928, S. 2.

4 Vgl. *Linhardt*, Hanns: Kapitalwirtschaft und Kapitalrechnung. In: Die Unternehmung im Markt, Festschrift für Wilhelm Rieger zu seinem 75. Geburtstag, Stuttgart und Köln 1953, S. 46 ff.

5 *Passow*, Richard: Betrieb, Unternehmung, Konzern, Jena 1925, S. 41.

zu verstehen haben, auf den Fuggerschen Handel in vollem Umfange zutrifft, braucht nach dem Kapitel über die Wirtschaftszweige nicht mehr besonders ausgeführt zu werden.

I. Die Gesellschaftsverträge der Fugger

Die aus dem Weberhandwerk vor langem hervorgegangene Fugger-Unternehmung durchläuft hinsichtlich ihrer Rechtsform verschiedene Entwicklungsstadien, bis sie schließlich die Gestalt der Handelsgesellschaft annimmt.

Das von Jakob dem Älteren 1454—1469 geleitete Einzelunternehmen wird nach dessen Tod in der Gestalt einer Ganerbschaft[6], einer Erbengemeinschaft zur gesamten Hand, unter Führung der erwachsenen Söhne mit der Witwe fortgesetzt. Diese Form findet jedoch mit dem Ableben bzw. der Verheiratung verschiedener Familienangehöriger bald ein Ende. Ungefähr mit dem Eintritt Jakob Fugger des Reichen in das nunmehr von seinen Brüdern Ulrich und Georg geleitete Geschäft um das Jahr 1485 wird das Gesamthandsverhältnis in ein Bruchteilsverhältnis umgewandelt[7], und aus der ehemaligen Erbengliedschaft wird ein lockerer Handelsverband. Die „schwerfällige, umständliche, dem Kreditbedürfnisse des Großhandels und Bankbetriebs nicht genügend Rechnung tragende Verbandsrechtsform"[8] drängt jedoch auf eine baldige Umgestaltung.

Auf die Initiative Jakobs des Reichen hin schließen die drei Brüder im Jahre 1494 den ersten Fuggerschen Gesellschaftsvertrag ab, der dem Unternehmen die von nun an endgültig beibehaltene Form der Handelsgesellschaft gibt. Die Jahre 1502, 1512, 1532 und 1538 bringen den Abschluß neuer bzw. die Erneuerung bestehender Gesellschaftsverträge mit sich. Die gesellschaftsrechtlichen Abmachungen dieser Jahre stellen im wesentlichen eine Weiterführung des grundlegenden Vertrags von 1494 dar, Änderungen werden nur vorgenommen, soweit diese auf Grund personeller Umschichtungen bei den Gesellschaftern erforderlich werden.

Die in den Fuggerschen Gesellschaftsverträgen aufgenommenen Bestimmungen regeln sowohl die Rechtsverhältnisse zwischen den Gesellschaftern im Innenverhältnis als auch im Außenverhältnis die Rechtsbeziehungen der Gesellschafter zu Dritten. Den Kern der Fuggerschen Gesellschaftsverträgen bildet jedoch die Regelung der inneren Ge-

---

[6] Vgl. Jakob I, S. 56.

[7] Vgl. *Reinhardt*, E.: Jakob Fugger der Reiche aus Augsburg, Berlin 1926, S. 80.

[8] Ebd., S. 80.

schäftsverhältnisse, sowohl was die persönliche Betätigung der Gesellschafter und ihre Beziehungen untereinander, als auch was die Verwaltung des Vermögens anbelangt. Die Bestimmungen über die Rechtslage der Gesellschaft nach außen sind unverhältnismäßig kürzer gehalten und beschränken sich auf die Firmenbezeichnung und die Haftungs- und Vertretungsfrage. Im folgenden sollen die einzelnen vertraglich geregelten Punkte einer näheren Betrachtung unterzogen werden.

1. Firma

Die Fuggersche Handelsgesellschaft erhält gleichzeitig mit ihrer Errichtung eine Firma, die das Gesellschaftsverhältnis und die Einheitlichkeit des Auftretens nach außen hin dokumentieren soll. Der Firmenname wird jeweils dann umgeändert, wenn Veränderungen in der Gesellschafterzusammensetzung auftreten; grundsätzlich enthält die Firma den Namen eines Gesellschafters mit einem das Vorhandensein einer Gesellschaft andeutenden Zusatz oder die Namen aller Gesellschafter. Von 1494 an präsentiert sich die Handelsgesellschaft unter dem Namen „Ulrich Fugger und Gebrüder von Augsburg", 1510 wird die Firma in „Jakob Fugger und Gebrüder Söhne" umgeändert und ab 1532 lautet sie auf „Raymundus, Antonius und Hieronymus die Fugger, Gebrüder und Vettern". Als Firmen- und Handelszeichen dient der berühmte Fuggersche Dreizack mit Ring.

Die Schöpfung der Firma hat vor allem zur Folge, daß die Handelsgesellschaft, indem sie ihre Geschäfte unter dem Firmennamen abschließt, nach außen hin als Einheit auftritt. Nach *Löffelholz*[9] wird die Unternehmung mit der Entstehung der Firma „als der abstrakten Rechtseinheit der Erwerbswirtschaft" zum selbständigen Rechtssubjekt; *Bauer*[10] sieht in Firma und Firmenzeichen das Symbol für die „Qualität der Gesellschaft, etwas von den einzelnen Gesellschaftern Verschiedenes, ihnen gegenüber Selbständiges zu sein..."

2. Dauer der Gesellschaft

Die Fuggerschen Gesellschaftsverträge werden im allgemeinen für die Dauer von sechs Jahren abgeschlossen. Nach den vertraglichen Bestimmungen endet die Gesellschaft mit Ablauf des Gesellschaftsvertrags. Die Fortführung der Gesellschaft macht deshalb den Abschluß eines neuen bzw. die Erneuerung des alten Abkommens erforderlich.

---

[9] *Löffelholz*, Josef: Geschichte der Betriebswirtschaft und der Betriebswirtschaftslehre, Stuttgart 1935, S. 115 f.

[10] *Bauer*, Clemens: a.a.O., S. 26.

Neue Verträge werden im Anschluß an die Generalrechnungen abgeschlossen, die von Zeit zu Zeit in Form von Inventur und Bilanz durchgeführt werden. Denn die Rechnungslegung soll „Anfang, Eingang und Grund“[11] des gemeinsamen Handelns der Fugger sein.

Die Erneuerung bestehender Verträge wird vielfach durch eine Vereinbarung ersetzt, die im Falle der Nichtkündigung eine automatische Verlängerung des Gesellschaftsvertrags vorsieht[12]. Bisweilen kommt es auch vor, daß das Geschäft ohne eine vorherige diesbezügliche Vereinbarung stillschweigend weitergeführt, die Gültigkeit des später abgeschlossenen Gesellschaftsvertrags jedoch auf den früheren Zeitpunkt festgelegt wird[13].

Bezüglich der Dauer des Gesellschaftsverhältnisses schwebt den Vertragschließenden das Ziel vor Augen, gerade durch den Abschluß des Vertrags den Handelsbetrieb um so beständiger zu gestalten, und durch die Regelung der Folgen des vorzeitigen Ablebens eines Gesellschafters eine bessere Einigkeit unter den Erben zu erzielen. Diesen Gedanken spricht die Einleitung des Sondervertrages von 1502[14] ausdrücklich aus, in welcher der Zweck des ersten Vertrags von 1494 mit den Worten bezeichnet wird: „wo wir unser ainer oder mehr mit tod vergingen, unsere erben desto freuntlicher und in besserer ainigung auch unser handel dess bestendiger bleibe.“

3. Einlagen der Gesellschafter

Wichtiger Bestandteil der Gesellschaftsverträge sind die Bestimmungen über Höhe und Zusammensetzung des Gesellschaftskapitals. Die diesbezüglichen Regelungen geben vor allem der lebhaften Sorge um dessen Bestand Ausdruck. Die Kapitaleinlagen der einzelnen Gesellschafter, die zusammen das Gesellschaftskapital, das sogenannte „Hauptgut“, bilden, müssen während der Vertragsdauer in der Gesellschaft verbleiben; auch bei vorherigem Versterben eines Teilhabers dürfen dessen Erben nicht vor Ablauf der Vertragszeit ausbezahlt werden[15].

Privatentnahmen sollen in erster Linie der Deckung dessen dienen, was jeder Gesellschafter „zu seiner Notdurft, Haushaltung und Nahrung“ benötigt: „was unser yeder yedes jars ungeverlich zu seiner notturft haushaltung und narung bedarf, mag er yedes jars aus dem

---

[11] Anton I, S. 589.
[12] Vgl. Jakob II, S. 122.
[13] Vgl. Anton I, S. 253.
[14] Abgedruckt bei *Jansen*, Max: Jakob Fugger der Reiche. Studien und Quellen I, Leipzig 1910, S. 271.
[15] Vgl. Jakob II, S. 25.

handel nemen und sol solchs ime selbs zuschreiben und auf sein haubtgut verrechnen[16]." Sonstige Entnahmen von Hauptgut sind lediglich bis zur Höhe eines bestimmten Bruchteils der Einlage gestattet; darüber hinausgehende Abhebungen eines Gesellschafters können nur mit Zustimmung der übrigen Gesellschafter vorgenommen werden[17], sie haben eine entsprechende Kürzung des Gewinnanteils zur Folge[18]. Es soll insbesondere in Betracht gezogen werden, daß die Ausbezahlung des Geldes „auf zimlich zeit und frist" geschehe, „so es diesem handel und gesellschaft ye zu zeyten ungeverlich und am leidlichsten ist und wirdet ..."[19].

Der Gefahr einer Überfremdung der Gesellschaft und der Zersplitterung ihrer Kapitalkraft begegnet man wirksam durch eine Bestimmung, nach der das Gesellschaftskapital beim Mannesstamm verbleiben muß; weibliche und geistliche Angehörige scheiden als Einleger und somit als Gesellschafter aus[20]. Auf derselben Ebene liegt der Grundsatz, daß die Kapitaleinlagen der Gesellschafter nur aus Eigenmitteln stammen dürfen; auf diese Weise will man vermeiden, daß Personen, die nicht zum engeren Kreis der Familie gehören, durch Unterbeteiligungen zu Einfluß kommen.

4. Geschäftsführung und Vertretung nach außen

Nach dem Gesellschaftsvertrag von 1494 sind alle drei Gesellschafter, Ulrich, Georg und Jakob, für alle Geschäfte zuständig: „yeder soll gantzen vollen gewalt und macht haben in allen und yeden dingen, den handel anrurend oder das dem handel und uns zu gut geschicht ...[21]." Die uneingeschränkte Befugnis zur Geschäftsführung wird auch für außerordentliche Geschäfte der Gesellschaft anzunehmen sein, denn nirgends wird das Erfordernis der Zustimmung der anderen Gesellschafter erwähnt. Jeder der Gesellschafter ist berechtigt, im eigenen Namen für Rechnung der Gesellschafter Verträge mit Dritten abzuschließen, aber auch gleichzeitig verpflichtet, seine Teilhaber über alle geschäftlichen Vorgänge zu unterrichten[22]. Der Gesellschaftsvertrag von 1494 kennzeichnet die Rechtsstellung des in Vertretung handelnden Gesellschafters mit den Worten: „als ob unser yeder der obristhaupt-

---

[16] Gesellschaftsvertrag von 1494 bei *Jansen*, Max: Jakob Fugger der Reiche, S. 264 f.
[17] Vgl. Anton I, S. 255.
[18] Vgl. ebd., S. 616.
[19] Gesellschaftsvertrag von 1494 bei *Jansen*, Max: Jakob Fugger der Reiche, S. 265.
[20] Vgl. Jakob I, S. 256.
[21] Gesellschaftsvertrag von 1494 bei *Jansen*, Max: Jakob Fugger der Reiche, S. 263 f.
[22] Vgl. Jakob I, S. 58; Jakob II, S. 25.

handler selbst were, auch in abwesen der anderen und sol uns alle sovil beruren und sein, als ob wir alle solchs gehandelt hetten. Und ob unser einer einich schrift oder verschreybung in handel gebe oder neme und auf sein person allein stünde, sol es nicht dessminder sovil sein, als ob es von oder auf uns alle verlautet und gestellt were ...[23]." Der unbeschränkten Handlungsvollmacht entspricht die uneingeschränkte Solidarhaftung[24] der Gesellschafter mit Kapitaleinlage und Privatvermögen.

In der Vertragserneuerung von 1502 mit ihren Sonderbestimmungen zeichnet sich das Bestreben ab, den Kreis der Gesellschafter möglichst eng zu halten. Von dem Falle des Ablebens eines der ursprünglichen Gesellschafter ausgehend, wird hier bestimmt, daß zwei der dem Namen und dem Stamme nach zu den Fuggern gehörigen Gesellschafter Verwalter „ob dem handel" sein sollen. Ihnen fällt die Aufgabe zu, den Fuggerschen Handel „zu verwesen und zu regieren". Die Beibehaltung dieses Grundsatzes soll dadurch gewährleistet werden, daß diese zwei Verwalter daneben „ainen jungen unsern sone ainen, sofer ainer vorhanden ist, oder ainen andern unsers namens und stammes von uns absteigend bey inen im handel aufzihen und lernen lassen, damit wa einer aus denselben zwayen aber abgieng, derselb auferzogen an dess abgestorben statt tretten mög und soll ..."[25]. Der Machtvollkommenheit der Regierer des Fuggerschen Handels entspricht das Zurücktreten der übrigen Gesellschafter in der Geschäftsführung.

Nach dem Tode seiner Brüder Georg und Ulrich vereinigt sich die ganze Macht der Geschäftsführung in der Hand Jakobs. Wenn auch zwei Regierer den Handel leiten sollen, so enthält doch der Vertrag von 1502 schon die Bestimmung, daß beim Ableben zweier der ursprünglichen Gesellschafter Ulrich, Georg und Jakob der überlebende Dritte „ganz vollen gewalt und macht haben soll, allein den handel zueverwesen, zueverwalten und zueregieren, zue thun und zuelassen und ime der ander sein mitverwalter, der im sonst hilflich und beystenndig sein solle, nichts darein reden soll oder mög"[26]. Jakob zieht zwar seine Neffen als Gesellschafter heran, verleiht ihnen im Gesellschaftsvertrag von 1512 jedoch eine lediglich untergeordnete Rechtsstellung. An die Stelle des Grundsatzes der Gleichberechtigung der Gesellschafter, wie sie früher zwischen den drei Brüdern bestanden hatte, tritt der Grundsatz der Über- und Unterordnung der einzelnen

---

[23] Gesellschaftsvertrag von 1494 bei *Jansen*, Max: Jakob Fugger der Reiche, S. 264.

[24] Vgl. *Reinhardt*, E.: a.a.O., S. 82.

[25] Sonderbestimmungen der Vertragserneuerung von 1502 bei *Jansen*, Max: Jakob Fugger der Reiche, S. 277.

[26] Ebd., S. 280.

Mitglieder. Die Führung der Gesellschaft im Innenbereich wie nach außen hin liegt ganz bei Jakob Fugger, er ist „principalis gubernator, dominus, caput, director, rector et praesidens“[27]. Die Neffen dagegen entbehren jeglicher Handlungsvollmacht, ihr Mitwirken bei der Geschäftsführung und beim Abschluß von Geschäften, bei Fragen der Rechnungslegung und der Gewinnverteilung bleibt dem Ermessen Jakobs anheimgestellt. Außerdem ist ihnen ein Wettbewerbsverbot sowie Auskunftspflicht auferlegt, sie dürfen also weder eigenen Geschäften nachgehen noch irgendwelche Geschäftsvorgänge verheimlichen. Für Verbindlichkeiten der Gesellschaft haften sie ebenso wie Jakob Fugger unmittelbar und unbeschränkt mit ihrer Person und ihrer Kapitaleinlage[28].

Nach diesem Prinzip der Unterordnung der Gesellschaftsmitglieder unter den einen, herrschenden Willen des Regierers, das wesentlich zur inneren und äußeren Geschlossenheit beiträgt, wird die Fuggersche Handelsgesellschaft auch nach dem Tode Jakobs weitergeleitet. Der Gesellschaftsvertrag von 1532, der sich vollkommen an Jakobs testamentarische Verfügungen hält, setzt seinen Neffen Anton als „obersten Verwalter und Verweser dieses unseren gemeinsamen Gesellschaftshandels“ ein. Die „Verschreibungen, Verpflichtungen und Handlungen“, die er eingeht oder vornimmt, sind für seine Mitgesellschafter Raymund und Hieronymus Fugger verbindlich[29]. Im übrigen werden sämtliche wesentliche Bestimmungen des Gesellschaftsvertrags von 1512 übernommen, zum Teil sogar noch erweitert bzw. präzisiert. Mit jedem neuen Vertrage wird das Bestreben deutlicher, den Aufbau der Handelsgesellschaft auf eine „aristokratische“ Grundlage zu stellen[30]. So wird dem „Ausnahmerecht des großen Einzelnen vor dem Anspruch alles Durchschnittlichen“[31] der Vorzug gegeben.

5. Gewinnverteilung

Im Anschluß an die Generalrechnung, die den innerhalb eines bestimmten Zeitabschnitts erzielten Unternehmungserfolg ausweist, erfolgt die Gewinnverteilung unter die Gesellschafter. Der Gewinnverteilungsmodus wird in dem die jeweilige Rechnungsperiode einleitenden Gesellschaftsvertrag fixiert; die Gewinnsumme und die zur Verteilung gelangenden Gewinnbeträge werden in dem Gesellschaftsvertrag aufgeführt, der die abgelaufene Periode beschließt bzw. die neue Periode einleitet[32].

---

27 Jakob II, S. 237.
28 Vgl. Jakob I, S. 285.
29 Vgl. Anton I, S. 254.
30 Vgl. *Strieder,* Jakob: Jakob Fugger der Reiche, Leipzig 1926, S. 73.
31 Jakob I, S. 138.
32 Vgl. Anton I, S. 616.

Kriterien für die Verteilung des Gewinnes sind sowohl die kapitalmäßige Beteiligung als auch die Arbeitsleistung der Gesellschafter.

Die Größe des Gewinn- oder Verlustanteils richtet sich nach dem Wert des Hauptguts im Zeitpunkt der Abrechnung: „was wir und unser yeder auf diesen tag im handel und gesellschaft hat und sich unter uns in der nechsten rechnung erfinden wird, haubtguts und gewynnung, das soll also im handel die gedachten zeit aus bleiben zu gleichem gewynn und verlust, doch nach anzall unsers yedes haubtguts, so unser yeder im handel hat und sich in rechnung erfindten wird[33].“

Arbeitsleistungen einzelner Gesellschafter, die über das aus der Mitarbeitspflicht zu erwartende Normalmaß hinausgehen, werden vorneweg durch Zuweisung eines bestimmten Prozentsatzes vom Gesamtgewinn honoriert[34], der Rest wird im Verhältnis der eingelegten Kapitalbeträge unter die Gesellschafter verteilt. Umgekehrt liegt, da die Bestimmungen über die Gewinnverteilung zum großen Teil im Wege einer autoritativen Entscheidung des Regierers zustande kommen, die Vermutung nahe, daß Gesellschaftern, deren Arbeitsleistung unbefriedigend ist[35], eine kleinere Quote zugebilligt wird, als sie auf Grund ihrer Kapitalbeteiligung zu erwarten hätten.

Während der Rechnungsperiode gemachte Abhebungen durch die Gesellschafter werden von den zur Verteilung gelangenden Gewinnquoten in Abzug gebracht.

6. Beschlußfassung der Gesellschafter

Im Fuggerschen Gesellschaftsverband sind Geschäftsführungsbefugnis und Beschlußfassungskompetenz der Gesellschafter eng miteinander verknüpft. Wie im Bereich der Geschäftsführung geht die Entwicklung auch im Hinblick auf die Beschlußfassung der Gesellschafter vom Kollegialitäts- zum Autoritätsprinzip. Ursprünglich handeln die Brüder Ulrich, Georg und Jakob im gemeinsamen Einvernehmen[36], Entscheidungen in Angelegenheiten der Handelsgesellschaft werden prinzipiell auf Grund einstimmigen Gesellschafterbeschlusses getroffen. Diese Form der Beschlußfassung entspricht der Gleichstellung der drei Brüder im Gesellschaftsvertrag von 1494 und erscheint insofern besonders geeignet, als diese gleichermaßen zur Geschäftsführung be-

---

[33] Gesellschaftsvertrag von 1494 bei *Jansen*, Max: Jakob Fugger der Reiche, S. 263.

[34] Vgl. *Strieder*, Jakob: Die Inventur der Firma Fugger aus dem Jahre 1527. In: Zeitschrift für die gesamte Staatswissenschaft, Ergänzungsheft 17, Tübingen 1905, S. 7; Anton I, S. 651.

[35] Vgl. Jakob I, S. 642.

[36] Vgl. Jakob I, S. 289.

fähigt sind und offenbar ohne Reibungen zusammenarbeiten[37]. Die Bestimmung des neuen Abkommens von 1502, wonach die schlechte Arbeit eines Gesellschafters durch gemeinsamen Beschluß der übrigen beiden Gesellschafter vor einer eigens hierfür einberufenen Familienversammlung zur Sprache gebracht werden kann[38], erscheint infolgedessen überflüssig.

Mit dem nach dem Tode Ulrichs und Georgs vollzogenen Übergang zum Prinzip der autoritären Leitung wird nahezu die gesamte Beschlußfassungskompetenz in die Hände des Regierers gelegt. Seiner Entscheidungsgewalt unterliegen Festsetzung und Abänderung von Gesellschaftsverträgen und die Abhaltung von Generalrechnungen, die Einstellung, Entlassung und Entlohnung von Handelsdienern und Faktoren, aber auch Fragen der Finanzierung und der Auseinandersetzung mit den Erben[39]. Das Mitspracherecht der übrigen Gesellschafter beschränkt sich dabei im allgemeinen auf Einverständniserklärungen oder die Erteilung von Ratschlägen. Lediglich Entscheidungen über die Fortführung der Gesellschaft bedürfen des gemeinschaftlichen Beschlusses aller Gesellschafter[40].

Auch die bisweilen im Anschluß an eine Generalrechnung einberufenen Generalversammlungen[41] sollen nicht etwa das Forum für Mehrheitsbeschlüsse der Gesellschafter abgeben, sie bilden für den Regierer vielmehr den äußeren Rahmen, den Unternehmungserfolg der zurückliegenden Wirtschaftsperiode bekanntzugeben und für die Zukunft die Richtlinien der Unternehmensführung abzustecken.

7. Nachfolgeschaft, Tod eines Gesellschafters

Die Bestimmungen über die Nachfolgeschaft und den Tod von Gesellschaftern spiegeln vor allem die Sorge um den Bestand des Gesellschaftsvermögens und das Bemühen um eine starke einheitliche Unternehmungsleitung wider. Man trägt Sorge dafür, daß die Gesellschaft nicht eines Tages die „Versorgungsanstalt unfähiger Mitglieder“[42] werde und schwache Erben die Leitung des Unternehmens erhalten.

Nach dem Tode eines Teilhabers wird die Gesellschaft unter den Lebenden fortgesetzt und zwar in der Art, daß die Überlebenden „vollen gewalt und machte haben sollen im handel ze handeln, als ob noch

37 Vgl. ebd., S. 56, 58.
38 Vgl. Jakob II, S. 122.
39 Vgl. Jakob I, S. 285; Anton I, S. 254 ff.
40 Vgl. Jakob II, S. 237.
41 Vgl. Jakob I, S. 285.
42 Jakob I, S. 58.

alle drey am leben weren“[43]. Der Kapitalanteil des Verstorbenen muß bis zum Ablauf des Gesellschaftsvertrags bzw. für eine im voraus festgelegte Reihe von Jahren in der Gesellschaft verbleiben. „Item wa es sich begeb, das unser einer in den sechs jaren vor den andern mit tode abging, so soll dennocht nicht dessminder sein habe und gut, so er derselben zeit im handel hat in demselben handel pleiben, drey jar lang nach seinem abgang, es wern der sechs jar vil oder wenig verschinnen in aller mass, als ob er noch lebt ...[44]“. Die überlebenden Teilhaber bestimmen nach Durchführung einer Vermögensrechnung die Höhe des zur Auszahlung gelangenden Erbes. Auch Art und Zeitpunkt der Auszahlung zum Erbe gehöriger Vermögensteile werden ihnen völlig überlassen[45].

Als Nachfolger eines verstorbenen Gesellschafters kommen nur dessen männliche Nachkommen oder die männlichen Nachkommen der überlebenden Gesellschafter in Betracht. Den Ausschlag für ihre Hinzuziehung bzw. ihre Einsetzung als Teilhaber an verantwortlicher Stelle gibt die kaufmännische Befähigung und persönliche Tüchtigkeit. Stirbt der Regierer, so übernimmt der fähigste seiner Mitgesellschafter die Leitung. Im Sinne einer solchen Auslese der Besten schließt Jakob der Reiche in seinem Testament von 1525 seinen Neffen Hieronymus, der „bisher im Handel nicht sonders brauchsam gewesen, noch sich des Handels selbst angenommen“ und von dem „zu vermuten, daß solches hinfüro auch nicht geschehen möchte“, von vornherein von der zukünftigen Leitung aus[46] und überträgt diese seinem Neffen Anton. Besteht Grund zur Annahme, daß keiner der verbleibenden Teilhaber den Regierer im Todesfalle vollwertig ersetzen kann, so soll eine Sonderregelung, etwa in Form einer Herbeiziehung erprobter Handelsdiener[47], getroffen werden.

II. Die Form der Fuggerschen Handelsgesellschaft und ihre wirtschaftliche Bedeutung

1. Versuch einer Bestimmung der Rechtsform der Fuggerschen Handelsgesellschaft

Unter der Rechtsform einer Unternehmung versteht man „die Art und Weise der Verbindung von persönlicher Leitung bzw. Teilnahme an der Leitung und von Kapitalhergabe bzw. vermögensmäßiger Ver-

---

[43] Gesellschaftsvertrag von 1494 bei *Jansen*, Max: Jakob Fugger der Reiche, S. 265.
[44] Ebd., S. 265.
[45] Vgl. Jakob II, S. 25; Anton I, S. 255 f.
[46] Vgl. Jakob I, S. 642.
[47] Vgl. Anton I, S. 256.

antwortung für die Verbindlichkeiten der Unternehmung"[48]. Man unterscheidet mit ihr die Unternehmung „nach der Art der Inhaberschaft (und nach der Gestaltung ihres Verhältnisses zu Dritten)"[49].

Die Rechtsform einer Gesellschaftsunternehmung wird demnach, um es konkreter auszudrücken, in erster Linie an dem Verhältnis der Beteiligten untereinander in bezug auf Leitung und Kapitalbeteiligung und an Umfang und Art ihrer Haftung gegenüber Dritten abzulesen sein[50]. Im folgenden soll nun der Versuch gemacht werden, bezugnehmend auf die Bestimmungen der Gesellschaftsverträge die Rechtsgestalt der Fuggerschen Handelsgesellschaft im wesentlichen an Hand der drei Hauptmerkmale Leitung, Kapitalbeteiligung und Haftung im Wege eines Vergleichs mit heute ausgebildeten Rechtsformen nachzuzeichnen.

Ausgehend von der grundlegenden Unterteilung der Gesellschaftsunternehmungen in Personal- und Kapitalgesellschaften können wir die Fuggersche Handelsgesellschaft dem ersteren Typus zuordnen. So wie sich die Fugger-Unternehmung ursprünglich in der Person eines Einzelkaufmanns, Jakob Fugger des Älteren, verkörperte, wird auch das Bild der Handelsgesellschaft hauptsächlich von den Unternehmerpersönlichkeiten der in ihr zusammengeschlossenen Gesellschafter geprägt. Die von den Fuggern nachgerade zum Prinzip erhobene Konzentration der gesamten Machtfülle in der Hand des erfahrensten und tüchtigsten Gesellschafters läßt das persönliche Element bei der Vergesellschaftung noch stärker hervortreten. Das entscheidende Kriterium für den personalgesellschaftlichen Charakter der Fuggerschen Handelsgesellschaft ist jedoch die Verbindung von Kapitaleinlage und persönlicher Mitarbeit der Gesellschafter; deren Leistungs- und Vermögensverbundenheit kommt am deutlichsten zum Ausdruck in der Regelung der Gewinnverteilung, die eine Bemessung der Gewinnquote sowohl nach der Kapitalbeteiligung als auch nach der Arbeitsleistung der Gesellschafter vorsieht. Die typischen Merkmale der Kapitalgesellschaft, nämlich die Trennung von Unternehmungsbesitz und Unternehmungsleitung und die große Zahl der Besitzer[51], fehlen der Fuggerschen Handelsgesellschaft vollständig; im Gegenteil gehen die Bestrebungen der Fugger in verschiedenen Bestimmungen ihrer Gesellschaftsverträge immer wieder dahin, familienfremde Beteiligungen am Unter-

[48] *Palyi,* Melchior: Das Problem der Unternehmungsform. In: Grundriß der Betriebswirtschaftslehre, Bd. 2, Die Betriebsverwaltung, Leipzig 1927, S. 98.

[49] *Passow,* Richard: Betrieb, Unternehmung, Konzern, S. 94.

[50] Vgl. *Linhardt,* Hanns: Die historische Komponente der funktionalen Betriebswirtschaftslehre, S. 97; *Eisfeld,* Curt: Betrieb, Firma, Unternehmung. In: Der Betrieb in der Unternehmung. Festschrift für Wilhelm Rieger zu seinem 85. Geburtstag, Stuttgart 1963, S. 4.

[51] Vgl. *Liefmann,* Robert: Unternehmungsformen, S. 48.

nehmen auszuschließen und auch innerhalb der Familie den Anteil an Besitz und Leitung auf wenige Angehörige zu beschränken. Entsprechend kann von einer Übertragbarkeit der Kapitalanteile nur im engsten Sinne — im Wege des Erbübergangs nämlich — die Rede sein. Ebensowenig liegt eine Haftungsbeschränkung auf das Gesellschaftsvermögen vor. Von einer gewissen Annäherung an die Form der Kapitalgesellschaft könnte man höchstens im Hinblick auf die „Verselbständigung" des Gesellschaftsvermögens gegenüber seinen Trägern sprechen, wie sie sich bei der Erschwerung von Privatentnahmen und Erbauszahlungen und in der Zurücklegung nicht zur Verteilung gelangender Kapitalreserven[52] andeutet.

Will man die Rechtsform der Fuggerschen Gesellschaftsunternehmung genauer umreißen und diese einem der heute ausgebildeten Personalgesellschaftstypen zuordnen, so muß man sie als eine Entsprechung der offenen Handelsgesellschaft bezeichnen. Folgende Punkte sprechen für eine solche Kennzeichnung:

1. In der Fuggerschen Handelsgesellschaft wirken mehrere selbständige Unternehmensleiter zusammen. Als typisch wird gelten müssen, daß sie zugleich Kapital aufbringen, d. h. volle Teilhaber sind.
2. Die Fugger-Gesellschafter legen sich einen Kollektivnamen zu, eine gemeinschaftliche Firma, mit welcher sie die Offenlegung der Teilhaberliste bezwecken und unter der sie ihre Gesellschaftsgeschäfte abschließen[53].
3. In den Gesellschaftsverträgen der Fugger wird die unbeschränkte gesamtschuldnerische Haftung aller Gesellschafter vereinbart, d. h. von einer Beschränkung der Haftung nach außen ist nirgends die Rede. Auch die Bestimmung des Vertrags von 1512, nach der die Neffen Jakob Fuggers bei allen Verpflichtungen, die er im Namen der Gesellschaft übernommen hat, mit ihm „phlichtig und das zu vollziehen verpunden sein"[54] sollen, deutet zweifellos auf das Vorliegen der unbeschränkten Haftung hin. Ebenso findet der Grundsatz der uneingeschränkten Solidarhaft im offiziellen Recht, so z. B. in den gesellschaftsrechtlichen Bestimmungen der Nürnberger Stadtrechtsreformation von 1484, Eingang. Sie erstreckt sich auf alle Gesellschaftsschulden, d. h. auf alle Schulden aus Geschäften und Abschlüssen der Gesellschaft „durch Mitgesellschafter oder Faktoren ..., die ohne ausdrücklichen Vorbehalt der Zustimmung der Mitgesellschafter bzw. der Geschäftsleitung getätigt sind ..."[55].

---

[52] Vgl. Anton I, S. 615 f.
[53] Vgl. *Reinhardt*, E.: a.a.O., S. 81 f.
[54] Gesellschaftsvertrag von 1512 bei *Jansen*, Max: Jakob Fugger der Reiche, S. 291.
[55] *Bauer*, Clemens: a.a.O., S. 78.

Im übrigen weisen die Fuggerschen Gesellschaftsverträge alle wesentlichen Merkmale auf, die das Innenverhältnis zwischen den Teilhabern einer offenen Handelsgesellschaft kennzeichnen: die Regelung der Geschäftsführungs- und Vertretungsmacht, die Gewinnverteilung, das Recht zur Geldentnahme, das Wettbewerbsverbot und die Auskunfts- und Rechenschaftspflicht. Die Feststellung *Liefmanns*[56] allerdings, die offene Handelsgesellschaft stehe „ökonomisch der Einzelunternehmung am nächsten", trifft auf die Fugger-Unternehmung in besonderem Maße zu, denn die Vereinigung nahezu der gesamten Geschäftsvollmacht in den Händen eines Jakob und Anton Fugger läßt jene in einem Zustand erscheinen, der äußerlich der Einzelunternehmung sehr nahe kommt.

Anfänglich weist die Fuggersche Handelsgesellschaft in ihrer Rechtsstruktur zuweilen Züge der Kommanditgesellschaft auf. Das ist dann der Fall, wenn Einlagen Dritter zu Gewinn und Verlust, eine Art Unterbeteiligungen, in die Gesellschaft hereingenommen werden: die Einleger treten damit in eine Art Gesellschafterstellung ein, die in etwa vergleichbar ist mit der von Kommanditisten. Im Gegensatz zum festen Stamm der eigentlichen Gesellschafter sind diese „Einlagegesellschafter" von der Unternehmungsleitung ausgeschlossen, ja überhaupt zur persönlichen Mitarbeit weder verpflichtet noch berechtigt; ihre Kapitaleinlage begründet neben dem Anspruch auf Gewinnbeteiligung lediglich gewisse Überwachungsrechte[57]. Eine Abgrenzung zur stillen Gesellschaft ist hierbei nur schwer zu treffen, da die genannten Kriterien auch für das Vorliegen einer solchen ins Feld geführt werden könnten. Zudem spräche für die Vermutung einer stillen Gesellschaft die Tatsache, daß die Existenz der Einleger nach außen hin in der Firmenbezeichnung nicht zutage tritt. Dann müßten die Einlagen — dem Wesen der stillen Gesellschaft als einem Kreditverhältnis ohne festen Zins[58] entsprechend — in das Eigentum einzelner oder aller Stammgesellschafter übergehen. Es ist jedoch anzunehmen, daß sie als Sondervermögen innerhalb des eigentlichen Gesellschaftsvermögens behandelt werden[59]. Des weiteren scheint mit der Kapitalbeteiligung eine — wenn auch auf die Höhe derselben begrenzte — Haftung der Einlagegesellschafter verbunden zu sein[60]. Die beiden letztgenannten Kriterien lassen somit das Vorliegen einer Art kommanditistischer Beteiligung wahrscheinlicher erscheinen.

Die bezeichneten Einlagen spielen bei den Fuggern nur eine *geringe Rolle* und fallen gewissermaßen als eine Begleiterscheinung ihrer Geschäftstätigkeit bzw. ihrer Gesellschaftsverfassung an — teils werden

---

56 *Liefmann,* Robert: Unternehmungsformen, S. 49.
57 Vgl. *Reinhardt,* E.: a.a.O., S. 105.
58 Vgl. *Liefmann,* Robert: Unternehmungsformen, S. 72.
59 Vgl. *Bauer,* Clemens: a.a.O., S. 66.
60 Vgl. ebd., S. 66 f.

sie im Zuge der Geschäftserweiterung auf neue Plätze an dort ansässige Kaufleute eingeräumt[61], teils kommen sie dadurch zustande, daß Teile des Gesellschaftskapitals, die bisher im Eigentum mitarbeitender Teilhaber standen, nach deren Tod als Einlagen der Erben zu Gewinn und Verlust liegen bleiben[62]. Ihre Hereinnahme entspricht demnach weniger dem Wunsch, eine Stärkung der Kapitalkraft herbeizuführen, als vielmehr dem Bedürfnis der Einleger nach Kapitalanlage. Es ist sogar so, daß die Fugger die erwähnten Kapitalbeteiligungen fremder Kaufleute nur vorübergehend zulassen und bestrebt sind, sie nach erfolgter Festsetzung am neuen Geschäftsplatz durch Auszahlung wieder zu beseitigen.

„Einlagegesellschafter" werden also zeitweilig neben den Stammgesellschaftern geduldet, und in solchen Fällen hat die Fuggersche Handelsgesellschaft — wenigstens der Art der Kapitalbeteiligung nach — eine gewisse Ähnlichkeit mit der Kommanditgesellschaft; ihre Grundgestalt bleibt dabei jedoch unverändert die der offenen Handelsgesellschaft.

Im Rahmen ihrer oHG-Struktur ist die Fugger-Unternehmung typische Familiengesellschaft, für die die ausdrückliche vertragsmäßige Beschränkung der Gesellschafter auf bestimmte Familienangehörige, die nichtgeistlichen Söhne, gilt. Die Rechtsform der oHG ist dabei elastisch genug, eine dem Familiencharakter entsprechende patriarchalische Gesellschaftsordnung zu gestatten, die dem „Regierer" eine nahezu unbeschränkte Herrschaftsgewalt zusichert. Sehr treffend kennzeichnet *Ehrenberg*[63] das Wesen des familiengesellschaftlichen Elements, wenn er sagt: „Eine solche Handelsgesellschaft war in ihrer besten Zeit ein streng gegliederter und musterhaft geordneter Organismus, dessen einzelne Glieder sich in anerzogenem Gehorsam dem herrschenden Willen beugten, und doch innerhalb dieser Schranken, ebenfalls durch Erziehung geschult, durch das eigene Interesse angespornt, ein hohes Maß freier Selbsttätigkeit entfalteten."

Will man demnach das Wesen der Fuggerschen Gesellschaftsunternehmung abschließend kennzeichnen, so muß man sie als offene Handelsgesellschaft mit ausgeprägtem Familiencharakter bezeichnen.

2. Die wirtschaftlichen Gründe für die Wahl der Gesellschaftsform

Die in den Jahren von 1469 bis 1494 vollzogene Umwandlung der Fuggerschen Einzelunternehmung in eine Handelsgesellschaft darf nicht ausschließlich auf die Notwendigkeit zurückgeführt werden, nach dem

---

[61] Vgl. Jakob I, S. 216 f.; Jakob II, S. 25.
[62] Vgl. Jakob I, S. 216 f.; *Reinhardt*, E.: a.a.O., S. 104.
[63] *Ehrenberg*, Richard: Das Zeitalter der Fugger, I, S. 383.

Tode Jakobs des Älteren eine geeignete Lösung für die Fortführung der Unternehmung durch die Erben zu finden, denn eine solche Lösung war ja zunächst die fortgesetzte Erbengemeinschaft. Der eigentliche Antrieb zur Vergesellschaftung darf demnach auch nicht „in dem personenrechtlichen Zusamengehörigkeitsverhältnis der Mitglieder gesucht werden, vielmehr sind rein praktische Bedürfnisse entscheidend geworden. Der Handelsverkehr verlangt ein rasches Handeln, der einzelne Gesellschafter darf nicht genötigt sein, vor jedem Schritt, den er tut, erst bei seinen Mitgesellschaftern anzufragen, und ebenso müssen dritte Personen gegen einen nachträglichen Widerspruch der übrigen Gesellschafter gesichert sein; das aber widerspricht eigentlich dem Wesen der Gesamthand, welche ein Mithandeln sämtlicher Beteiligter verlangt“[64].

Wirtschaftlich gesehen läßt sich die Wahl der Gesellschaftsform, in die sich die Fugger-Unternehmung kleidet, auf folgende Gesichtspunkte zurückführen:

1. Mit der rasch sich vollziehenden Geschäftsausweitung wird auf dem Sektor der Unternehmungsleitung die Zusammenarbeit mehrerer Familienmitglieder notwendig. Nach *Liefmann*[65] ist der Zweck der oHG damals wie heute „in erster Linie die Erweiterung der Leitung einer Erwerbswirtschaft, die Heranziehung weiterer Personen zur Ergänzung der Tätigkeit des bisher einzigen Unternehmers. Die Ergänzung der Arbeitskraft ist meist wichtiger als die Heranziehung neuen Kapitals“. Diese Feststellung trifft auf jeden Fall auf die Fuggersche oHG zu, die ihr Gesellschaftskapital, wie wir gesehen haben, fast vollständig im Wege der Selbstfinanzierung aufbringt und nur vorübergehend kleinere Kapitalaufstockungen durch Beiziehung fremder Beteiligungen zuläßt. Dagegen dürfte gerade für die Anfangsjahre der Fuggerschen Handelsgesellschaft der Gesichtspunkt der Arbeitsteilung eine wichtige Rolle gespielt haben. So finden wir Ulrich Fugger als den Ältesten der drei Brüder in der Zentrale zu Augsburg, Georg in der Faktorei Nürnberg und Jakob unterwegs als Inspekteur der schon damals über ein großes Gebiet verstreuten Handelsniederlassungen beschäftigt[66].
2. Die Beziehungen der Unternehmungsleiter zueinander, die Abgrenzung ihrer Arbeitsbereiche, ihre Einflußnahme auf die Geschäftsführung usw. bedürfen, wenn ein reibungsloses Zusammenarbeiten gewährleistet sein soll, einer straffen vertraglichen Regelung im Rahmen einer Gesellschaftsordnung.

---

[64] *Fischer*, Rudolf: Die Personenvereinigungen. In: Handbuch des gesamten Handelsrechts, Leipzig 1916, 3. Bd., I. Abt., § 1, S. 6.
[65] *Liefmann*, Robert: Unternehmungsformen, S. 71.
[66] Vgl. Jakob I, S. 143.

3. Fortbestand und Ausbreitung der Unternehmung sind nur gesichert, wenn ein gesellschaftliches Sondervermögen errichtet wird, welches, da vom Privatvermögen der Gesellschafter verschieden, deren Zugriff (zumindest für die Zeit des Gesellschaftsvertrages) entzogen ist. *Fischer*[67] weist darauf hin, daß gerade die „Zusammenfassung des Gesellschaftsvermögens zur Objektseinheit", welche es dem einzelnen Teilhaber nicht erlaubt, über seinen Anteil allein zu verfügen, den wesentlichen Unterschied zur ursprünglich vorliegenden Gesamthandsgemeinschaft ausmacht.
4. Einen weiteren wichtigen Grund für die Wahl der Gesellschaftsform bildet schließlich das Bedürfnis des Handelsverkehrs, den Gläubigern der Gesellschaftsunternehmung, „gewissermaßen als Gläubigern des einheitlichen Gesellschaftsvermögens", bei der Befriedigung eine bevorzugte Stellung einzuräumen[68].

Erwägungen dieser Art, sowie die Eindrücke, die Jakob Fugger während seiner italienischen Lehrzeit gesammelt haben mag[69], dürften für die Errichtung der Fuggerschen Handelsgesellschaft und die Regelung ihrer Rechtsverhältnisse in den Gesellschaftsverträgen den Ausschlag gegeben haben. Mit ihr wurde ein Instrument geschaffen, welches für die Bewältigung der großen Aufgaben, die auf den gemeinsamen Handel zukamen, am besten geeignet war.

III. Unternehmungszusammenschlüsse

Gegenüber der bisher betrachteten Fuggerschen Handelsgesellschaft müssen jene gesellschaftlichen Vereinigungen selbständig behandelt werden, durch welche die schon bestehende Fuggergesellschaft als solche in ein Verbandsverhältnis mit anderen Gesellschaften tritt. Vor allem gilt dies bezüglich der gelegentlichen Vergesellschaftungen, wie sie vielfach aus der Entwicklung des Geschäfts und der wirtschaftlichen Verhältnisse heraus erforderlich werden, sowie auch für die Bildung von Gesellschaftszusammenschlüssen zur Beeinflussung des Marktes, zur Befriedigung gemeinsamer Interessen oder zur gemeinsamen Führung von Unternehmen, die sich für die einzelne Firma auszuführen nicht lohnen.

1. Konsortien

Zur Durchführung ihrer umfangreichen Staatskredit- und Finanzgeschäfte gehen die Fugger vielfach Konsortialbindungen ein, schlie-

---

67 *Fischer*, Rudolf: a.a.O., S. 6.
68 *Fischer*, Rudolf: a.a.O., S. 6.
69 Vgl. Jakob I, S. 57.

ßen sich also zur Aufbringung der Anleihen für die Abwicklungsdauer der einzelnen Geschäfte mit anderen Handelsgesellschaften zusammen. In der Regel handelt es sich dabei um mehr oder weniger formlose Vereinigungen; die Initiative zur Bildung von Konsortien kommt bald von den geldsuchenden Fürsten, bald von den geldgebenden Kaufleuten, welche die in Frage kommenden Summen oftmals allein nicht aufbringen können und vor allem nicht das ganze Risiko eines bestimmten Geschäftes tragen wollen. „Die Teilnehmer verbinden sich innerhalb des Konsortiums zur Übernahme und zur Erfüllung aller der Verpflichtungen, die sich aus den vom Konsortium unter dem Namen des Konsortiumsführers abgeschlossenen Verträgen ergeben, entsprechend ihrem Anteil am Konsortium. Die Quoteneinteilung innerhalb des Konsortiums regelt also zugleich alle Leistungen für Zahlungsverpflichtungen des Konsortiums ... Umgekehrt begründet die Konsortialquote für den Beteiligten entsprechende Ansprüche[70].“ Die Konsortialquoten stellen nicht etwa Kapitalanteile an einem gesellschaftlichen Sondervermögen dar — den Konsortien fehlt als Gelegenheitsgesellschaften jegliches Sondervermögen —, es handelt sich vielmehr um abstrakte Beteiligungen, die an Dritte übertragbar sind und auch unter Heranziehung von Unterbeteiligungen aufgebracht werden können.

Darlehensgeschäfte in Konsortialform werden im allgemeinen so geregelt, daß jeder Teilhaber eine bestimmte Quote an der aufzubringenden Gesamtsumme übernimmt; die Darlehensrückzahlungen erfolgen jeweils an einen der Konsorten in Höhe einer vollen Teilzahlung, die dieser dann auf die übrigen Konsorten entsprechend ihrer Beteiligung zu repartieren hat. Ein besonders bedeutendes Darlehensgeschäft dieser Art schließen Fugger und Welser am 25. November 1539 mit Karl V. in Madrid ab[71]. Ein Vertreter Anton Fuggers sowie zwei Welsersche Bevollmächtigte versprechen dem Kaiser die Aufbringung von 256 000 Dukaten in Flandern und Italien, ferner 220 000 Dukaten in Kastilien. Als Verzinsung wird ein Satz von normalerweise 13 %, im Falle einer verzögerten Rückzahlung von 14 %, vereinbart.

Neben einer Vielzahl derartiger Staatskreditgeschäfte stellen vor allem die großen Finanzgeschäfte hinsichtlich Kapitalbeschaffung und Risikotragung an die Fugger Aufgaben, zu deren Lösung sie sich besonders gerne der Konsortialform bedienen.

Bei den Metallkäufen mit den Habsburgern als Landesherren von Tirol müssen die Fugger oft schon deswegen mit anderen großen Gesellschaften zu einer Gelegenheitsgesellschaft zusammentreten, weil die Habsburger ihre einzelnen Verpflichtungen gegenüber den verschiede-

---

70 *Bauer*, Clemens: a.a.O., S. 106.

71 Vgl. Anton II, S. 126.

nen Firmen durch Gewährung von Metallkäufen auf einmal erledigen wollen. Von solchen gelegentlichen Vergesellschaftungen zum Zwecke der Anleihegewährung gegen Einräumung von Metallkäufen seien die häufigen Konsortial-Bildungen der Fugger mit den Gossembrot, Herwart, Baumgartnern, Pimmel, Haug und Neidhart besonders hervorgehoben[72]. All diesen Geschäften, zu deren Durchführung sich jeweils mehrere der erwähnten Firmen zusammenschließen, ist die Technik der Abwicklung gemeinsam, wonach die ausbedungene Metallieferung und — falls Schuldentilgung und Metallkauf nebeneinander herlaufen — die einzelnen Abschlagszahlungen im Verhältnis der beigesteuerten Quoten unter die Konsorten zu verteilen sind.

In ähnlicher Weise beteiligen sich die Fugger mehrfach an Gelegenheitsgesellschaften, welche die Finanzierung portugiesischer und spanischer Gewürzflotten übernehmen, indem sie die ungewöhnlich hohen Kaufpreise für die oftmals erst nach Jahren eintreffenden Schiffsladungen im voraus erlegen. So finden wir unter den Teilnehmern an der portugiesischen Gewürzflotte des Jahres 1505[73] neben Florentinern und Genuesen, den Welsern, Höchstettern, Imhof und Gossembrot auch die Fugger mit einem Betrag von 4000 Cruzadas; des weiteren beteiligen sich die Fugger an den spanischen Molukkenflotten von 1522 und 1525[74] jeweils mit einer Einlage von 10 000 Dukaten, wobei die Beteiligung von 1525 nur bis zu einer Höhe von 4000 Dukaten aus dem Eigenkapital der Gesellschaft, der Rest hingegen aus Unterbeteiligungen von Fremden und Kunden des Hauses stammt.

Zweimal bedienen sich die Fugger der Konsortialform, um die riesigen Anleihebeträge für ihre Steuerpachtgeschäfte mit der spanischen Krone aufzubringen. Es handelt sich einmal um einen der spanischen Regierung im Februar des Jahres 1530 durch die Fugger und Welser gewährten Vorschuß von 600 000 Goldgulden, wofür ihnen die Einkünfte aus der Crusada und Quarta verpfändet werden[75], zum anderen um eine Anleiheaufbringung derselben Firmen gegen die Berechtigung zur pachtweisen Bewirtschaftung der Maestrazgos in der Zeit von 1527—1533[76]. Die Mittel der Fugger und Welser zur Pacht der Crusada stammen zum Großteil aus Unterbeteiligungen an deren Konsortialquoten. Besonders interessant ist die Durchführung des Maestrazgopacht-Konsortiums. Die Welsersche Konsortialquote an der Aufbringung der Pachtsumme beläuft sich offenbar auf das Doppelte der Fuggerschen. Die Folge ist jedoch nicht eine entsprechende Aufteilung

72 Vgl. Jakob II, S. 33, 68; Anton II, S. 208, 305.
73 Vgl. Jakob I, S. 148; Jakob II, S. 135.
74 Vgl. Jakob II, S. 507, 569; Anton I, S. 407.
75 Vgl. Anton I, S. 179, 512.
76 Vgl. ebd., S. 104.

der jeweiligen Pachteinnahmen und Verwaltungskosten, vielmehr übernehmen die Welser die Pacht auf vier, die Fugger auf zwei Jahre.

2. Das Kupferkartell vom Jahre 1498

„Unter Kartellen verstehen wir freie Vereinbarungen oder Verbände zwischen selbständig bleibenden Unternehmern derselben Art zum Zwecke monopolistischer Beeinflussung des Marktes[77]." „Wenn das Wort Kartell zur Bezeichnung der fraglichen Verbände auch erst in neuerer Zeit verwendet ist, die Sache selbst ist durchaus nicht neu. Man muß vielmehr sagen, daß überall da, wo die Konkurrenz im Wirtschaftsleben sich besonders verschärft und wo nicht etwa die Obrigkeit konkurrenzregulierend eingreift, sich bei den Wettbewerbern immer wieder die Neigung zeigt, durch konkurrenzbeschränkende Maßnahmen ihre wirtschaftliche Lage zu verbessern[78]."

Solchen Antrieben entspringt auch der für die Geschichte der Bildung von Handelsmonopolen so bedeutsame Vertrag zwischen den Fuggern, Gossembrot, Herwart und Baumgartnern vom 12. Mai 1498[79], auf Grund dessen Jakob Fugger beauftragt wird, eine festgesetzte Menge ungarischen und Tiroler Kupfers bestimmter Qualität in Venedig auf gemeinsame Rechnung zu fixierten Minimal- und Maximalpreisen zu verkaufen. Die Wettbewerbsbeschränkung, die sich die vier Augsburger Handelsgesellschaften freiwillig auferlegen, soll diesen, weil sie den gesamten Absatz der Tiroler und ungarischen Bergwerke in Händen haben, augenscheinlich eine Monopolstellung am venezianischen Kupfermarkt ermöglichen; daneben bezweckt sie offenbar die Unterbindung einer bis zu jenem Zeitpunkt bestehenden, auf eine gesteigerte Produktion zurückzuführenden Schleuderkonkurrenz.

Hier haben wir es also mit einer wirklichen Kartellbildung zu tun, und zwar mit einem Preiskartell in der straffen Form eines Syndikats: die vier im Kartell vereinigten Handelsgesellschaften lassen den Absatz ihres Kupfers gemeinschaftlich durchführen, wobei die Fuggervertretung in Venedig als Verkaufsstelle fungiert.

Die Zusammenarbeit innerhalb des Syndikats scheint jedoch nicht reibungslos zu verlaufen, denn schon am 2. September 1499 wird ein neuer Vertrag geschlossen[80], welcher den Fuggern den Auftrag zum

---

[77] *Liefmann*, Robert: Kartelle, Konzerne und Trusts, 8. Aufl., Stuttgart 1930, S. 9.
[78] *Passow*, Richard: Kartelle, Jena 1930, S. 38.
[79] Vgl. Jakob I, S. 99 f.; *Ehrenberg*, Richard: Das Zeitalter der Fugger, I, S. 396 f.
[80] Der Text beider Verträge ist abgedruckt bei *Ehrenberg*, Richard: Das Zeitalter der Fugger, I, S. 417 ff.

Verkauf entzieht, denselben an die übrigen drei Gesellschafter delegiert und die Absicht erkennen läßt, die Kartellbindung nach erfolgtem Absatz des restlichen Kupfers wieder zu lösen. Aber die Fugger setzen dem Kupfersyndikat schon vor der Zeit ein Ende, indem sie in Venedig durch die Firma Thurzo gewissermaßen als Kartellaußenseiter einen großen Posten Kupfer unter dem vertraglich vereinbarten Minimalpreis vertreiben lassen. Der Fuggersche Vertragsbruch ist ganz bewußt auf eine Schädigung der Gossembrot, Herwart und Baumgartner abgestellt; im Hintergrund steht die Absicht, die Vertragspartner aus dem Kupfergeschäft zu verdrängen und ein ausschließlich Fuggersches Monopol zu begründen. Für die Einbuße, welche die Fugger als Mitglieder des Syndikats zum Vorteil des Geschäfts mit den Thurzo erfahren, leisten letztere eine entsprechende Entschädigung.

Die beteiligten Gesellschaften strengen wegen des Vertragsbruchs gegen die Fugger einen Prozeß an, aus welchem ein besonders interessantes Rechtsgutachten des Dr. Conrad *Peutinger* hervorgeht, nach dem das Kupfersyndikat für rechtlich zulässig erachtet wird, weil das Metall zu einem mäßigen Preis verkauft werden sollte und die Absicht gemeinschädlicher Preissteigerung nicht vorgelegen habe. Diese Auffassung Peutingers steht im Gegensatz zur offiziellen Gesetzgebung des 16. Jahrhunderts, die sich, wenn auch ohne Erfolg, grundsätzlich gegen eine Bildung von Monopolen und Kartellen wendet[81]. Daß ein wirksames Vorgehen der gesetzgebenden Instanzen gegen die monopolistischen Zusammenschlüsse jener Zeit von vorneherein zum Scheitern verurteilt war, geht wohl am deutlichsten aus der Tatsache hervor, daß es sich bei den gesamten Finanzgeschäften der Kaufleute im Grunde genommen ja um nichts anderes als Monopolisierungen großen Stils handelte. Gerade die Habsburger müssen oftmals, einfach weil ihnen der Zwang politischer und militärischer Verhältnisse keine andere Wahl läßt, Kartellvereinbarungen der Fugger gutheißen, die diese im Zusammenhang mit Anleihegewährungen abschließen[82].

3. Die Interessengemeinschaft Fugger — Thurzo

Das Ergebnis des Fuggerschen Eindringens in den ungarischen Bergbau ist die Fugger-Thurzo-Gesellschaft, ein von der Fuggerschen Handelsgesellschaft in Augsburg und der Thurzoschen Handelsgesellschaft in Krakau streng getrennter Handelsverband, der in den Fuggerschen Geschäftspapieren unter der Bezeichnung „Ungarischer Handel" geführt wird.

---

[81] Vgl. *Strieder*, Jakob: Studien zur Geschichte kapitalistischer Organisationsformen, 2. Aufl., München und Leipzig 1925, S. 183 ff.

[82] Vgl. Jakob I, S. 335 f.

Die Verträge aus den Jahren 1494, 1495 und 1496[83], welche diese Verbindung regeln, schaffen in ihrer endgültigen Gestaltung auf der Grundlage des Miteigentums der Fugger an dem ungarischen Bergwerks- und Hüttenbesitz der Thurzo eine gemeinsam betriebene Saigerhütten- und Metallhandelsunternehmung unter gemeinschaftlicher Aufteilung von Gewinn und Verlust zu gleichen Teilen. Der neugegründete Handelsverband bezweckt die Ausbeutung der ungarischen Bergwerke und die Produktion von Silberbarren, Kupferplatten usw. in den angeschlossenen Hütten- und Hammerwerken. Nur ein kleiner Teil der Produktion wird auf gemeinsame Rechnung des ungarischen Handels durch direkten Verkauf in Neusohl, Ofen, Krakau, Teschen und Breslau und auf den Hütten Fuggerau in Kärnten und Hohenkirchen in Thüringen abgesetzt; in der Hauptsache gehen die Erzeugnisse des ungarischen Handels an die Fuggersche und Thurzosche Handelsgesellschaft, die sie ihrerseits wieder auf eigene Rechnung weitervertreiben. Umgekehrt verkaufen die Fugger dem ungarischen Handel Waren zum Weiterverkauf bzw. für Geschenkzwecke.

Es liegt also eine Innengesellschaft vor: eine Firmengemeinschaft besteht nicht, nach außen treten sowohl die Thurzo als auch die Fugger selbständig auf. Die Verbindung kommt sonach begrifflich einer Interessengemeinschaft, also einer vertragsmäßigen Vereinbarung „zwischen ... selbständig bleibenden Unternehmungen, die Gewinne untereinander nach einem gemeinsamen Schlüssel verteilen[84]“, am nächsten. Ein Gesellschaftskapital fehlt, an seine Stelle tritt ein Betriebsvermögen, welches die beiden Partner zu gleichen Teilen aufbringen. Die von den Fuggern zu Beginn der Interessengemeinschaft vorgeschossenen Summen sind keine Einlagen in die Gesellschaft, sondern Kredite, die vom gemeinsamen Handel, sobald dieser Gewinne abwirft, wieder an die Geldgeber zurückerstattet werden. Die Besetzung der für den ungarischen Handel errichteten Niederlassungen mit Faktoren sowie die Einnahmeverwaltung und Verrechnung des gemeinsamen Geschäfts ist Aufgabe der Fugger.

Innerhalb des „gemeinen Handels“ der Fugger, d. h. der Fuggerschen Familienunternehmung, wird der Vermögensteil an der Fugger-Thurzoschen Interessengemeinschaft, bestehend aus jeweils der Hälfte des ungarischen Bergwerksbesitzes, Hüttenbesitzes und Betriebsvermögens, als Sondervermögen behandelt, das der Verfügungsgewalt der einzelnen Gesellschafter weitgehend entzogen ist[85].

Neben rein persönlichen und politischen Erwägungen spielen für das Zusammengehen der beiden Gesellschaften vor allem wirtschaftliche

---

83 Vgl. Jakob I, S. 53; Jakob II, S. 22, 33, 56.
84 *Liefmann,* Robert: Kartelle, Konzerne und Trusts, S. 279.
85 Vgl. *Bauer,* Clemens: a.a.O., S. 96 f.

Motive produktions-, absatz- und finanztechnischer Art eine ausschlaggebende Rolle. Für die Fugger bedeutet die Partnerschaft mit dem Bergingenieur Johannes dem Älteren Thurzo im Hinblick auf die produktionswirtschaftliche Betreuung der geplanten Gemeinschaftsunternehmung eine willkommene Ergänzung ihrer kaufmännischen Fähigkeiten; den Thurzo wiederum kommt die Fuggersche Kapitalhilfe und deren ausgedehnte Absatzorganisation sehr gelegen. Dazu kommt für beide Gesellschaften bei der Ausdehnung ihres Tätigkeitsbereichs der Vorteil der Risikobeschränkung auf den ihnen gegenüber verselbständigten Handelsverband.

Zum Abschluß seien noch zwei unter Beteiligung der Fugger zustandegekommene Handelsvereinigungen erwähnt, die hinsichtlich ihrer Organisation eine starke Ähnlichkeit mit der Interessengemeinschaft Fugger-Thurzo aufweisen. Es handelt sich einmal um die Fugger-Stöckl-Gemeinschaft der Jahre 1522—1524 zur Ausbeutung Schwazer Bodenschätze[86], zum anderen um die im Jahre 1526 begründete „Schwazer Berg-, Schmelz- und Pfennwerthandelsgesellschaft", in der sich die Fugger mit Benedikt Burckhard, Christoph Herwart sowie den Brüdern Anton und Hans Pimmel zur Versorgung der Bergarbeiter mit Proviant und Arbeitsmaterial zusammenschließen[87]. Nimmt der Fugger-Stöckl-Verband mit seiner kurzen Dauer in etwa eine Mittelstellung zwischen Interessengemeinschaft und Gelegenheitsgesellschaft ein, so kann man bei der Gesellschaft des „Schwazer Berg-, Schmelz- und Pfennwerthandels" von einer Tochtergesellschaft der sie begründenden Unternehmen sprechen: sie ist rechtlich selbständig und besitzt ein eigenes Gesellschaftskapital, die Kapitalanteile der beteiligten Gesellschaften sind frei veräußerlich.

---

86 Vgl. Jakob II, S. 517; Anton I, S. 385.
87 Vgl. Jakob II, S. 555; Anton I, S. 388, 425, 453.

C. Rechnungswesen

Die Entstehung des Kapitalismus, dessen Anfänge man da suchen muß, „wo die Geldleihe gegen Zins einsetzt und die Aktionsfähigkeit der ersten größeren Handelsgesellschaften durch genommenen und gegebenen Kredit sich gewaltig ausdehnt“[1], wo sich also eine Kreditwirtschaft in modernem Sinne zu entfalten beginnt, ist untrennbar verbunden mit dem Aufkommen der Buchhaltung als einem feindurchdachten Instrument zur Erfassung und Beherrschung der Geschäftsvorgänge in den Händen des kaufmännischen Unternehmers. „Kreditwirtschaft ist Geldwirtschaft plus Buchhaltung. Solange Geld beim Warenkauf vorgezählt und nachgezählt wurde, bedurfte es keiner Buchhaltung. Geldwirtschaft plus Buchhaltung zur Erfassung der Kreditvorgänge bildet jedoch den Auftakt der Kapitalwirtschaft, in welcher schließlich der Kapitalprozeß der Erwerbsunternehmung vom Einsatz in der Produktion über den Umsatz im Verkauf bis zum Ersatz im Rückfluß des Gelderlöses vor sich geht und geschlossen in der Buchhaltung festgehalten wird. Ohne den Kredit wäre die Buchhaltung nie entstanden, ohne die Buchhaltung wäre der Kredit unmöglich[2].“

Die Buchhaltung gibt den Fuggern nicht nur Klarheit über ihre Geschäfte. Sie ist ihnen darüber hinaus, gemäß dem kapitalistischen Geist der neuen Zeit, das Mittel, die Führung ihres Unternehmens im Spiegel unbestechlicher, objektiver Zahlen zu überprüfen.

I. Wesen und Bedeutung der Fuggerbuchhaltung

Wir können das Wesen der Fuggerbuchhaltung am besten kennzeichnen, wenn wir sie als ein dem Faktoreibetrieb angepaßtes System zur Aufzeichnung der Geschäftsvorfälle definieren. Sie dient nicht so sehr der Darstellung der Vermögenslage bzw. der Vermögensveränderungen und dem Ziel einer möglichst exakten Erfolgsermittlung, als vielmehr der Erkenntnis des Betriebslebens durch eine genaue buchmäßige Erfassung der zwischen den Faktoreien hin- und herfließenden Geld- und Warenströme. Durch die Aufzeichnung der Wertverschiebungen zwischen und der Wertbestände in den einzelnen Faktoreien ermöglicht sie

---

[1] *Linhardt,* Hanns: Die historische Komponente der funktionalen Betriebswirtschaftslehre, S. 40.

[2] Derselbe: Nürnbergs Bankwirtschaft, Nürnberg 1957, S. 25.

eine umfassende Gesamtübersicht, darüber hinaus eine Kontrolle der Faktorengeschäftsführung. Dem genauen Nachweis des Vermögens und des Erfolgs dient die Aufstellung von Inventuren und Bilanzen, die jedoch noch außerhalb des Buchhaltungssystems stehen.

Die Fuggerbuchhaltung kennt zwar schon den doppelten Buchungssatz, verwendet ihn aber noch nicht in der Weise, daß ein geschlossenes System der Doppik entsteht. Trotzdem trifft auf sie die Feststellung *Sombarts*[3] voll zu, wonach eine geordnete Buchführung die technische Grundlage jeder kapitalistischen Unternehmung überhaupt bildet und beide — Buchführung und kapitalistische Unternehmung — sich gegenseitig bedingen. Der „ökonomische Rationalismus"[4], jenes Prinzip kapitalistischer Wirtschaftsführung, welches das Erwerbsstreben zum Leitmotiv allen wirtschaftlichen Handelns setzt und in der vollendeten Beherrschung sowohl des Unternehmens wie auch der wirtschaftlichen Umwelt durch einen Jakob und Anton Fugger eine einmalige Gestaltung erfährt, findet gerade in der Fuggerschen Buchhaltung seinen greifbaren Ausdruck. Wie anders hätte Matthäus *Schwarz*, der berühmte Hauptbuchhalter der Fugger, die Bücher der Venezianer Faktorei für die damalige Zeit zur Grundlage einer „Musterbuchhaltung"[5] wählen können!

Derselbe Matthäus Schwarz tut uns auch seine Meinung über die allgemeine Bedeutung der Buchhaltung und die Folgen einer nachlässigen Rechnungslegung kund:

„Das buchhalten vergleicht sich ainem sparhafen vnd ist ein solliche werckliche, artliche, ordentliche, richtige, kurtzweilige, schöne vnd kurtz erdichte kunst für die handtierungsleut (Kaufleute), von den Italianern erfunden ... Aber etlich kaufleut seind zutreg vnd hinlessig, wollens im kopff tragen, trawen inen selbst zuuil, zaichnen ire handlungen in schlecht recordantzen vnd auf zedel, klaibens an die wänd vnd halten rechnung am fensterpret; ee das sie wöllen ein schlechten (geringen) fleis, mühe vnnd arbait brauchen, ee schlagend sie die handlung inn den wind vnd kundent ir sach nienderts zusammen reimen, muessen darauf am letsten entlauffen; wissen auch nit warin sie stecken, verderbent also, wissend nit wie inen geschehen ist[6]."

Daß in einem Unternehmen von den riesigen Ausmaßen des Fuggerschen Handels die Buchhaltung, wie aus den Äußerungen Schwarzens hervorgeht, vor allem auch der Unterstützung des Gedächtnisses zu dienen hat, braucht wohl weiter nicht besonders ausgeführt zu werden. „Zu

---

[3] Vgl. Sombart, Werner: Der moderne Kapitalismus, II, S. 110, 118.

[4] Derselbe: Der moderne Kapitalismus, 1. Bd., 5. Aufl., München und Leipzig 1922, S. 320.

[5] Abgedruckt bei *Weitnauer,* Alfred: a.a.O., S. 174—306; vgl. auch Jakob I, S. 340 ff.; Jakob II, S. 357 f.

[6] Musterbuchhaltung des Matthäus Schwarz bei *Weitnauer:* a.a.O., S. 174 ff.

diesem allgemeinen Nutzen der Buchhaltung kam nun der besondere hinzu, daß die Handelsbücher im Prozesse erhöhte Beweiskraft hatten... Die hervorgehobene Stellung, welche die Handelsbücher unter den Beweismitteln einnehmen, besteht besonders darin..., daß... unter bestimmten Umständen... selbst diejenigen Posten des Handelsbuches für voll oder für halb bewiesen gelten, welche der Kaufmann zu seinen Gunsten eingetragen hat. Daß die Handelsbücher ihren Inhalt gegen den Geschäftsherrn beweisen, daß also Posten, die der Kaufmann zu seinen Lasten in das Handelsbuch eingetragen hatte, unter allen Umständen für bewiesen galten, hielt man dagegen für selbstverständlich und nicht besonders beachtenswert...[7]."

Besondere Bedeutung erlangten die Handelsbücher im Konkursfalle: So verlangt z. B. der Augsburger Rat auf das Drängen einiger Gläubiger hin im Jahre 1529 von Höchstetter die Offenlegung der Bücher, als dieser kurz vor dem Bankerott steht, und Anton Fugger, der eine Schlüsselstellung unter den Gläubigern Höchstetters einnimmt, überprüft bereits im Jahre 1528 eine Vermögensaufstellung desselben[8].

II. Buchhaltungstechnik

Wie im vorhergehenden Abschnitt schon angedeutet wurde, hat die laufende Buchhaltung des Hauses Fugger vor allem die Aufgabe, durch genaue Aufzeichnung der Geld- und Warenströme zwischen den verschiedenen Faktoreien eine Gesamtübersicht über deren kompliziertes System zu geben, Außenstände, Verbindlichkeiten und Warenbestände festzustellen und eine Kontrolle der Faktorengeschäftsführung zu ermöglichen. Diese Zweckbestimmung der Fuggerschen Buchhaltung wird in der Musterbuchhaltung des Matthäus Schwarz und in den zum Ende des Rechnungsjahres vorgenommenen Abschlußrechnungen einiger Fuggerscher Faktoreien[9] deutlich.

Das kaufmännische Lehrbuch des Matthäus *Schwarz* über „Dreyerlei Buchhalten", das dieser im Jahre 1518 auf der Grundlage des Geschäftsbuches der Venezianer Fuggervertretung von 1516, also an Hand von Beispielen aus der Fuggerschen Geschäftspraxis, abfaßte[10], beschreibt neben der in Italien üblichen die deutsche Form der Buchhaltung, die

---

[7] *Penndorf*, Balduin: Geschichte der Buchhaltung in Deutschland, Leipzig 1913, S. 167.

[8] Vgl. Anton I, S. 132, 160, 477.

[9] Vgl. Anton I, S. 684 f.; Anton II, S. 329 ff., 406 ff., 466 ff. die „Augsburger Rechnungen" von 1535/36 und 1538/39, sowie Anton I, S. 451 ff., 480 ff., 575 ff.; Anton II, S. 362 ff. die „Haller Rechnungen" von 1527, 1528, 1531, 1537 und Anton II, S. 488 f. die „Antwerpener Rechnung von 1540.

[10] Vgl. Jakob II, S. 357.

sich von der ersteren dadurch unterscheidet, daß man darin „die Guetter nicht für Debitor hält"[11]: das italienische Hauptbuch wird zerlegt in ein „Schuldbuch", das die Personalkonten, und in ein Güterbuch oder „Kapus", das die Sachkonten enthält. Dieser Form der Buchhaltung dürften sich die Fugger mindestens bis zur Mitte des 16. Jahrhunderts bedient haben[12]. Im folgenden soll auf die im Rahmen der „deutschen" Fuggerbuchhaltung zur Verwendung kommenden Bücher und ihren Zweck, auf die Art, wie gebucht wurde und auf die Technik des Abschlusses eingegangen werden.

1. Rechnungsbücher

Eine jede der Fuggerschen Faktoreien führt an Rechnungsbüchern ein Journal, ein Schuldbuch und ein Güterbuch. Hinzu kommt eine Reihe von Nebenbüchern, die entsprechend den besonderen Aufgaben der verschiedenen Niederlassungen voneinander differieren können[13].

Das Journal hat in erster Linie die Funktion einer Gedächtnisstütze. In ihm werden die täglichen Geschäftsvorfälle in chronologischer Reihenfolge „mit gutem beschaid vnd vnterricht (wie, wann, was vnd warumb gehandelt ist)"[14] aufgezeichnet. Aus dem Journal werden die einzelnen Posten dann, um eine geordnete Übersicht der Geschäftsvorfälle herbeizuführen, auf die Konten des Schuldbuches bzw. des Güterbuches übertragen.

Im Schuldbuch sind die Personenkonten („alle Creditores und Debitores") und das Kassenkonto, auf der Aktivseite mit „Uns soll", auf der Passivseite mit „Sollen wir" überschrieben, zusammengefaßt. Das Kassenkonto verzeichnet sämtliche Bareinnahmen und Barausgaben, in den verschiedenen Personenkonten werden die Schulden bzw. das Guthaben der jeweiligen Geschäftskunden ausgewiesen.

Das Güterbuch wird als das Haupt der anderen angesehen; der Name Caput muß sich dabei die Umwandlung in „Kapus" gefallen lassen. Dieses Kapus, in dem die Sachkonten aufgeführt werden, ist in der Tat das wichtigste und für die Fuggerbuchhaltung charakteristische Rechnungsbuch: in ihm erfahren die Geld- und Warenströme zwischen den Fuggerschen Faktoreien ihre rechenmäßige Abspiegelung. „Kapus ist . . . als wie

---

[11] *Penndorf*, Balduin: a.a.O., S. 49.

[12] Nach *Penndorf*, Balduin: a.a.O., S. 179, scheint man in Deutschland ungefähr seit 1550 allgemein zur iltalienischen Form der Buchhaltung übergegangen zu sein.

[13] Vgl. Weitnauer, Alfred: a.a.O., S. 20 ff.; *Penndorf*, Balduin: a.a.O. S. 172 ff.

[14] Musterbuchhaltung des Matthäus Schwarz bei *Weitnauer*, Alfred: a.a.O., S. 177.

das haupt der anderen (Name!). Denn so dieses buch zu den obgemelten gehalten wird, ist es aller handlungen ein ganz vollkommene rechnung und darf ferner keine andere gegeben werden. In ihm werden verzeichnet alle dinge: Einnehmen und Ausgeben des baren geldes, Empfahen und Weggeben der waren, ein jedes an seinem ort . . .[15]."

Die im Kapus enthaltenen Sachkonten unterteilen sich in die Warenkonten und die Konten der Faktoreien, mit denen die buchende Faktorei in Geschäftsverbindung steht. Die Warenkonten registrieren eingekaufte, in Fuggerschen Betrieben hergestellte und von andern Faktoreien zugesandte Waren als Aktiva unter „Empfangen", nach Faktoreien versandte bzw. am Niederlassungsort verkaufte Waren als Passiva unter „Weggeben und Einnehmen des Geldes". Alle Geldeinnahmen, welche die buchende für die in Geschäftsverbindung stehenden Faktoreien tätigt, müssen als Verbindlichkeiten der ersteren gegenüber letzteren und somit als Passiva angesehen werden; derartige Posten werden auf den Konten der buchenden Niederlassung unter „Einnehmen" verbucht, entsprechend kommen Geldausgaben für andere Faktoreien als Aktiva unter „Ausgeben" zu stehen. Das Konto für das Augsburger Stammhaus ist jeweils gleichzeitig Kapitalkonto und überschrieben mit „Einnehmen per Herr Jakob Fugger" bzw. „Ausgeben per Herr Jakob Fugger".

Von den Nebenbüchern, die zu den beschriebenen drei Hauptbüchern hinzutreten, sind das Kassenbuch und das Gesellenbuch hervorzuheben. Im Kassenbuch werden — der besseren Übersicht und vor allem der zusätzlichen Kontrolle wegen — Bareinnahmen und Barausgaben eingeschrieben, bevor sie als Kassenposten ins Journal übernommen und von da ins Schuldbuch übertragen werden. Das sogenannte Gesellenbuch dient der Aufzeichnung auf kurze Zeit ausgeliehener Gelder, wie auch kleinerer Unkosten, die täglich verrechnet werden. Darüber hinaus verrechnen zahlreiche kleinere Unkostenbüchlein Auslagen wie allgemeine Geschäftsunkosten, Transportkosten, Reisespesen, Botenlöhne, Haushaltungskosten usw. Wie das Gesellenbuch geben sie ihre Summen am Ende der Rechnungsperiode über das Journal an Schuldbuch und Kapus ab.

Dieser Aufzählung der von allen Fuggerfaktoreien gleichermaßen zu führenden Rechnungsbücher wären noch einige hinzuzufügen, die vom Augsburger Stammhaus auf Grund seiner Sonderstellung als Faktoreienzentrale und Sitz der Geschäftsleitung gehalten werden.

So kann über den Abschluß der großen Fuggerschen Darlehens- und Finanzgeschäfte mit den Habsburgern letztlich nur der Geschäftsherr zu

[15] Grüntliche vnderweisung des buchhaltens für die anfennger desselben gestelt durch Melchior Griesstetter. Datum Augsburg, den lessten tag Decembris nach Christi geburt im 1545jar. Blatt 20b. Zitiert nach *Weitnauer*, Alfred; a.a.O., S. 28.

Augsburg entscheiden; man führt deswegen am Sitz des Stammhauses ein besonderes Konto, das sogenannte „Hofbuch", in welchem die aus derartigen Geschäften herrührenden Schulden sowie die darauf entfallenden Rückzahlungen der Krone verzeichnet werden[16].

Die Entscheidung über die Hereinnahme von Depositengeldern bleibt ebenfalls der Zentrale vorbehalten: das Augsburger „Wechselbuch" verbucht unter „Einnehmen" die festverzinslichen Einlagen sowie von fremden Schuldnern herrührende Zinseinnahmen, unter „Ausgeben" die Rückzahlung der Depositengelder samt Zinsen[17].

Die zahlreichen Gütererwerbungen der Fugger machen die Einrichtung eines weiteren Geschäftsbuchs für die „Graf- und Herrschaften" erforderlich, welches neben den Auslagen für die Ankäufe und den laufenden Unterhalt der Liegenschaften die Einkünfte aus denselben verrechnet[18].

Das sogenannte „Hauptbuch" schließlich gibt Rechenschaft über die im Laufe der Rechnungsperiode durch die Gesellschafter vorgenommenen Kapitalentnahmen und -auszahlungen[19].

2. Buchungen

Untersuchen wir nunmehr am Beispiel einiger typischer Geschäftsvorfälle, wie die Journalposten auf den Konten des Schuldbuches und des Kapus verbucht werden[20].

Alle Geschäftsvorfälle, die Vermögensveränderungen bei zwei miteinander in Verbindung stehenden Faktoreien bewirken, wie z. B. Bargeldsendungen, Wechselgeschäfte und Warensendungen, verlangen grundsätzlich eine buchhalterische Erfassung auf den sich entsprechenden, im Kapus der beiden Niederlassungen geführten Faktoreikonten.

Bei einer Bargeldsendung Augsburgs an die Haller Niederlassung z. B. erfährt das in Augsburg geführte Haller Konto einen Abgang unter „Ausgeben per Hall", das Augsburger Konto einen Zugang unter „Einnehmen per Augsburg". Geht der Bargeldtransport von Hall nach Augsburg, so ist der Buchungsvorgang genau umgekehrt.

Die Verbuchung von Wechselgeschäften zwischen Augsburg und Hall geht, um bei dem Beispiel zu bleiben, folgendermaßen vor sich: Entweder wird zu Augsburg ein bestimmter Wechselbetrag vereinnahmt,

---

16 Vgl. Anton I, S. 620.
17 Vgl. Anton I, S. 684; Anton II, S. 406, 418.
18 Vgl. Anton I, S. 690.
19 Vgl. Anton II, S. 467.
20 Vgl. Musterbuchhaltung des Matthäus Schwarz bei *Weitnauer*, Alfred: a.a.O., S. 216 f., 233—254; *Penndorf*, Balduin: a.a.O., S. 53 f.

der von Hall wieder ausbezahlt werden soll, oder ein bestimmter Wechselbetrag soll vereinnahmt werden, der von Hall schon ausbezahlt worden ist. Dann wird die empfangene bzw. zu empfangende Summe in Augsburg unter „Einnehmen per Hall", in Hall unter „Ausgeben per Augsburg" verbucht. Umgekehrt wird gebucht, wenn Augsburg die Ausbezahlung einer in Hall einbezahlten oder einzubezahlenden Wechselsumme übernimmt.

Sowohl Bargeldsendungen wie auch Wechselgeschäfte werden nicht nur auf den sich entsprechenden Faktoreikonten der beteiligten Niederlassungen verbucht; die Wertverschiebungen zwischen den Faktoreien bewirken jeweils auch eine Veränderung auf dem Kassenkonto bzw. auf einem bestimmten Personenkonto des Schuldbuchs. Bei den Bargeldsendungen entspricht dem „Ausgeben" ein Abgang unter „Sollen wir", dem „Einnehmen" ein Zugang unter „Uns soll" auf dem Kassenkonto. „Ausgaben" im Zusammenhang mit Wechselgeschäften können sowohl einen Abgang auf dem Kassenkonto als auch eine Gutschrift auf einem Wechselgläubigerkonto, „Einnahmen" einen Kassenzugang bzw. die Belastung eines Wechselschuldnerkontos nach sich ziehen.

Zur Verdeutlichung des bisher Gesagten sei nachstehend eine schematische Darstellung in Kontenform gegeben, welche die für eine Faktorei (Augsburg) möglichen Buchungsfälle bei Wechselgeschäften veranschaulichen soll.

Das Prinzip der Doppelschreibung, wie es bei der Verbuchung von Bargeldsendungen und Wechselgeschäften zur Anwendung kommt, jene Gepflogenheit also, jeden Posten zweimal (einmal im Kapus und zum andern im Schuldbuch) zu buchen, und zwar so, daß das eine Konto stets um denselben Betrag belastet wird, für den ein anderes erkannt wird, gelangt bei der Verbuchung von Warengeschäften jedoch nicht zu konsequenter Weiterführung.

Wie bereits erwähnt, werden auf den Warenkonten des Kapus alle Wareneingänge unter „Empfangen" gebucht, während die Warenausgänge unter „Weggeben" zu stehen kommen. Indes wird auf der „Empfangen"-Seite nur die Stückzahl und das Gewicht der eingegangenen Waren verbucht, nicht aber deren Geldwert. Denn „so du gueter empfachst, schreibs in den Capus ainfach fur empfahen vnd zaig es an das Zornal an vnnd nicht zu gelt angeschlagen oder was sie kost haben darbey hinauß geworfen"[21].

Der Verzicht auf eine wertmäßige Erfassung der eingegangenen Waren liegt in der Natur des Faktoreiensystems, in der Tatsache näm-

---

[21] Musterbuchhaltung des Matthäus Schwarz bei *Weitnauer*, Alfred: a.a.O., S. 216.

1. Zu Augsburg wird a) ein bestimmter Wechselbetrag ausbezahlt, der von Hall wieder eingenommen werden soll bzw. soll b) ein bestimmter Wechselbetrag ausbezahlt werden, der von Hall schon eingenommen wurde

Kapus zu Augsburg

Ausgeben p. Hall	Einnehmen p. Hall
	a)
Wechselbetrag	
	b)

Schuldbuch zu Augsburg

Kasse

„Soll uns“	„Sollen wir“
	Wechselbetrag

Wechselgläubiger

„Soll uns“	„Sollen wir“
	Wechselbetrag

2. Zu Augsburg wird a) ein bestimmter Wechselbetrag vereinnahmt, der von Hall wieder ausbezahlt werden soll bzw. soll b) ein bestimmter Wechselbetrag vereinnahmt werden, der von Hall schon ausbezahlt worden ist

Kapus zu Augsburg

Ausgeben p. Hall	Einnehmen p. Hall
	a)
	Wechselbetrag
	b)

Schuldbuch zu Augsburg

Kasse

„Soll uns“	„Sollen wir“
Wechselbetrag	

Wechselschuldner

„Soll uns“	„Sollen wir“
Wechselbetrag	

lich, daß der Faktor die Güter meist ohne Angabe des Selbstkostenpreises zum Verkauf erhält, es sei denn, daß er die Waren am Niederlassungsort selbst einkauft oder daß sie dort hergestellt werden. In ersterem Falle begnügt man sich mit einer einfachen Mengenverrechnung der Zugänge auf der Aktivseite der entsprechenden Warenkonten; eine Gegenbuchung im Schuldbuch fehlt, da die beziehende Faktorei die Ware nicht bezahlen muß. Im zweiten Fall hingegen muß neben die mengenmäßige Erfassung der Gütereingänge auf den Warenkonten die Verbuchung der Selbstkostenpreise treten: einmal als Passivposten auf dem Kassenkonto im Schuldbuch, zum andern als Aktivposten auf einem besonderen Konto, welches die Auslagen auf die eingekauften bzw. im eigenen Betrieb hergestellten Waren verrechnet.

Was die Verbuchung der Warenausgänge anbelangt, so erscheinen Warensendungen an andere Faktoreien einfach als mengenmäßiger Abgang auf den entsprechenden Warenkonten, bei Warenverkäufen jedoch finden wir neben dem Gewicht und der Stückzahl bei jedem Posten auch die für die betreffenden Güter gelösten Geldbeträge angegeben, weshalb die Passivseite der Warenkonten mit „Weggeben und Einnehmen des Gelds“ überschrieben ist. Die Verkaufserlöse werden natürlich als Einnahmen auf dem Kassenkonto gegengebucht.

Am Beispiel der Haller Kupfereingänge und -ausgänge von 1537[22] soll die buchmäßige Erfassung der Warenumsätze noch einmal in einer zusammenfassenden Übersicht dargestellt werden.

Die Haller Faktorei verzeichnet zunächst einmal alle Kupfereingänge, die aus der Eigenproduktion, aus Lieferungsverträgen an die Krone im Rahmen der „Metallkäufe“ und aus sonstigen Käufen von Tiroler Gewerken stammen, nach Gewicht und Kostenaufwand (1). Dann werden die Zentnergewichte der empfangenen und daraufhin aller weggesandten und verkauften Metalle auf dem Kupferkonto verbucht, bei den verkauften Kupfern unter Angabe der erlösten Geldbeträge (2). Unter Einbeziehung der erforderlichen Gegenbuchungen im Schuldbuch (3) ergibt sich die umseitige kontenmäßige Darstellung.

Es dürfte nunmehr klar geworden sein, daß die Aufgabe der Fuggerschen Warenkonten auf den rechnungsmäßigen Nachweis der Mengenbestände und den Ausweis der Verkaufserlöse beschränkt bleiben muß. Die Ermittlung der bei den Verkäufen erzielten Erfolge auf den Warenkonten ist grundsätzlich nicht möglich, da sämtliche Wareneingänge, die Warenausgänge an Faktoreien sowie die Anfangs- und Endbestände ohne Wertangabe ausgewiesen werden; auch außerhalb der Warenkonten ist eine Gewinnberechnung nur dann möglich, wenn die Selbstkostenpreise bekannt sind. Die einzelne Faktorei hat also nicht den Gewinn festzustellen, sondern lediglich nachzuweisen, „was und wie teuer verkauft worden ist und welche Unkosten dabei entstanden sind“[23].

Auch die Gewinne bei Wechselgeschäften werden nicht gesondert ausgewiesen; sie sind einmal in Form von Wechselgebühren, zum andern durch die Zugrundelegung günstiger Wechselkurse als Aufschlag in der vom Kunden einbezahlten oder als Abzug in der von der jeweiligen Faktorei ausbezahlten Summe enthalten.

Ein Gewinn- und Verlustkonto, das die Einzelerfolge sammelt und dann den Reinerfolg ausweist, kommt deswegen in der Fuggerbuchhaltung noch nicht vor[24]. Unkosten werden, da besondere Unkostenkonten nicht bestehen, dem Konto des Geschäftsherrn unter „Ausgeben per

---

22 Vgl. Anton II, S. 368—370.
23 *Penndorf*, Balduin: a.a.O., S. 162.
24 Vgl. ebd., S. 185 f.

Haller Kupfereingänge und Kupferausgänge im Jahre 1537

Schuldbuch	Kapus					Schuldbuch
(3) *Kasse*	(1) *An Kupfern sind eingegangen:*		*Kupfer Empfangen*	(2) *Kupfer Weggegeben und Einnehmen des Gelds*		(3) *Kasse*
	Aus der Eigenproduktion:		Vorrat v. Vorjahr: 1506	Verkauft:		
	Gulden	Ztr.		Ztr.	Gulden	
1666	1666	290	290	2847	2089	2089
13814	13814	2402	2402			
	Aus Metallkäufen:			Verschickt:		
	Gulden	Ztr.				
3818	3818	1917	1917	Ztr.		
1674	1674	394	394	209		
				170		
	Aus Käufen von Tiroler Gewerken:			830		
				2755		
	Gulden	Ztr.				
2016	2016	380	380			
			Ztr. 6890	Ztr. 6811		
			Verbleibender Vorrat	Ztr. 79		
			Ztr. 6890	Ztr. 6890		

Herrn Jakob Fugger oder Augsburg" angelastet und auf dem Kassenkonto gegengebucht — die bei den Bargeld- und Warentransporten anfallenden Nebenauslagen laufend, Handlungs- und Haushaltungsunkosten am Schluß der Rechnungsperiode. Das in allen Faktoreibuchhaltungen geführte Konto des Augsburger Geschäftsherrn kann — mit einigen Einschränkungen — als Kapitalkonto angesehen werden, wie aus den folgenden Ausführungen über den Abschluß der Bücher noch hervorgehen wird.

3. Abschluß der Bücher

Die vorangegangene Schilderung der wichtigsten Buchungsfälle hat ergeben, daß alle Geschäftsvorfälle, die sich wertmäßig, also als „Einnahmen“ oder „Ausgaben“ im Kapus niederschlagen, auf dem Kassenkonto bzw. den Personenkonten des Schuldbuchs gegengebucht werden. Entsprechend bewirken auch die im Hofbuch, Wechselbuch, Graf- und Herrschaftenbuch und Hauptbuch des Augsburger Stammhauses zusätzlich verzeichneten Einnahmen und Ausgaben jeweils Veränderungen auf den Schuldbuchkonten. Am Ende einer Rechnungsperiode muß folglich die Differenz aller „Einnahmen“ und „Ausgaben“ einer Faktorei gleich der Summe der Kontensalden in ihrem Schuldbuch, oder anders ausgedrückt, gleich der Summe aus Kassenbestand und Debitoren abzüglich der Kreditoren sein. Diese Summe können wir — unter Außerachtlassung der Warenbestände, die nicht wertmäßig erfaßt werden — als Reinvermögen der Faktorei auffassen.

Beim Abschluß nun gehen die Salden des Schuldbuchs, also der Kassenendbestand und die Summe der noch verbleibenden Forderungen und Verbindlichkeiten an das Konto des Augsburger Geschäftsherrn, welches somit das (im obigen Sinne zu verstehende) „Reinvermögen“ ausweist. In den verschiedenen Faktoreibuchhaltungen hat das Augsburger Konto demnach die Funktion des Kapitalkontos, wenn diese Funktion auch durch die direkten Buchungen auf dem Konto (also des „Einnehmens“ und „Ausgebens“ per Augsburg sowie der Unkosten) verschleiert wird.

Mit der Feststellung des sich als Differenz zwischen „Einnahmen“ und „Ausgaben“ ergebenden „Kapitals“ ist der Zweck der Faktoreibuchhaltung im wesentlichen erfüllt. Der zusammenfassenden Übersicht und vor allem der Kontrolle der Buchungen wegen wird abschließend noch eine Probebilanz erstellt[25]. Sie stellt in Form eines Auszugs die „Einnahmen“- und „Ausgaben“-Summen der im Kapus befindlichen Waren- und Faktoreikonten gegenüber. Da die die Differenz zwischen „Einnahmen“ und „Ausgaben“ ausgleichenden Saldi des Schuldbuchs mit den Werten des Kapitalkontos in die Gegenüberstellung eingehen, müssen die Endsummen der beiden Seiten identisch sein.

Den abgeschlossenen Rechnungen wird jeweils noch eine zusätzliche, nach Namen geführte und bis ins einzelne gehende Aufstellung der Debitoren und Kreditoren angefügt. Man kann hieraus ersehen, welche Bedeutung innerhalb der Fuggerbuchhaltung vor allem die Feststellung der Außenstände und Verbindlichkeiten hat.

Sämtliche Fuggerfaktoreien schließen ihre Bücher auf diese Weise, eine jede in der Währung ihres Niederlassungsortes, zum Jahresende ab und schicken ihre Rechnungen dann nach Augsburg ein. Dort setzt ein langwieriges Kontroll- und Abrechnungsverfahren ein, an dessen Schluß die Ermittlung des Fuggerschen Gesellschaftsvermögens steht.

---

[25] Vgl. *Penndorf,* Balduin: a.a.O., S. 54.

Der Gesamtgewinn errechnet sich dann als die Differenz zum Gesellschaftsvermögen des Vorjahrs.

Der Gang der Abrechnung ist kurz folgender: Die Rechnungen der verschiedenen Faktoreien werden zunächst auf den rheinischen Gulden umgerechnet und zusammen mit der Augsburger Rechnung — die vom Jahre 1535/36[26] sei nachfolgend in der konzentrierten Form der Probebilanz wiedergegeben — eingeschrieben und miteinander verglichen.

Augsburger Rechnung für die Zeit vom 1. 9. 1535—1. 12. 1536

Einnahmen (in rh. Gld.)		Ausgaben (in rh. Gld.)	
Allgemeine Einnahmen + Einnahmen aus Silberverkäufen	179 381	Allgemeine Ausgaben	138 847
Aus dem Verkauf von:		Für die Faktoreien:	
Dachkupfer	234	Hall	183 993
Schwarzem Samt	77	Bozen	26 483
Damast	31	Fuggerau	5 562
Schwarzem Taft	39	Venedig	1 968
Schwarzem Atlas	27	Rom	2 567
Reichensteiner Gold	36 511	Nürnberg	21 673
Zinn	8	Leipzig	1 374
Schwazer Kupfer	12 802	Breslau	72
Sonstige	149 788	Hohenkirchen	109
aus den Faktoreien:		Frankfurt	4 970
Fuggerau	25	Spanien	237 586
Hall	29 657	Wien	76 750
Bozen	471	Neusohl	186
Venedig	65 701	Ungar. Handel	195
Leipzig	158	Neapel	13 304
Breslau	870	Antwerpen	16 333
Antwerpen	25 462	Zehrung und Reisekosten	60
Spanien	132 960	Unkosten auf Kupfer	713
Hohenkirchen	200	Botenlöhne	5
Neapel	12 768	Stallkonto	151
Frankfurt a. M.	49 393	Graf- und Herrschaften	22 936
Nürnberg	183 760	Hauptbuch	77 430
Rom	22 925	Wechselbuch	87 640
Wien	35 682	Hofbuch	1 001
Herschaften und Grafschaften	6 823	Debitoren auf neue Rechnung	220 348
Hauptbuch	30 560	Kassenbestand	27 538
Wechselbuch	62 362		
Hofbuch	6 383		
Botenlöhne	160		
Verschiedenes	165		
Kreditoren auf neue Rechnung	124 178		
Gesamtsumme	1 169 749	Gesamtsumme	1 169 749

[26] Vgl. Anton I, S. 684 ff.; Anton II, S. 329 ff.

Ergeben sich Unstimmigkeiten, so fordert Augsburg von dem betreffenden Faktor „ein merern bschaid" ein[27].

Nachdem die aufgedeckten Fehler bereinigt sind, ergibt sich das vorläufige Geschäftsvermögen als Summe der Differenzen von „Einnahmen" und „Ausgaben" bzw. als Summe der Kassenbestände, Forderungen und (negativen) Verbindlichkeiten sämtlicher Niederlassungen.

Nun bleibt der Augsburger Zentrale noch die Aufgabe, den Wert der über die verschiedenen Faktoreien verstreuten Warenbestände zu ermitteln und dem vorläufig errechneten Geschäftsvermögen hinzuzuschlagen. Diese für heutige Begriffe umständliche und unsystematische Methode, die Bestandswerte außerhalb des geschlossenen Buchhaltungssystems zu erfassen und zu verrechnen, findet jetzt eine plausible Erklärung, wenn wir hören: „Findest du gueter, die kain gelt haben, so schlag sie an, was du magst daraus bringen[28]." Die Bestände werden also im Augenblick des Abschlusses zum Tageswert eingesetzt. Ein solches Vorgehen muß, denken wir nur an die großen Schwankungen der Metallpreise zu jener Zeit, nicht nur einleuchten, sondern darüber hinaus als unabdingbare Forderung an eine exakte Rechnungslegung erscheinen. „Diesen exogenen Betriebseinflüssen konnte man nur durch systematische Wertberichtigungen und Abschreibungen gerecht werden. Und das war bei dem damaligen Zustand der doppelten Buchhaltung nicht möglich[29]." Abschreibungen und Wertberichtigungen mußten deshalb außerhalb der Buchhaltung in Form der Bewertung durchgeführt werden. Entsprechend wird mit den uneinbringlichen und zweifelhaften Forderungen verfahren: sie sollen entweder ganz ausgelassen oder doch nur mit einem geringen Betrag eingesetzt werden. „Hast du debitores, die nit richtig seind, so laß die aus vnd setz allain souil du dir getrawest eintzubringen oder fur gut achtest[30]."

Mit der Vornahme der Wertberichtigungen ist die Generalrechnung zu Augsburg abgeschlossen. „Wann du nun also fertig bist vnd alleding außzogen hast, so summier baidtail (Aktiva und Passiva. Anm. d. Verf.) zeuchs voneinander, so sichst du, was dein capital ist. Sollich capital sich ab gegen dem vorigen capital in nechstbeschloßner rechnung, wieuil dasselbig gewest ist. Ist es jetzt mer dann vor, so ist gwin. Ist es aber minder, so hast du verlurst[31]."

---

27 Musterbuchhaltung des Matthäus Schwarz bei *Weitnauer*, Alfred: a.a.O., S. 266.
28 Ebd., S. 270.
29 *Löffelholz*, Josef: a.a.O., S. 153.
30 Musterbuchhaltung des Matthäus Schwarz bei *Weitnauer*, Alfred: a.a.O., S. 270.
31 Musterbuchhaltung des Matthäus Schwarz bei *Weitnauer*, Alfred: a.a.O., S. 270.

Von einer tatsächlichen Ermittlung des Gewinnes oder Verlustes kann jedoch nicht gesprochen werden. Zunächst wirkt sich die Tatsache aus, daß während des Rechnungsjahres nicht alle Unkosten genau festgestellt werden können. Eine weitere Ungenauigkeit des Erfolgsausweises muß die Außerachtlassung der zum Abrechnungszeitpunkt unterwegs befindlichen Werte, also der Bargeld- und Warensendungen auf dem Weg von einer Faktorei zur andern, nach sich ziehen. Und schließlich basiert die Bewertung der Warenbestände lediglich auf der buchmäßigen, nicht jedoch auf einer inventurmäßigen Feststellung der Bestandsmengen; Warenverluste, wie sie bei den Transporten über weite Entfernungen häufig vorkommen, werden dementsprechend nicht berücksichtigt.

„In einer derart weitläufigen Unternehmung, wie sie der Fuggerbetrieb darstellte, mit ihrem sehr großen Anlagekapital und ihren umfangreichen Beständen an hochwertigen Metallen machte sich natürlich der Mangel einer systematischen Wertberichtigung außerordentlich geltend ... Der Wert einer Buchhaltung, die diese Wertveränderung nicht erfassen kann, wird daher außerordentlich herabgemindert. Aus diesem Grunde spielen in der Fuggerschen Buchhaltung die Inventare eine so außerordentlich große Rolle. Aber diese Inventare stehen noch ganz außerhalb der systematischen Buchhaltung. Sie allein haben den Zweck, Kapital und Gewinn exakt auszuweisen[32]."

III. Die Inventur

Davon, daß die Fugger alljährlich Inventur gemacht hätten, ist nichts bekannt. Inventare für den gesamten Fuggerschen Handel werden vielmehr nur dann aufgestellt, wenn grundlegende Änderungen in der Zusammensetzung der Geschäftsleitung, z. B. der Eintritt eines neuen oder der Tod eines alten Gesellschafters, dies erfordern. Die Fugger-Inventuren aus den Jahren 1511, 1527, 1533, 1536 und 1539[33] werden auf Grund solcher besonderer Anlässe aufgenommen.

Die eigentliche mengen- und wertmäßige Aufnahme der Vermögenswerte und Schulden erfolgt in den einzelnen Faktoreien; die Faktoreiinventuren werden dann — nach erfolgter Umrechnung ihrer Endresultate auf den rheinischen Gulden — zu einer Inventur des gesamten Fuggerschen Handels zusammengestellt. Die so erstellte Gesamtinventur zerfällt wiederum in zwei große Teile, wovon der eine die Aktiva, der andere die Passiva enthält. Wie sich Aktiv- und Passivteile

---

[32] *Löffelholz,* Josef: a.a.O., S. 153.
[33] Vgl. Anton I, S. 454, 616 ff., 651; Anton II, S. 331 ff., 540 ff.; *Ehrenberg,* Richard: Das Zeitalter der Fugger, I, S. 118 ff.

im einzelnen aufgliedern, soll nachfolgend am Beispiel der Fugger-Inventur, die auf den Stichtag des 31. Dezember 1533 angefertigt wurde[34], geschildert werden.

1. Die Aktiva

Die Aktiva sind in ihrem Hauptteil nach Faktoreien gegliedert. Es folgen nacheinander Aufstellungen der Niederlassungen Bozen, Hall, Schwaz, Fuggerau, Wien, Leipzig, Hohenkirchen, Breslau, Neusohl, Augsburg, Nürnberg, Antwerpen, Venedig, Rom, Neapel und der spanischen Faktoreien. Die Anordnung der Aktiva in den einzelnen Faktoreiverzeichnissen ist folgende. An jeweils erster Stelle sind diejenigen Werte aufgeführt, die sich noch auf dem Weg von einer Faktorei zur anderen befinden. Sie werden zu den Aktiven ihres Bestimmungsortes und nicht zu denen des Ausgangsortes gerechnet. Es sind neben Waren und Bargeld vor allem Wechsel, die am Bestimmungsort eingezogen werden sollen. Den Posten der unterwegs befindlichen Werte folgt das Verzeichnis der Warenbestände in den einzelnen Faktoreien. An dritter Stelle werden die jeweiligen Barvorräte ausgewiesen, während die Faktoreien an vierter Stelle die Schuldsummen verschiedener Debitoren anführen. Bei diesen handelt es sich um Schuldner aus allen Schichten der Bevölkerung, denen man Barkredite gewährt oder auf Kredit Waren geliefert und Dienste geleistet hat. Als Schulden besonderer Art sind hierzu auch die Entnahmen der Gesellschafter zu rechnen, welche unter den Augsburger Debitoren aufgeführt werden. Den Beschluß macht endlich die Wertangabe des immobilen Inventars der betreffenden Faktoreien.

Dem nach Faktoreien geordneten Hauptteil der Aktiva folgen in der Inventur von 1533 weitere Bücher, zunächst das „Wechselbuch", das alle diejenigen Personen verzeichnet, die gegen Ausstellung eines Wechsels bei den Fuggern Geld aufgenommen haben. Das Wechselbuch der Aktiva weist nicht nur die ausstehenden Wechselbeträge, sondern auch die darauf entfallenden Zinsen aus. Es folgt sodann das „Hofbuch", welches, wie oben bereits erwähnt wurde, die Verpflichtungen des Hauses Habsburg aus den Darlehens- und Finanzgeschäften mit den Fuggern zusammenstellt. In einer detaillierten Aufzählung werden schließlich die Werte sämtlicher Fuggerschen Liegenschaften veranschlagt.

Zusätzliche, gesonderte Aufstellungen sind den zweifelhaften und uneinbringlichen Forderungen sowie dem Inventar im engeren Sinne, also der gesamten mobilen und immobilen Geschäftseinrichtung gewidmet.

---

[34] Vgl. Anton I, S. 616 ff.

Das Verzeichnis der „bösen und verlorenen Schulden“ hat bei der beträchtlichen Höhe der Fuggerschen Außenstände eine nicht zu unterschätzende Bedeutung als Korrekturposten zum Vermögen. Es ist wie der Hauptteil der Aktiva nach Faktoreien gegliedert. „Hierin werden begriffen schulden, so nit gar gewiss, ainstails gar pöss sendt; auch anders so ich nit aigentlich kan wissen, wann man zu gellt u. was daraus mag gepracht werden. Derhalb ichs hier inn ain sonnder libell unnd nit in das vermugen unnsers capitals yetzo in diser bslus rechnung unnd derhalb aussetz[35].“ In einem besonderen Inventarbuch werden zu guter Letzt die von den verschiedenen Faktoreien eingesandten Inventarverzeichnisse zusammengestellt, wobei der gesamte Hausrat außer Wertansatz bleibt, hingegen das immobile Inventar (Häuser, Gärten, Hüttenwerke, Bergwerksanteile) mit seinem ungefähren Wert veranschlagt wird.

2. Die Passiva

Die Passiva beginnen mit den Aufstellungen der Faktoreien Hall, Schwaz, Wien, Leipzig, Hohenkirchen, Breslau, Neusohl, Augsburg, Nürnberg, Antwerpen, Venedig, Rom, Neapel und Spaniens. Die Schulden der einzelnen Faktoreien zerfallen in zwei Abteilungen. In der ersten Abteilung werden diejenigen Schulden ausgewiesen, welche der betreffenden Faktorei von einer anderen übermacht worden sind. Es handelt sich dabei um solche Beträge, die von den in dieser Abteilung aufgeführten Gläubigern in einer Fuggerschen Faktorei gegen Ausstellung eines Wechsels eingezahlt wurden, um von ihnen oder ihren Bevollmächtigten in einer anderen Faktorei wieder in Empfang genommen zu werden. Die Wechselschulden werden dementsprechend unter den Passiven der angewiesenen und nicht unter denen der anweisenden Faktorei inventarisiert. Als ein bemerkenswertes Beispiel solcher Wechselschulden seien die unter den Haller Posten aufgeführten Heimatüberweisungen Tiroler Bergknappen, die in Spanien arbeiteten, erwähnt. Die zweite Abteilung führt die eigentlichen Kreditoren, nämlich solche der betreffenden Faktoreien selbst, auf. „Es waren Leute, welche Waren geliefert, Dienste geleistet hatten, Personen oder Korporationen, die mit Einnahmen verbundene Rechte für ein festgesetzes Entgelt an die Fugger verpachtet hatten usw.[36].“

Der Aufstellung der Wechselgläubiger und Kreditoren der einzelnen Faktoreien schließt sich das Wechselbuch der Passiva an, in welchem die in die Gesellschaft eingelegten Fremdgelder samt den angelaufenen Zinsen verrechnet werden. Der Name des Buches erklärt sich aus der

---

[35] *Strieder*, Jakob: Inventur der Firma Fugger, S. 100.
[36] Ebd., S. 9.

Tatsache, daß über diese Einlagen ein Solawechsel ausgestellt wurde[37]. Der Kreis der Einleger setzt sich aus verwandten und befreundeten Personen sowie Bediensteten und Faktoren der Firma zusammen. Die Verzinsung ist nicht einheitlich, beträgt jedoch meist 5 %.

3. Die Sonderstellung des ungarischen Handels

Die organisatorische Trennung des Fuggerschen Geschäfts in den „gemeinen Handel" und den „ungarischen Handel", die auch nach dem Ausscheiden der Thurzo im Jahre 1526 beibehalten wird, ist nicht nur eine solche der Geschäftsführung im allgemeinen, sondern zugleich eine der Buchführung im besonderen. Die Inventare der vom ungarischen Handel begründeten oder von diesem hauptsächlich benützten Faktoreien werden demnach — obwohl sie teilweise auch dem gemeinen Handel dienen — zum ungarischen Handel gerechnet[38]. Ihre Einzelposten werden zu gesonderten Inventuren des ungarischen Handels zusammengefaßt und mit ihrem Schlußresultat in das Inventurbuch des gemeinen Fuggerschen Handels eingetragen — vorausgesetzt natürlich, daß dieser zur selben Zeit eine Vermögensaufnahme durchführt.

Solche „ungarische Rechnungen" datieren aus den Jahren 1507, 1510, 1513, 1516, 1521, 1526 1527, 1533, 1536 und 1539[39]; die ungarische Rechnung vom Jahre 1533 für die Zeit vom 8. September 1527 bis zum 8. September 1533 geht z. B. mit einem Schlußresultat von 395 298 rheinischen Gulden in die auf den Stichtag des 31. Dezembers 1533 angefertigte Fuggersche Gesamtinventur ein[40].

Im folgenden soll am Beispiel der „ungarischen" Inventur vom Jahre 1533 kurz das im ungarischen Handel zur Anwendung gelangende Abrechnungsverfahren dargestellt werden.

Die Abrechnung wird durch ein Berechnungsprinzip wesentlich erleichtert, nach dem die Fugger und die Thurzo (nach 1526 nur noch die Fugger) als Generalkäufer des ungarischen Handels auftreten. Sie übernehmen an bestimmten Orten das Kupfer und Silber aus dem ungarischen Handel, bezahlen diesem dafür feste Verrechnungspreise und machen dann mit den Metallen, was sie wollen. So übernehmen z. B. die Fugger die Erzeugnisse des ungarischen Handels vornehmlich in den Stützpunkten Danzig, Stettin, Breslau, Neusohl, Leipzig, Hohenkirchen, Fuggerau, Venedig, um sie dann entweder am Ort abzusetzen oder nach anderen Faktoreien weiterzusenden. Den Einnahmen, die sich aus den

37 Vgl. *Strieder*, Jakob: Die Inventur der Firma Fugger, S. 8.
38 Vgl. Strieder, Jakob: Die Inventur der Firma Fugger, S. 14.
39 Vgl. Jakob II, S. 223 ff., 252 ff., 282 ff., 362 ff., 430 ff., 580 ff.; Anton I, S. 485 f., 606 f.; Anton II, 321 ff., 542.
40 Vgl. Anton I, S. 607, 621.

„Metallverkäufen"" an die Teilhaber herschreiben, stehen die Ausgaben des ungarischen Handels für Pachtzins, Produktionskosten, Fuhr- und Botenlöhne, Faktorengehälter, Gebäudeankäufe und -unterhaltung, Hausrat, Geschäftseinrichtungen, Kleidung und Verpflegung des Personals, Reiseauslagen usw. gegenüber.

Die Höhe des jeweils erzielten Einnahmen- bzw. Ausgabenüberschusses bestimmt zusammen mit dem Wert der Warenvorräte und der Außenstände das Gesamtvermögen des ungarischen Handels. Verfahrenstechnisch gestaltet sich die Ermittlung des Vermögens so, daß aus den Einzelrechnungen der Faktoreien Auszüge, sogenannte „Register", über Einnahmen und Ausgaben, Waren und Außenstände angefertigt und zu einer Gesamtrechnung gefügt werden. Diese Methode besitzt nicht nur den Vorzug unbedingter Genauigkeit, sie erleichtert dem Geschäftsherrn zu Augsburg auch die persönliche Orientierung über den ungarischen Handel. Dessen Vermögen am 8. September 1533 errechnet sich nunmehr folgendermaßen[41]:

Im Abrechnungszeitraum von 1527—1533 steht einer Gesamteinnahme von	670 762	ung.	Gld.
eine Gesamtausgabe gegenüber von	713 348	„	„
Es ergibt sich folglich ein Ausgabenüberschuß von	42 585	„	„
Die zum Abrechnungszeitpunkt vorhandenen Warenbestände und noch ausstehenden Forderungen sind veranschlagt mit einem Betrag von	316 239	„	„
Das Vermögen beläuft sich somit auf	273 654	„	„

Die Fuggersche Gesamtinventur weist den ungarischen Handel mit dem Betrag von 316 239 ungarischen Gulden (umgerechnet 395 298 rheinischen Gulden) aus; dieser setzt sich zusammen aus dem Kapital von 273 654 ungarischen Gulden und dem Ausgabenüberschuß von 42 585 ungarischen Gulden, den der gemeine Handel an den ungarischen geliehen und welchen dieser an jenen wieder zu ersetzen hat.

IV. Die Bilanz

Jeweils im Anschluß an die Inventur stellen die Fugger Bilanzen auf. Diese zeigen wie die Inventuren die Zusammensetzung des Vermögens und seinen Wert, unterscheiden sich von jenen aber in formeller Hinsicht insofern, als sie die Inventarposten der einzelnen Faktoreien und Bücher in einer Summe zusammenfassen, um eine rasche Übersicht zu

[41] Vgl. Anton I, S. 606 f.

ermöglichen. Dabei verzichten sie auf Mengenangaben und beschränken sich auf die wertmäßige Darstellung des Vermögens. Die Fuggerschen Bilanzen stellen auf diese Weise Aktiva und Passiva in Kontenform gegenüber; durch deren Saldierung wird sodann das jeweilige Vermögen der Firma ermittelt.

Zweck der Bilanzierung ist also zunächst der Vermögensausweis; der Gewinn wird in einer besonderen Rechnung als Differenzbetrag zwischen dem Vermögen am Ende und zu Beginn des Abrechnungszeitraumes ermittelt.

Im allgemeinen arbeiten die Fugger bei der Aufstellung ihrer Bilanz mit derartig vorsichtigen Bewertungen[42], daß beträchtliche stille Reserven geschaffen werden. Dadurch erzielt man einmal bei der Abrechnung mit etwa ausscheidenden Gesellschaftern nennenswerte Vorteile, zum andern schafft man sich mit der Möglichkeit, in Krisenzeiten die gebildeten Rücklagen zu mobilisieren, das Mittel, eine eintretende ernste Geschäftslage nach außen hin zu verschleiern.

Die Abschreibung der Anlagen steht dementsprechend nicht so sehr unter dem Gesichtspunkt der effektiven Abnützung als vielmehr unter demjenigen der Rücklagenbildung: die Liegenschaften und das gesamte immobile Inventar werden mit Beträgen eingesetzt, die durchweg hinter dem Verkehrswert zurückbleiben, und das gesamte mobile Inventar (also namentlich der Hausrat der verschiedenen Faktoreien) bleibt trotz seiner detaillierten Inventarisierung in der Bilanz unberücksichtigt. Den mutmaßlichen Grund für eine solche Handhabung sieht *Strieder*[43] in der Vermögensdeklaration, die nach dem Augsburger Stadtrecht im Abstand von jeweils 6 Jahren zum Zwecke der Steuerfestsetzung einzureichen war, bei der aber nach alter Sitte der Hausrat nicht angegeben werden mußte. In entsprechender Weise wird mit den zweifelhaften und uneinbringlichen Forderungen verfahren, die zwar in die Inventur aufgenommen, jedoch nicht in der Bilanz angesetzt sind.

Werfen wir nun einen Blick auf die Bilanz vom Jahre 1533, die von Anton Fugger persönlich im Anschluß an die vorausgegangene Inventur zusammengestellt wurde. Sie sieht folgendermaßen aus[44]: (s. S. 70).

Nach Saldierung der Aktiva und Passiva verbleibt (bei vorsichtiger Schätzung, die bestimmte Vermögensteile unterbewertet läßt) am Ende des Jahres 1533 ein Fuggersches Gesamtkapital („hauptgut") in Höhe von 2 102 426 rheinischen Gulden.

---

42 Vgl. Anton II, S. 33 ff., 333, 371.
43 Vgl. *Strieder*, Jakob: Inventur der Firma Fugger, S. 5 f.
44 Vgl. Anton I, S. 630.

Bilanz zum Jahresende 1533

AKTIVA (in rh. Gld.)		PASSIVA (in rh. Gld.)	
Bozen	5 803	Hall	930
Hall	89 300	Schwaz	1 508
Schwaz	151 725	Wien	4 545
Fuggerau	4 763	Leipzig	6 165
Leipzig	9 883	Hohenkirchen	81
Hohenkirchen	5 677	Breslau	4 013
Breslau	33 965	Neusohl	1 200
Neusohl	18 164	Augsburg	143 574
Augsburg	312 165	Nürnberg	13 776
Nürnberg	44 375	Antwerpen	23 590
Antwerpen	286 672	Venedig	576
Venedig	58 532	Rom	16 238
Rom	13 369	Neapel	210 040
Neapel	73 571	Spanien	36 080
Spanien	547 019	ung. Handel	18 315
ung. Handel	395 298	Wechselbuch	654 455
Wechselbuch	32 162	Hofbuch	5 341
Hofbuch	990 620	„Das letzte Blatt“	50 155
Liegende Güter	178 424		
Steinkonto (Juwelen)	20 000		
Summe Aktiva	3 292 498	Summe Passiva	1 190 572

Die Berechnung des Gewinnes in der Zeit von 1527—1533 sowie die Berechnung der Kapitalanteile für die einzelnen Gesellschafter bildet den Abschluß der Fuggerschen Bilanzierungstätigkeit[45]:

Zunächst einmal werden von dem Hauptgut in Höhe von	2 102 426 rh. Gld.
abgezogen und in Reserve gestellt	– 100 000 „ „
Das Hauptgut beläuft sich jetzt auf	2 002 426 „ „
Nach Abzug des Stiftungsvermögens	– 11 885 „ „
verbleibt eine Summe von	1 990 541 „ „
Zieht man hiervon das Kapital von 1527 ab mit	1 590 869 „ „
so ergibt sich für die dazwischen liegenden Jahre ein Gewinn von	399 672 „ „

Das „ausschüttungsfähige“ Kapital von 1 990 541 rheinischen Gulden verteilt sich folgendermaßen:

Es kommen auf den Anteil von:

Jakob Fuggers Nachlaß	667 790 rh. Gld.
Raymund Fugger	379 081 „ „
Anton Fugger	429 595 „ „
Hieronymus Fugger	514 075 „ „
	1 990 541 „ „

45 Vgl. Anton I, S. 615 f.

Von den 399 672 rheinischen Gulden Gewinn der Jahre 1527—1533 zieht Anton die während dieser Zeit getätigten Privatentnahmen der Gesellschafter ab.

An Auszahlungen wurden vorgenommen:		Die Kapitalanteile mindern sich dadurch auf
auf Jakobs Konto	32 632 rh. Gld.	635 158 rh. Gld.
für Raymund	70 400 „ „	308 681 „ „
für Anton	36 964 „ „	392 631 „ „
für Hieronymus	61 360 „ „	452 715 „ „
Summe der Kapitalanteile		1 789 185 „ „

Schlägt man zu diesem Betrag das Stiftungsvermögen mit 11 885 rheinischen Gulden, so errechnet sich für den 31. Dezember 1533 ein Fuggersches Gesellschaftskapital von 1 801 070 rheinischen Gulden.

D. Organisation

I. Der organisatorische Aufbau des Fuggerschen Faktoreiensystems

„Die Ausdehnung des Handels im Mittelalter machte es dem Kaufmanne schon frühzeitig unmöglich, alle diejenigen Orte, mit denen er Handel trieb, selbst zu besuchen. Der Oberleiter des Geschäfts mußte im Mittelpunkt des weitverzweigten Verkehrs dauernd verbleiben, während er für die auswärtigen Plätze der Vertretung bedurfte[1].“ Erst die Errichtung von Faktoreien an den bedeutenden Verkehrs- und Handelsplätzen ermöglicht vor allem auch dem frühkapitalistischen Kaufherrn die Übernahme seiner wichtigen Handelsfunktion, die in der Güterverteilung durch die Ein- und Ausfuhr von Waren liegt. Dazu kommt die Möglichkeit und der hieraus resultierende Wunsch, mit der Errichtung von Zweigstellen dem Handel neue Wirtschaftsgebiete zu erschließen. Die betriebsorganisatorische Ausgestaltung der Fernhandelsunternehmung muß somit zwangsläufig, aus den Bedingtheiten des damaligen Wirtschaftslebens heraus, vor allem wegen der Rückständigkeit des Verkehrswesens, in der Form des Faktoreiensystems erfolgen.

Über ganz Europa erstreckt sich das Netz Fuggerscher Niederlassungen, die vom Augsburger Stammhaus im Zuge der Geschäftsausdehnung an den ihm wichtig werdenden Handelsplätzen gegründet und von den Faktoren, Angestellten oder Angehörigen und Verwandten der Firma, geleitet werden. Außer in Deutschland (z. B. in Nürnberg, Leipzig, Breslau, Wien, Hall, Schwaz, Frankfurt am Main) und in dem mit Deutschland in engen Handelsbeziehungen stehenden Italien (Venedig, Mailand, Rom, Neapel) finden sich Fuggersche Niederlassungen in Spanien und Portugal, den Niederlanden, Dänemark, Polen und Ungarn, zeitweilig bestehen auch solche in Frankreich und England, ja sogar in den neuentdeckten überseeischen Gebieten.

1. Standortwahl

Für die moderne Betriebswirtschaftslehre bedeutet die Standortfrage „das Problem der optimalen räumlichen Einordnung in die Gesamtwirtschaft.“ Das Standortproblem stellt „dem Betriebswirt die Frage,

---

[1] *Ehrenberg,* Richard/*Strieder,* Jakob: Faktoren, Faktoreien. In: Handwörterbuch der Staatswissenschaften, 4. Aufl., 3. Bd., Jena 1926, S. 919.

wo der Unternehmer sich in einem bereits vorgegebenen Wirtschaftsraum als neu Hinzukommender niederzulassen habe, wenn er betriebswirtschaftlichen Grundsätzen folgt ... Die Entscheidung für einen bestimmten Standort ist eine Wahlhandlung, die auf Grund der Würdigung einer Reihe von rationalen und irrationalen Faktoren erfolgt[2]." Ob überhaupt und wenn ja, inwiefern und inwieweit eine solche Wahlhandlung der Fugger bei der Standortsbestimmung ihrer Faktoreien erfolgt, wird also im folgenden nachzuprüfen sein.

Die hauptsächlichen Bestimmungsgründe für die Standortwahl hat Alfred *Weber* in seinem grundlegenden Werk über den Standort der Industrien[3] entwickelt. Die Tatsache, daß der „Begriffsapparat, der zur Lösung von Standortproblemen geschaffen wurde", in der seitherigen Standortslehre fast durchweg auf die Industrie zugeschnitten ist[4], macht jenen auf den Fuggerschen Faktoreibetrieb mit seiner Verflechtung von Produktion, Handel und Bankgeschäft von vornherein nur bedingt anwendbar. Und beschränkt man sich deswegen zunächst auf die Untersuchung der Gründe, die für die Wahl der Fuggerschen montanindustriellen Produktionsstätten maßgeblich gewesen sein dürften, so muß man auch hier das Vorliegen einer bewußt durchgeführten standortlichen Orientierung innerhalb eines — nach Alfred Weber — durch die Pole des Rohstoffvorkommens, Verbrauchsortes und günstigsten Arbeitsortes vorgegebenen Kräftefelds verneinen. Denn die Fuggersche Bergwerksproduktion in Oberungarn, Tirol, Schlesien und den spanischen Quecksilbergruben von Almaden ist Urproduktion und als solche schon ihrer Natur nach materialorientiert, so daß standortsbezogene Erwägungen im Hinblick auf den Absatz der Erzeugnisse und den Einsatz billiger Arbeitskräfte von vornherein unter den Tisch fallen. Ebenso scheint die Wahl des Standorts der angegliederten Hüttenwerke zur Verarbeitung der geschürften Erze grundsätzlich — und zwar in zweifacher Hinsicht — nach dem Gesichtspunkt der Rohstofforientierung zu erfolgen: einmal möglichst nahe bei den produktionstechnisch vorgelagerten Bergwerken, zum anderen in der Nähe von Rohstoffvorkommen, derer man zusätzlich für die Verhüttung der Erze bedarf. So finden wir die Hüttenwerke Jenbach und Rattenberg inmitten des Tiroler Bergbaugebietes und das Neusohler „Hütten- und Hammerwerk" im Zentrum des ungarischen Bergbaus; Fuggerau liegt zwischen dem Tiroler und dem ungarischen Montangebiet in direkter Nähe des „Bleibergs" bei Villach, dessen Zinkvorkommen zusammen mit Schwazer Kupfer

---

[2] *Hintner,* Otto, Standortwahl. In: Handwörterbuch der Betriebswirtschaft, 3. Aufl., Bd. III, Stuttgart 1958, Sp. 5053, 5054.

[3] Vgl. *Weber,* Alfred: Über den Standort der Industrien. Erster Teil. Reine Theorie des Standorts, Tübingen 1909.

[4] *Schäfer,* Erich: Die Unternehmung, 4. Aufl., Köln und Opladen 1961, S. 92.

für die Messingproduktion verwendet werden; in Hohenkirchen schließlich ist eine Saigerhütte zur Verarbeitung ungarischer Schwarzkupfererze in Betrieb, die dort, fernab vom Orte der Erzgewinnung, wegen der reichen, für den Saigerungsprozeß benötigten Vorräte an Blei und Holz errichtet wird.

Was nun die Goßhandelstätigkeit der Fugger anbelangt, so bestimmen zunächst deren zwei Komponenten, der Aufkauf- und der Absatzgroßhandel die Standortwahl der Faktoreien. Die Gründung ständiger Niederlassungen an den großen Beschaffungs- und Absatzmärkten ist eine grundlegende Voraussetzung für den Fuggerschen Warenhandel überhaupt. So finden wir die Venezianer Faktorei mit dem Aufkauf orientalischer Baumwolle für die Weißenhorner Barchentweber und der Beschaffung kostbarer Tuche und Stoffe beschäftigt, in Lissabon werden die großen Gewürzkäufe getätigt und die östlichen Ausläufer des Faktoreiennetzes ermöglichen den Ankauf polnischer und russischer Landesprodukte; umgekehrt erfolgt der Absatz der Roherze und Metalle aus der Tiroler und ungarischen Produktion in Venedig, Wien, Breslau, Nürnberg, Antwerpen und Lissabon, die Erzeugnisse der Weißenhorner Barchentindustrie werden vornehmlich in Antwerpen vertrieben, der Ertrag aus den Almadener Quecksilbergruben schließlich geht in der Hauptsache an die spanischen Faktoreien bzw. nach Venedig zum Weitervertrieb nach Indien[5].

Besondere Bedeutung gewinnen die Fuggerschen Niederlassungen an den zentralen Welthandelsgroßmärkten Venedig und Antwerpen, wo sich der verteilende Großhandel in der Zusammenfassung von Wareneinfuhr und Warenausfuhr in einmaliger Weise konzentriert und gleichzeitig — das gilt vor allem für den Weltbörsenplatz Antwerpen — die Abwicklung umfangreicher Geldgeschäfte nach sich zieht.

So wird der Standort der Fuggerfaktoreien auch im Hinblick auf das Bankgeschäft, durch die Vertretung am Geld- und Kapitalmarkt, bestimmt. Gerade dieser Gesichtspunkt dürfte z. B. für die Festsetzung der Fugger an den Meßplätzen Frankfurt und Leipzig, auf welche Orte sich die Kaufleute untereinander vielfach ihre Wechsel ausstellten, eine nicht unwesentliche Rolle gespielt haben. Darüber hinaus scheinen bei der bankmäßigen Standortorientierung Erwägungen mitbestimmend zu sein, die darauf abzielen, mit der Abwicklung von Geldgeschäften betraute Faktoreien möglichst in nächste Nähe der Depositeneinleger und Kreditnehmer zu legen, letzteres vor allem wegen der Möglichkeit, die Schuldner überprüfen und laufend überwachen zu können[6]. Dieser

---

[5] Vgl. Anton I, S. 111.

[6] Vgl. *Prion*, Willi: Die Lehre vom Wirtschaftsbetrieb, Bd. III, Berlin 1936, S. 41.

Aspekt erklärt unter anderem die Errichtung der Faktoreien Hall, Wien und Ofen, die wegen ihrer Nähe zum Sitz der oberösterreichischen, niederösterreichischen und magyarischen Regierung und Hofhaltung hauptsächlich mit der Erledigung von Geldgeschäften für König und Regierungsbeamte beschäftigt sind.

Inwieweit die Wahl des Standorts Fuggerscher Niederlassungen vom Zahlungs- und Überweisungsverkehr beeinflußt wird, läßt sich schwer sagen. Möglicherweise spielt hierfür die zentrale Lage in einem bestimmten „Einzugsgebiet" eine gewisse Rolle: so wird der alpenländische Zahlungsverkehr in der Hauptsache über Hall abgewickelt, eine entsprechende Stellung nehmen im ungarischen Raum Ofen, für den polnischen Raum Krakau und Breslau, im sächsischen, fränkischen und schwäbischen Raum Leipzig, Nürnberg und Augsburg ein. Schwedische und polnische Ablaßgelder laufen vielfach über die Faktoreien Nürnberg und Breslau nach Rom; der Standort der römischen Faktorei wiederum bestimmt sich ausschließlich durch die Nähe zum „Bankkunden", in diesem Falle also zum Papst und zur Kurie.

Mit der Frage der räumlich-geographischen Einordnung in bestimmte Wirtschaftsgebiete haben wir einen Gesichtspunkt angeschnitten, dem für die Standortwahl der Fugger hinsichtlich ihrer gesamten wirtschaftlichen Betätigung überhaupt entscheidende Bedeutung zukommt. Die Verflechtung der Wirtschaftszweige im Rahmen der Fuggerschen Geschäftstätigkeit (und im Wirtschaftsleben jener Zeit ganz allgemein) erfordert, wie wir gesehen haben, das Vertretensein der Fernhandelsunternehmung an allen bedeutenden Finanz- und Warenumschlagsplätzen wie auch in den wichtigsten Produktionsgebieten. Diese bedeutenden Wirtschaftsplätze sind fast immer Verkehrsmittelpunkte (Knotenpunkte des Landgüterverkehrs, der Binnen- und Seeschiffahrt) innerhalb des Verkehrsnetzes, das sie untereinander verbindet. Und so wie der Standort der Großfaktoreien — sieht man von sonstigen Einflußgrößen ab — zwangsläufig mit den Knotenpunkten dieses Verkehrsnetzes zusammenfallen muß, wird auch die Lage der mittleren und kleineren Faktoreien durch den Verlauf der Verkehrswege bestimmt, sei es aus der Notwendigkeit heraus, einen Ruh- und Stützpunkt oder einen Umschalteplatz des Waren- und Geldverkehrs zu schaffen. So empfiehlt sich Wien wegen seiner günstigen Lage an der Donauwasserstraße für den Durchgangsverkehr ungarischer Metalle nach dem Westen; die Weichselstädte Krakau, Warschau und Thorn fungieren als Zwischenstationen auf dem Weg ungarischen Kupfers nach Danzig, von wo aus die Fracht über Antwerpen in die iberischen Häfen, nach Frankreich und nach Italien geht; über Leipzig führen Fuggersche Warenzüge aus dem Süden nach dem Norden, Osten und Westen und solche aus dem Osten nach Westen und Norden; über Nürnberg und Frankfurt gelangt der

Weißenhorner Barchent nach Antwerpen, über Hall die Tiroler Produktion nach Venedig usw. usw.

Bei einer solchen verkehrsorientierten Standortwahl wird natürlich auch die Möglichkeit, durch die zentrale Lage einzelner Faktoreien in und zwischen bestimmten Wirtschaftsräumen dieselben besser erschließen und miteinander verbinden zu können, eine Rolle gespielt haben. Nürnberg etwa ist einmal wirtschaftlicher Mittelpunkt des fränkischen Raums, zum anderen nimmt es eine Mittlerstelle zwischen den südeuropäischen und den nordwest- und nordosteuropäischen Märkten ein; Breslau wiederum ist sowohl das organisatorische Zentrum des nordöstlichen Fuggergeschäfts als auch die Verbindungsstelle der osteuropäischen mit den nordeuropäischen und westeuropäischen Wirtschaftsgebieten. Darüber hinaus kommt einzelnen Niederlassungen an verschiedenen Endpunkten des Fuggerschen Faktoreinetzes die Aufgabe zu, die Fühler in Wirtschaftsräume auszustrecken, in denen noch keine Fuggervertretung besteht. So werden z. B. in Lissabon Beziehungen nach Übersee angeknüpft, Antwerpen und Danzig sollen die Verbindung zum englischen und skandinavischen Wirtschaftsbereich herstellen, Krakau soll über Iwangorod und Lemberg das Eindringen in den russischen Raum ermöglichen und Venedig die Fühlungnahme mit dem Orienthandel herbeiführen.

Will man zum Abschluß versuchen, die für den Aufbau des Fuggerschen Faktoreiensystems wesentlichen „Standortsmomente" zusammenzufassen, so wird man also in erster Linie die Orientierung nach den Wirtschaftszentren und den sie verbindenden Verkehrswegen nennen müssen und erst in zweiter Linie die Orientierung nach den besonderen Erfordernissen der einzelnen Wirtschaftszweige; hinzu kommt als weiteres Moment die Errichtung von Faktoreien für spezielle Geschäftszweige, wie etwa in Rom für die Erledigung päpstlicher und kurialer Geldgeschäfte, in Neapel für die Einziehung der von König Ferdinand gepachteten Steuereinkünfte und am spanischen Hofe für die Abwicklung der häufigen und wegen ihrer Größe besonders bedeutenden Finanzgeschäfte.

2. Organisation der Verkehrswege

Wie wir bei der Behandlung der Standortfrage gesehen haben, müssen die Fugger bei der Abwicklung ihres Waren- und Geldhandels in entscheidendem Maße den Gegebenheiten und Möglichkeiten des Verkehrs Rechnung tragen. Überhaupt ist das Zusammenspiel der weit auseinanderliegenden Handelsniederlassungen im Rahmen der Fuggerschen Gesamtunternehmung ohne ein ausgebautes Verkehrswesen undenkbar. „Ein Organisationsgebilde ohne Verkehrswege kann überhaupt nicht existieren", sagt *Schnutenhaus*[7], und man kann sich wohl kaum ein Betriebssystem vorstellen, auf welches diese Feststellung eher zuträfe als auf das Fuggersche Faktoreiensystem. Auch die Unterscheidung Schnutenhaus'[8] in die „sachlichen Wege der Güterbeförderung" und in die „geistigen Verkehrswege der Nachrichtenbeförderung" können wir auf die Fuggersche Betriebsorganisation anwenden, wobei wir die ersteren im vorliegenden Abschnitt, die letzteren im Abschnitt über den Nachrichtendienst behandeln wollen. Allerdings sind die Verkehrswege der Güterbeförderung innerhalb des Faktoreiensystems nicht nur „innerbetriebliche Transportwege oder Arbeitswege der Leistungsbeförderung", sondern — dem Wesen des Faktoreibetriebes in seiner geographischen Ausdehnung auf die wichtigsten Wirtschaftsplätze entsprechend — gleichzeitig auch solche von den Beschaffungsmärkten und Produktionsstätten nach den Absatzmärkten. „Der Transport ist, wenn man diesen Gemeinplatz nicht vermeiden will, ein Schrittmacher des Handels so gut wie der Kredit. Beide sind Vehikel im übertragenen Sinn. Wo gute Transportverhältnisse herrschen, kann der Handel wachsen, können größere Lasten auf weiteren Strecken bewegt werden[9]."

Die verkehrswirtschaftlichen Probleme nun, denen sich die Fugger gegenüber sehen, liegen einmal in der technischen Rückständigkeit des Verkehrswesens, zum anderen in den mannigfaltigen Verkehrshemmnissen einer mittelalterlichen Stapel- und Zollpolitik sowie des Straßen- und Abgabenzwangs begründet.

Die Haupttransportmittel sind beim Landtransport das Reitpferd bzw. das Lasttier und der von Ochsen gezogene Frachtkarren; der Zustand der Landstraßen ist schlecht, die schmalen, meist unbefestigten Wege entsprechen nicht mehr den wachsenden Verkehrsbedürfnissen und eine Entlastung des Landverkehrs durch die Benützung der Binnenwasserstraßen und Seeschiffahrtswege ist nur in begrenztem Umfange durchführbar[10]. Die Freiheit und leichte Passierbarkeit der Straßen hängt sehr stark von der Stellungnahme der Herren der einzelnen Territorien ab: nicht selten wird der Kaufmann gezwungen, eine für ihn ungünstige Straße zu benützen; auch die allenthalben zu entrichtenden Zölle, Brükken-, Wege- und häufig auch Schmiergelder erweisen sich als großes wirtschaftliches Hindernis. Hinzu kommt das Stapelrecht der Städte, „eine große Gruppe von Vorschriften, die zur Unterbrechung von Handelsfahrten der Kaufleute, zum Besuch bestimmter Märkte, zum Anlaufen von Häfen, zum Feilbieten und Verkaufen von Waren, zum Umschlag von Gütern in andere Fahrzeuge verpflichteten und die den Zweck verfolgten, den Warenverkehr der Wirtschaft einer Stadt, meistens unter

[7] *Schnutenhaus,* Otto R.: Allgemeine Organisationslehre, Berlin 1951, S. 153.
[8] Ebd., S. 153.
[9] *Linhardt,* Hanns: Die historische Komponente der funktionalen Betriebswirtschaftslehre, S. 49.
[10] Vgl. Anton II, S. 346 f.

Ausschließung benachbarter Städte, dienstbar zu machen"[11]. Neben der schlechten Beschaffenheit der Straßen und der Gefahr räuberischer Überfälle bieten die politischen Unsicherheiten jener Zeit zudem ein hohes Transportrisiko.

Die mannigfaltigen Schwierigkeiten, die sich aus den geschilderten Verkehrsverhältnissen ergeben, zu vermindern bzw. zu umgehen, ist organisatorische Aufgabe der Fugger. Deren Bemühungen zielen dabei sowohl auf die Verkürzung der Kapitalumschlagsdauer durch eine Beschleunigung des Verkehrs wie auch auf die Verringerung der Transportspesen ab. Die Methoden, welche die Fugger zur Errichtung der gesteckten Ziele anwenden, sind verschieden. Mehrfach legen sie für ihren ungarischen und Tiroler Bergbau neue Wege an oder verbessern schon bestehende Verkehrsverbindungen, um die Erze und Metalle schneller und sicherer an den Ort ihrer Verarbeitung bzw. ihres Absatzes befördern zu können[12]. Solche Maßnahmen werden natürlich nur dann rentabel sein, wenn der Kostenaufwand für den Ausbau der Verkehrswege in einem günstigen Verhältnis zu der dadurch herbeigeführten Gewinnmehrung steht. Rentabilitätserwägungen ähnlicher Art müssen auch dort einsetzen, wo die drückendsten Zölle durch eine Umleitung der Verkehrswege umgangen werden: durch die Umwege dürfen keine noch höheren Kosten entstehen. Zudem werden solche Selbsthilfemaßnahmen nur dann möglich sein, wenn der zuständige Territorialherr sie genehmigt, letzten Endes also auf die Erwirkung eines Privilegs hinauslaufen. Überhaupt beschränken sich die Bemühungen der Fugger um eine Verbesserung der Organisation ihrer Verkehrswege im wesentlichen darauf, Vorrechte jeglicher Art zu erlangen. Verträge mit dem Kaiser, Königen, Landesherren, kleineren und kleinsten Potentaten über die Senkung und den Erlaß von Abgaben aller Art sowie über die Ausstellung von Schutzbriefen sind an der Tagesordnung[13]. Bisweilen wird auch eine summarische Verrechnung in einem bestimmten Gebiet anfallender Zölle und Mauten auf die Schulden des Gebietsherrn vereinbart — für so lange, bis die Schulden getilgt sind[14].

Eine weitere Erleichterung für die Durchführung ihres Warenverkehrs schaffen sich die Fugger schließlich dadurch, daß sie dieselbe nicht durch eigene Angestellte, sondern durch jeweils für den einzelnen Warentransport (auch Geldtransport) gemietete Frachtführer besorgen lassen. Der betriebswirtschaftliche Vorteil einer solchen Ausgliederung der Transportfunktion liegt in der Einsparung des Kapitalaufwands für den

---

[11] *Gönnewein*, Otto: Stapelrecht. In: Handwörterbuch der Sozialwissenschaften, Band X, Stuttgart/Tübingen/Göttingen 1959, S. 21 f.

[12] Vgl. Jakob I, S. 73.

[13] Vgl. Jakob II, S. 39, 40, 173; Anton I, S. 459, 509.

[14] Vgl. Jakob II, S. 83.

eigenen Transportbetrieb, der auch in den langen Zeiten, wo er stilliegt, hohe Kosten verursacht. Spediteur ist jedoch in jedem Falle das Haus Fugger, welches die Frachtführer verdingt, ihnen Lohn und Spesen zahlt und wohl auch das Transportrisiko übernimmt[15].

3. Nachrichtendienst

Um sich einen Überblick über ihre Handelsverbindungen zu verschaffen und deren Zusammenhang zu sichern und um für das Welthandelsunternehmen sichere und schnelle Nachrichten von wichtigen politischen Ereignissen zu erhalten, richten die Fugger in Verbindung mit ihrem Geld- und Warenverkehr einen festen, weite Gebiete umfassenden Nachrichtendienst ein. Faktoren und eigens zu diesem Zweck angestellte Agenten ermöglichen durch eine pünktliche und zuverlässige Berichterstattung die einheitliche Leitung der weitgespannten Fuggerschen Geschäfte.

Die Faktoren haben die Verbindung mit der Zentrale durch einen dauernden Briefwechsel aufrechtzuerhalten. Wie sie einerseits, soweit möglich, Weisungen über die einzelnen geschäftlichen Angelegenheiten erhalten, erstatten sie ihrerseits Bericht über ihre Tätigkeit und die wichtigsten Neuheiten innerhalb ihres Informationsbereiches. In ähnlicher Weise herrscht ein reger Austausch zwischen den benachbarten Faktoreien. Wo sich die Errichtung einer Faktorei nicht lohnt, werden zur Vervollständigung der Nachrichtenorganisation von meist befreundeten Handelsfirmen oder Kaufleuten Korrespondenzstellen unterhalten[16]. Zeitweise scheinen zum Zwecke der Nachrichtenbeschaffung sogar Verbindungen zu Zigeunern bestanden zu haben[17].

Die Informationen der Fuggerschen Außenstellen über die wesentlichen politischen und wirtschaftlichen Ereignisse in aller Herren Länder laufen im Kontor zu Augsburg zusammen und lösen dort die laufenden geschäftlichen Dispositionen aus. An einer schnellen Berichterstattung ist sehr viel gelegen, einmal der Gewinnmöglichkeiten wegen, die sich namentlich aus der Unterrichtung über größere Aktionen der Konkurrenz ergeben können, dann aber auch deshalb, weil das Augsburger Handelshaus durch die Weitergabe dieser Nachrichten in Form von sogenannten „Zeitungen“ an fürstliche Persönlichkeiten sich Freunde machen und Einfluß gewinnen kann[18].

---

[15] Vgl. *Weitnauer,* Alfred: a.a.O., S. 116.

[16] Vgl. Jakob II, S. 183, 305.

[17] Vgl. Anton II, S. 508.

[18] Vgl. *Pölnitz,* Götz Frhr. v.: Jakob Fuggers Zeitungen und Briefe an die Fürsten des Hauses Wettin in der Frühzeit Karls V. 1519—1525. In: Nachrichten von der Akademie der Wissenschaften in Göttingen. Philologisch-historische Klasse, JG. 1941, Nr. 2; Jakob II, S. 128 f.

Die Nachrichtenübermittlung wird reitenden Boten anvertraut, welche sich über längere Strecken in Staffettenform ablösen und dadurch ein Höchstmaß an Schnelligkeit gewährleisten. Diese Boten sowie Fuggersche Warentransporte übernehmen vielfach auch die Beförderung päpstlicher und fürstlicher Briefschaften; eine Zeitlang obliegt den Fuggern sogar ein Großteil der politisch bedeutsamen Postorganisation in Italien, welche die Verbindung zwischen Maximilian I., Julius II. und Ludwig XII. garantieren sollte. Solche Briefübermittlungsgeschäfte[19] bringen zusätzlichen Gewinn, vor allem aber verschaffen sie einen immer noch gründlicheren Einblick in die jeweils herrschende politische Situation, ohne den das weitverzweigte System der Finanzgeschäfte nicht aufrechterhalten werden kann.

Der Riesenapparat des Fuggerschen Faktoreiensystems läßt so in Augsburg „eine Art von privaten Nachrichtenbüros"[20] entstehen, welches nicht nur die Dispositionsfähigkeit im Bereich der Unternehmung auf ein Höchstmaß an Schnelligkeit und Schlagkraft steigert, sondern den Fuggern darüber hinaus zu erhöhtem Ansehen und Einfluß in Kreisen der Politik und Wirtschaft verhilft.

II. Aufgabenteilung und Arbeitsgliederung

1. Aufgabenteilung

„Vom Standpunkt der betriebswirtschaftlichen Organisationslehre aus gesehen sind die wesentlichen Elemente, aus denen sich die Unternehmungsorganisation zusammensetzt, ... die Unternehmungsaufgabe und die sich daraus ableitenden Einzelaufgaben, die Aufgaben- und Arbeitsträger als diejenigen Subjekte, die diesen Einzelaufgaben — und damit auch die gesamte Unternehmungsaufgabe — durch ihre Arbeitsleistungen lösen[21]." Wenn wir diesen Abschnitt mit „Aufgabenteilung" überschrieben haben, so deswegen, weil im folgenden der Versuch gemacht werden soll, den organisatorischen Aufbau der Fugger-Unternehmung aus der „Gliederung der einen großen Zweckaufgabe des Betriebs in viele Einzelaufgaben"[22] zu erklären. Denn im Gegensatz zu den kaufmännischen Kleinbetrieben jener Zeit, in denen sich noch ein- und dieselbe Person gleichzeitig mit den verschiedensten kaufmännischen Geschäften befassen konnte, erfordert ein Geschäftsbetrieb von den Aus-

---

[19] Vgl. Jakob I, S. 64, 228; Jakob II, S. 196, 209; Anton I, S. 540.

[20] Vgl. Jakob II, S. 129.

[21] *Ulrich,* Hans: Betriebswirtschaftliche Organisationslehre, Bern 1949, S. 112.

[22] *Riester,* W.: Die Organisation. In: W. Prion, Die Lehre vom Wirtschaftsbetrieb, Bd. III, Berlin 1936, S. 146.

maßen des Fuggerschen längst eine weitgehende Aufgabenteilung, die wiederum eine stark differenzierte Arbeitsteilung zur Folge hat. Die an und für sich exaktere Unterscheidung in Aufgabe „als subjektivierte Funktion in einem Personenbereich" und Funktion „als objektivierte Aufgabe des Sachbereichs"[23], welche sich logischerweise aus der Notwendigkeit ergibt, die in einem Sachbereich gestellte Aufgabe durch den Einsatz personeller Arbeitskraft zu lösen, kann hier unterbleiben, da es uns in erster Linie auf die durch die Unternehmungsaufgabe und ihre Gliederung bedingte Herausbildung von Bereichen an und für sich und nicht so sehr auf die Unterscheidung in deren sachliche und personelle Komponenten ankommt.

In welche Teilaufgaben gliedert sich nun die Gesamtaufgabe der Fugger-Unternehmung, nämlich Waren- und Geldhandelsgeschäfte zu betreiben, und inwieweit wird der organisatorische Aufbau des Faktoreibetriebes durch die Aufgabenteilung gestaltet? Für die Beantwortung dieser Frage müssen sowohl hinsichtlich der Aufgabenteilung als auch hinsichtlich des organisatorischen Aufbaus zunächst folgende grundlegende Unterscheidungen getroffen werden. Für die Aufgabenteilung empfiehlt sich die Unterscheidung in unmittelbare und mittelbare Teilaufgaben, wobei die unmittelbaren die eigentlichen Betriebs- oder Wirtschaftsaufgaben, die mittelbaren hingegen die zur Erfüllung der Wirtschaftsaufgaben beitragenden Verwaltungsaufgaben darstellen[24]. Den organisatorischen Aufbau wiederum kann man in einen äußeren (Faktoreiensystem) und in einen inneren (Innenaufbau der Zentrale und der einzelnen Faktoreien sowie Innenaufbau des Faktoreiensystems in seiner Gesamtheit) untergliedern. Wie unmittelbare und mittelbare Teilaufgaben den äußeren und inneren Aufbau des Fuggerschen Gesamtbetriebs beeinflussen, soll nachfolgend dargelegt werden.

Als unmittelbare Aufgaben ergeben sich zunächst — der Verbindung verschiedener Wirtschaftszweige in den Händen der Fugger entsprechend — die Durchführung von reinen Warenhandelsgeschäften und reinen Geldhandelsgeschäften (Bankgeschäften, Finanzgeschäften), von mit dem Handel verbundener Produktion und verbundenen Handels- und Finanzgeschäften. Diese Aufgaben bestimmen im wesentlichen den äußeren Aufbau des Faktoreiensystems, wobei allerdings zu berücksichtigen bleibt, daß nur wenige Niederlassungen mit ausschließlich einer der genannten Aufgaben betraut werden. In Neusohl, Schwaz und Almaden etwa sind Bergwerksunternehmen bzw. Hüttenwerke zu betreiben,

---

[23] *Linhardt,* Hanns: Grundlagen der Betriebsorganisation, Essen 1954, S. 116.

[24] Vgl. *Hennig,* Karl Wilhelm: Betriebswirtschaftliche Organisationslehre, 3. Aufl., Berlin/Göttingen/Heidelberg 1957, S. 19; *Nordsieck,* Fritz: Betriebsorganisation. Betriebsaufbau und Betriebsablauf, Stuttgart 1961, S. 15.

die Stützpunkte Jenbach, Rattenberg, Fuggerau und Hohenkirchen wiederum sind ausschließlich mit der Metallerzeugung befaßt, in Weißenhorn wird auf dem Wege der Verlagsproduktion Barchent hergestellt, Rom hat die Abwicklung kirchlicher Finanzgeschäfte durchzuführen, in Almagro und Neapel endlich bereitet die Betreibung gepachteter Natural- und Geldsteuern Kopfzerbrechen. Die anderen Faktoreien aber haben durchweg mehrere solcher durch die verschiedenen Wirtschaftszweige bedingter, unmittelbarer Teilaufgaben zu erfüllen, wenn auch der Schwerpunkt meist auf einer bestimmten Teilaufgabe liegt.

Eine weitere Differenzierung des organisatorischen Aufbaus des Fuggerschen Faktoreiensystems nach unmittelbaren Teilaufgaben scheint deshalb nur möglich, wenn man die durch die Wirtschaftszweige bedingten Aufgaben untergliedert in solche der Beschaffung, der Lagerung, des Transports und des Absatzes (wobei die Fuggersche Eigenproduktion von Metallen, Metallwaren und Barchent als eine Sonderform der Beschaffung angesehen werden kann[25]). Die Bedeutung einzelner Faktoreien für den Aufkauf- bzw. Absatzgroßhandel als Unteraufgaben des Warenhandels sowie für die Beschaffung von Depositengeldern bzw. der Vergabe von Krediten als Unteraufgaben des Geldhandels wurde bei der Erörterung des Standortproblems schon gewürdigt; ebenso wurde im Zusammenhang mit der Frage der Verkehrsorientierung die Aufgabe verschiedener Niederlassungen ersichtlich, im wesentlichen für die Lagerung bzw. Weiterleitung eingetroffener Waren zu sorgen, wozu natürlich auch die Aufgabe gehört, Beförderungsgelegenheiten ausfindig zu machen und mit den Frachtführern abzurechnen. Dem Gesichtspunkt der Lagerhaltung, durch welche eine rasche Warendisposition erst möglich wird[26], dürfte bei der Gründung von Außenstellen an den wichtigsten Markt- und Meßplätzen eine nicht geringe Bedeutung zugekommen sein. Man denke nur etwa an die wichtige Rolle, welche der Fondaco dei Tedeschi in Venedig[27] für den Warenstapel der Fugger während ihrer gesamten kaufmännischen Geschäftstätigkeit spielte.

Im übrigen können aber auch Beschaffungs-, Lagerungs-, Transport- oder Absatzaufgaben nur in einigen wenigen Fällen ausschließlich einer Faktorei zugerechnet werden. Die Verbindung und Verflechtung der Wirtschaftszweige innerhalb des Fuggerschen Gesamtunternehmens bringt somit weitgehend eine solche der ihnen entsprechenden Aufgaben und Unteraufgaben in den einzelnen Faktoreien mit sich.

Inwieweit der innere Aufbau der Zentrale und der einzelnen Faktoreien das Abbild einer mehr oder weniger differenzierten Gliederung

---

25 Vgl. *Linhardt,* Hanns: Die historische Komponente der funktionalen Betriebswirtschaftslehre, S. 35.

26 Vgl. ebd., S. 46.

27 Vgl. Jakob I, S. 21 ff.

in unmittelbare Teilaufgaben darstellt, läßt sich nicht bis ins Detail verfolgen. Wie aber anzunehmen ist, daß der Regierer sich höchstpersönlich mit den bedeutendsten Betriebsaufgaben des Augsburger Stammhauses befaßt und weniger bedeutende, spezielle Aufgaben an seine Mitgesellschafter delegiert, so wird in jedem Fall auch der Faktor als der zur Vertretung des Chefs ermächtigte Handlungsgehilfe mit der jeweils wichtigsten Betriebsaufgabe der einzelnen Niederlassung betraut sein und Aufgaben von untergeordnetem Rang ihm unterstellten „Dienern" überlassen. Die wichtigste Aufgabe der betreffenden Faktorei wird immer diejenige sein, auf welcher der Schwerpunkt liegt; die Ausdehnung des Geschäftsbereichs bestimmt den Umfang der anfallenden Aufgaben und mithin den Umfang des zu ihrer Erledigung eingesetzten Personals. Die Arbeit der Faktoren und Diener ist grundsätzlich leitender Art, daneben bringt der Waren- und Geldverkehr sowohl in den Faktoreien als auch in der Zentrale eine Menge Arbeiten mit sich, die vom niederen Arbeitspersonal erledigt werden, wie etwa die Einlagerung und Verpackung von Waren, die Übermittlung und Einkassierung von Geldern, die Besorgung von Botengängen und die Begleitung von Transporten.

Wie über- und untergeordnete Betriebsaufgaben im inneren Aufbau von Zentrale und Faktoreien bestimmte Bereiche herausbilden, so geschieht dies auch durch die Gliederung in mittelbare Teilaufgaben auf der Ebene der Betriebsverwaltung. An solchen mittelbaren Verwaltungsaufgaben, die in der Zentrale und jeder größeren Faktorei anfallen, sind im wesentlichen Buchführung, Kassenhaltung, Korrespondenz und sonstige kleinere Schreibarbeiten zu nennen. In der Zentrale zu Augsburg z. B. finden wir neben dem Hauptbuchhalter Matthäus Schwarz, der die jährlichen Rechnungsabschlüsse der Zweigniederlassungen und die gesamte einlaufende Korrespondenz zu überprüfen hat, eine Anzahl weiterer, mit der Buchführung über eine oder mehrere Faktoreien betrauter Buchhalter, sowie eine Vielzahl von Korrespondenten, die den Briefwechsel mit den Faktoren oder Geschäftskunden erledigen[28]. Buchhalter und Korrespondenten sind dem Hauptbuchhalter unterstellt; der Handelsherr in seiner Funktion als oberster Verwalter wiederum steht leitend, anordnend und kontrollierend über den genannten Hilfskräften. Der hierarchischen Ordnung in der Zentrale entsprechend ist auch der Verwaltungsaufbau in den einzelnen Faktoreien ausgestaltet. Die Stelle des Chefs vertritt dabei der jeweilige Faktor, die Gliederung in Verwaltungsteilaufgaben ist je nach dem Umfang der Geschäfte mehr oder weniger differenziert. In jedem Falle aber wird der Buchhaltung, da sie bei der weiten Entfernung der Zweigniederlassung vom Stammhaus vor allem auch Rechenschaft über die Tätigkeit der Faktoren legen soll, gehobene Bedeutung zukommen.

---

[28] Vgl. Jakob II, S. 358; Penndorf, Balduin: a.a.O., S. 47.

Sind also mittelbare Teilaufgaben neben den unmittelbaren, eigentlichen Betriebsaufgaben, zu deren Erfüllung sie beitragen, mitbestimmend für den inneren Aufbau der einzelnen Niederlassungen, so fallen im Gesamtrahmen des Fuggerschen Faktoreiensystems, des Nebeneinander und Füreinander der einzelnen Faktoreien, ausschließlich solche mittelbare Teilaufgaben an. So wie sie sich aus der Notwendigkeit ergeben, die bestmögliche Erfüllung der Betriebsaufgaben durch ein sinnvolles Zusammenwirken der einzelnen Niederlassungen zu gewährleisten, erhellen sie gleichzeitig den „inneren" Aufbau des Gesamtsystems Fuggerscher Faktoreien. Wenn etwa der Augsburger Hauptniederlassung zu einem wesentlichen Teil die Aufgabe zufällt, Informationen aus dem gesamten Betriebsbereich zu sammeln, letzte Entscheidungen zu treffen sowie die anfallenden Personalfragen zentral zu regeln, also als übergeordnete Instanz für die Gesamtheit aller Außenstellen zu fungieren[29], so ergibt sich daraus für den Aufbau des Faktoreiensystems der Grundsatz einer generellen Ausrichtung der einzelnen Faktoreien auf die Zentrale hin. Darüber hinaus ist für bestimmte Wirtschaftsräume innerhalb des Faktoreiensystems eine Aufgabenteilung insofern festzustellen, als einzelne Faktoreien mittelbare Teilaufgaben wie etwa die finanzielle, technische oder rechnungsmäßige Verwaltung für alle oder einen Teil der übrigen Faktoreien zu erledigen haben[30]. Eine solche Aufgabenteilung wiederum bewirkt innerhalb des jeweiligen Wirtschaftsraumes eine mehr oder weniger ausgeprägte Zuordnung der einzelnen Faktoreien zueinander sowie eine lockere Unterordnung der weniger bedeutenden unter die bedeutenderen Niederlassungen.

Durch die Delegation der letzterwähnten Verwaltungsaufgaben an einzelne Niederlassungen also wird ein aufbaubestimmendes Unterordnungs- und Zuordnungsverhältnis zwischen der Zentrale und den Außenstellen sowie den einzelnen Außenstellen untereinander festgelegt. Hieraus schließlich entspringt die zusätzliche Aufgabe, innerhalb eines derart gefügten Betriebskomplexes die Verbindung zwischen den einzelnen Niederlassungen herzustellen. Diese Aufgabe hat der Nachrichtendienst zu erfüllen, der dem „inneren" Aufbau des Faktoreiensystems mithin den festen Zusammenhang sichert.

Insgesamt wird man feststellen können, daß die Notwendigkeit, die aus der Gesamtaufgabe der Fugger-Unternehmung sich ergebenden vielfältigen Teilaufgaben zu lösen, ein äußerst komplexes Betriebsgebilde schafft, um so mehr, als die Betriebsstellen nicht nur nach sachlichen, sondern auch nach räumlich-geographischen Gesichtspunkten gegliedert sind.

---

[29] Vgl. Anton II, S. 324, 435.

[30] Vgl. Anton I, S. 471, 483, 543 f.; Anton II, S. 415.

2. Arbeitsgliederung

„Die Arbeitsgliederung umfaßt die Maßnahmen, durch die die Erfüllung der Teilaufgaben, und zwar Leitung und Ausführung, den Betriebsangehörigen übertragen wird, so daß sie zu Arbeitsgliedern werden, die zum Heil des Betriebes zusammenwirken wie Glieder eines Körpers[31].“ Wie ein solches Zusammenwirken der Aufgaben- und Arbeitsträger innerhalb der Fugger-Unternehmung durch die Herausbildung von Vollmachten und Zuständigkeiten, Weisungs- und Dispositionsbefugnissen, Überwachungs- und Kontrollrechten[32] zustandekommt, soll im folgenden untersucht werden. Bei der großen Entfernung der Faktoreien vom Hauptsitz und bei der Unvollkommenheit der Verkehrs- und Nachrichtenmittel wird uns in besonderem Maße die Frage interessieren, welche Ausgestaltung Verantwortung und Initiative der Faktoren innerhalb der Gesamtorganisation erfahren.

Als Leitern der auswärtigen Zweigniederlassungen kommt den Faktoren gehobene Bedeutung zu. Da der Handelsherr manchmal zeitlebens nicht, in anderen Fällen nur gelegentlich eine Niederlassung besucht, hat der Vorstand einer Faktorei die Aufgaben des Chefs in weitgehender Eigenverantwortlichkeit zu lösen. In vielen Fällen, besonders in eiligen Angelegenheiten, wird der in der Ferne weilende Faktor selbständig schwerwiegende Entscheidungen zu treffen haben. Aus diesem Grunde muß er ausgedehnte Vollmachten zum Abschluß aller in seinem Wirkungskreis üblichen Geschäfte besitzen und nur bei außergewöhnlichen Geschäften wird er einer zusätzlichen Sondervollmacht bedürfen[33].

Die Stellvertretung durch den Faktor ist zumeist eine unmittelbare, d. h. ein nach außen erkennbares Handeln im Namen des vertretenen Handelsherrn. Vielfach verrichten aber die Handlungsgehilfen Geschäfte für ihren Herrn, ohne nach außen hin als Beauftragter aufzutreten, oder es werden Makler, Kommissionäre und Agenten herangezogen[34]. Lazarus *Tucher* aus Nürnberg z. B. betätigt sich in Antwerpen unter anderem auch längere Zeit als Finanzagent des Hauses Fugger[35]. Die Einschaltung solcher Mittelsmänner empfiehlt sich vor allem für geschäftliche Transaktionen, bei denen die Fugger als eigentliche Initiatoren im Dunkel bleiben wollen, sei es, um aus irgendeinem Grund kein Aufsehen in der Öffentlichkeit zu erregen, sei es, um die Konkurrenz zu täuschen.

Besitzen die Faktoren als Vertreter und Strohmänner ihres Herrn eine fast unbeschränkte Handlungsvollmacht, so erfährt ihre Machtfülle dar-

---

31 *Hennig*, Karl Wilhelm: a.a.O., S. 23.
32 Vgl. *Nordsieck*, Fritz: a.a.O., S. 15.
33 Vgl. Anton I, S. 601.
34 Vgl. Jakob I, S. 295; Jakob II, S. 97; Anton II, S. 123, 231, 446, 457.
35 Vgl. Anton II, S. 42, 130, 299, 434.

über hinaus eine zusätzliche Ausweitung durch den maßgebenden Einfluß, den sie als nächste Vorgesetzte des weiteren Dienstpersonals auf den Geschäftsgang der Zweigniederlassungen ausüben. Denn der Chef zu Augsburg tritt von der Höhe seines „Regierungsamtes" nur in den seltensten Fällen in direkten Kontakt zum untergeordneten Personal, ausgenommen vielleicht bei der Einstellung. Die persönliche Leitungsmacht der Faktoren nach außen hin ist also — zumindest für heutige Verhältnisse — ungewöhnlich groß. Durch die Wahrung eines strengen inneren Abhängigkeitsverhältnisses zum Chef jedoch wird dem Drang einzelner Faktoreivorsteher nach übermäßiger Selbständigkeit ein wirksamer Riegel vorgeschoben, so daß die Einheit und Geschlossenheit der Betriebsführung insgesamt gewährleistet bleibt.

Die Filialleiter sind grundsätzlich an die Weisungen des Augsburger Handelsherrn gebunden; diese ergehen sowohl als Richtlinien für die Geschäftsführung im allgemeinen wie auch von Fall zu Fall in wichtigen Angelegenheiten, etwa im Zusammenhang mit dem Abschluß von Finanzgeschäften. Allerdings wird es sich bisweilen nicht vermeiden lassen, daß der Faktor in dringenden Fällen oder in Notsituationen auch ohne vorherige Instruktionen Entscheidungen auf eigene Faust trifft[36]. Läßt der gewährte Entscheidungsspielraum jedoch Eigenmächtigkeiten des Faktors zu, so kann das für die Firma verhängnisvolle Folgen haben. Es sei in diesem Zusammenhang auf die Tätigkeit des Fuggervertreters Mathias *Örtel* zu Antwerpen hingewiesen, der die Firma durch spanische Geschäfte an den Rand einer Katastrophe führte[37].

Der Weisungsgebundenheit des Faktors im Verhältnis zur Augsburger Zentrale entspricht die Weisungsbefugnis desselben im Bereich der ihm unterstellten Faktorei. In Ausübung der Befehls- und Aufsichtsgewalt über das untergeordnete Personal übernimmt der Filialleiter in seinem Teilbereich diejenige Verantwortung, welche der Regierer für den Gesamtbereich zu tragen hat. Daneben hat der Vorstand einer minder wichtigen Faktorei oft den Weisungen des Leiters der größeren Nachbarfaktorei nachzukommen, sofern dies auf Grund der besonderen geschäftlichen Bedeutung oder der bevorzugten Lage der letzteren zweckmäßig erscheint. So empfiehlt sich insbesondere die Unterstellung mehrerer in einem fremden Lande liegender Niederlassungen unter eine Hauptfaktorei, wie z. B. in Spanien, wo der am Hofe des Königs befindliche Fuggerfaktor die Oberleitung über sämtliche spanische Faktoreien innehat[38]. Des weiteren sind kleinere Stützpunkte, die nicht den Rang einer Faktorei einnehmen, im allgemeinen derjenigen Niederlassung unterstellt, deren Wirtschaftsbereich sie angehören[39].

---

[36] Vgl. Jakob I, S. 605 ff.
[37] Vgl. *Pölnitz,* Götz Frhr. v.: Fugger und Hanse, S. 100; Anton I, S. 433.
[38] Vgl. Jakob II, S. 531.
[39] Vgl. Anton I, S. 139, 483.

Da man annehmen kann, daß auch die Diener und das niedere Dienstpersonal mit — der jeweilig zugeteilten Aufgabe entsprechenden — Weisungsbefugnissen ausgestattet sind, ergibt sich als Gesamtbild eine straff gegliederte Rangordnung als eine „Reihe von leitenden Angestellten, welche von der höchsten Autorität bis zum untersten Arbeitnehmer führt[40]." Nur so bleibt bei der „Streuung" der Betriebseinheiten über ein weites Gebiet die „Einheit der Auftragserteilung" gewährleistet und die Stabilität des gesamten Betriebsapparates erhalten.

Wie man sieht, ist der Instanzenaufbau des Fuggerschen Betriebskomplexes besonders dadurch gekennzeichnet, daß alle Betriebsstellen „in einen einheitlichen Befehlsweg eingegliedert sind, der von der obersten Instanz bis zur untersten Stelle geht"[41]; er weist also das typische Merkmal der reinen Linienorganisation auf. Die Einrichtung eines Direktionsstabes fehlt vollständig, solches widerspräche auch dem im Zusammenhang mit den Gesellschaftsverträgen bereits ausführlich erläuterten Prinzip, wonach der Regierer die ganze Geschäftsführung auf seine Schultern nimmt, sich grundsätzlich um alles kümmert. Ganz abgesehen davon macht die noch stark unterentwickelte Spezialisierung einen Direktionsstab nicht unbedingt erforderlich.

Trotzdem muß es erstaunen, wie der Regierer — wenigstens was Jakob und Anton Fugger anbetrifft — bei der im Faktoreiensystem begründeten ausgesprochenen Breitengliederung der Linienorganisation, die ihm ein Riesenmaß an Arbeit und Verantwortung aufbürdet, immer und unbestritten Herr der Lage bleibt. Insofern herrscht im Fuggerschen Gesamtbetrieb, unbesehen der dezentralen Lage der Faktoreien, ein ausgesprochener Zentralismus vor.

III. Personalpolitik

Da den Faktoren, sollen sie ihrer Aufgabe voll gerecht werden, notwendigerweise eine sehr weitgehende Vertretungsbefugnis eingeräumt werden muß, kommen für solche Posten nur besonders geschäftsgewandte und absolut vertrauenswürdige Männer in Betracht. „Deshalb ist das Korrelat der Faktoreiverfassung als Organisationsform eine sorgsame „Personalpolitik", d. h. eine Begabten- und Erprobtenauslese für die Besetzung und Leitung der Faktoreien[42]." So finden wir unter den Fuggerschen Faktoren Persönlichkeiten von hoher kaufmännischer wie buchhalterischer Begabung, von denen so mancher befähigt gewesen wäre, auch als selbständiger Kaufmann zu reüssieren[43].

---

40 *Fayol*, Henri: Allgemeine und industrielle Verwaltung, München/Berlin 1929, S. 28.
41 *Ulrich*, Hans: a.a.O., S. 132.
42 *Bauer*, Clemens: a.a.O., S. 34.
43 Vgl. Jakob I, S. 75.

Bevorzugt nehmen die Fugger in ihren Dienst Verwandte auf[44], die infolge ihrer persönlichen Beziehungen zum Handelshaus die Wahrung Fuggerscher Interessen am ehesten garantieren und einen Mißbrauch der umfangreichen Vertretungsbefugnisse unwahrscheinlich machen. Die Mehrzahl der Diener ist deutschstämmig, wenn es sich mitunter auch nicht vermeiden läßt, mit Rücksicht auf die Sprachkenntnisse oder das örtliche Ansehen einen Ausländer anzustellen.

Gerade das durch die große Ausdehnung des Fuggerschen Handelshauses bedingte Erfordernis der Sprachkenntnis ist einer der Gründe für die Gepflogenheit, zukünftige Diener und Faktoren mehrere Jahre hindurch an ausländischen Zweigstellen, namentlich an großen Handelsplätzen, auszubilden. Nicht wenige der bereits in Amt und Würden befindlichen Handelsdiener, wie auch die Geschäftsinhaber selbst, bereiten dergestalt ihre Sprößlinge auf den späteren Eintritt in Fuggersche Dienste vor[45]. Ein weiterer, in erheblichem Umfang praktizierter Grundsatz Fuggerscher Personalausbildung ist der wechselnde Einsatz der Faktoren an mehreren Niederlassungen[46]. Dieser Brauch soll dazu beitragen, den Handlungsgehilfen einen umfassenden Überblick über die Geschäfte der Gesellschaft und ihren Gesamtbetrieb zu vermitteln und dadurch für ein möglichst reibungsloses Zusammenspiel der verschiedenen Faktoreien sorgen.

Erst wenn am richtigen Ort der richtige Mann nicht steht, zeigt sich in besonderem Maße die Notwendigkeit, bei der Besetzung der Faktorenposten äußerste Umsicht und Vorsicht walten zu lassen. Die Fälle, in denen Faktoren auf Kosten der Fugger in ihre eigene Tasche arbeiten[47], erklären wohl am besten, warum die Bestimmungen zur Vermeidung von Geschäftsschädigungen durch Faktoren in den Fuggerschen Anstellungsverträgen so genau ausgeführt sind. Bezeichnend ist der Kontrakt Hans Metzlers vom 17. April 1499[48]. Hans Metzler durfte während der Jahre, für die er sich verpflichtete, keinen anderen Handel treiben, sich an keiner anderen Gesellschaft beteiligen, kein Geld zu Geschenk nehmen und mußte, wenn er trotzdem etwas geschenkt erhalten sollte, es den Fuggern zugute kommen lassen. So finden wir das Konkurrenzverbot nicht nur in den Gesellschaftsverträgen, sondern auch, als vorbeugende Maßnahme einer umsichtigen Personalpolitik, in den Anstellungsverträgen ausgesprochen.

Was die Besoldung der in Fuggerschen Diensten tätigen Angestellten anbelangt, so ist sie im Falle der Faktoren durchweg reichlich bemessen.

---

[44] Vgl. Jakob II, S. 50; *Linhardt,* Hanns: Die historische Komponente der funktionalen Betriebswirtschaftslehre, S. 63.
[45] Vgl. Jakob I, S. 21 ff.; Anton I, S. 463; Anton II, S. 505.
[46] Vgl. Jakob II, S. 43 f.
[47] Vgl. Jakob I, S. 250; Jakob II, S. 34, 238.
[48] Vgl. Jakob II, S. 50.

In den Fuggerschen Handlungsbüchern finden sich Faktorengehälter verzeichnet, die ungefähr dem Doppelten oder Dreifachen eines durchschnittlichen Professorengehalts an der damaligen Universität Ingolstadt entsprechen[49]. Ferner erhält der Faktor in den meisten Fällen als Gegenleistung für seine Dienste nicht nur einen mitunter fürstlichen Lohn, sondern darüber hinaus auch noch freie Wohnung und Verpflegung für seinen ganzen Haushalt und seine Dienerschaft, wie solches überhaupt, auch für die Arbeiterschaft, die Regel zu sein gewesen scheint[50]. Oftmals wird dem Faktor als besondere Vergünstigung, wie etwa im Falle Hans Metzlers, die Gelegenheit geboten, sein Geld gewinnbringend in der Gesellschaft anzulegen.

„Im ganzen zeigte sich bei den Fuggerschen Anstellungsverträgen durchgehends die Absicht, die Faktoren mit für sie günstigen Bedingungen auf weite Sicht an die Gesellschaft zu binden, ihre Einfallskraft und Arbeitslust anzuregen und durch reichlichen Verdienst, einschließlich der Möglichkeit zu verlässigen und einträglichen Anlagen des eigenen Vermögens oder von Ersparnissen, die Versuchung zu finanziellen Unregelmäßigkeiten auf ein Mindestmaß herabzuschrauben[51]."

Zeigt man sich also in Augsburg ganz allgemein und grundsätzlich um das Wohlergehen des Personals besorgt, so werden einzelne hochverdiente Diener darüber hinaus mit besonderen Aufmerksamkeiten bedacht. In seinem Testament vom 22. Dezember 1525 setzt Jakob den bewährten „Dienern in unsern Handeln" „etliche notdürftige Verehrungen[52]" (eine Art Gratifikationen) aus; die Erben des Faktors Marx Mülich werden von der Firma mit 900 Gulden beschenkt, Hans von Schüren, ebenfalls ein ehemaliger Faktor, erhält sogar eine Altersversorgung[53].

Solche Maßnahmen muten fast schon wie moderne betriebliche Sozialpolitik an, so wie die Regelung des Fuggerschen Personalwesens überhaupt, in welches wir einen flüchtigen Einblick getan haben, einmal mehr den Eindruck einer in modernem Sinne für die Belange der Belegschaft aufgeschlossenen Unternehmung von außergewöhnlichem Format bestätigt.

---

49 Vgl. ebd., S. 48.
50 Vgl. ebd., S. 48.
51 Ebd., S. 51.
52 Jakob II, S. 51.
53 Vgl. ebd., S. 51, 238.

E. Unternehmung und Markt

I. Märkte

Bei den unzulänglichen Verkehrsverhältnissen im Zeitalter der Fugger müssen die Geschäftsabschlüsse der Kaufleute auf bestimmte Orte beschränkt bleiben, an denen sich der Verkehr konzentriert, und an diesen Orten wieder auf bestimmte Zeiten, zu denen sich Käufer und Verkäufer persönlich begegnen können. Demgemäß kann man für die damalige Zeit nicht von einem Markt im ideellen Sinne, als einem Zusammenwirken von Angebot und Nachfrage innerhalb eines bestimmten Wirtschaftsraumes, sprechen; vielmehr handelt es sich um Marktveranstaltungen, also um „das an einem bestimmten Ort, zu einer bestimmten Zeit erfolgende öffentliche Zusammentreffen von Verkäufern und Käufern in großer Zahl, um mit Hilfe von nach dem Marktplatz gebrachter Ware in zumindest teilweise freihändigem Verkehr Geschäfte abzuschließen[1]."

Die Hauptbedeutung jener Märkte liegt darin, daß große Warenmengen gleichzeitig an ein- und demselben Ort bereitgestellt werden, wodurch die Wahrscheinlichkeit eines hohen Umsatzes und entsprechend günstiger Kauf- und Verkaufsgelegenheiten für den einzelnen Kaufmann gegeben ist. Marktgeleit, Marktfrieden und Marktgericht sowie Abgabenerleichterungen gewährleisten überdies jenes Maß an Sicherheiten und Freiheiten[2], welches eine rasche und reibungslose Abwicklung des Handelsverkehrs erst möglich macht.

Der umfangreiche Zahlungs- und Geldverkehr, der den Warenumsatz an den großen Handelsplätzen begleitet, bewirkt dort außerdem eine Ansammlung verfügbaren Kapitals, welches unter der Anregung eines ständig wachsenden kaufmännischen, fürstlichen und staatlichen Kreditbedarfs neben dem eigentlichen Warenhandel den reinen Geldhandel in der Form des Bank- und Finanzgeschäfts aufblühen und neben den Warenmärkten selbständige Geld- und Kapitalmärkte entstehen läßt.

Unter diesem Aspekt ist es zu verstehen, wenn wir nachfolgend versuchen, einen kurzen Überblick zu geben über Art, Einrichtung und Bedeutung der Warenmärkte auf der einen und der Geld- und Kapital-

---

[1] *Hellauer*, Josef: a.a.O., S. 157.
[2] Vgl. ebd., S. 157 f.

märkte auf der anderen Seite. Dabei sollen aus der Vielzahl der damaligen Marktplätze innerhalb des europäischen Wirtschaftsgebietes diejenigen herausgegriffen werden, an denen wir die Fugger vertreten finden.

1. Warenmärkte und ihre Schichtung

Wir können für die damalige Zeit im wesentlichen drei Arten oder Gruppen von Warenmärkten unterscheiden, die, schichtweise übereinandergelagert, ein zunehmendes Maß an sachlicher und räumlicher Konzentration aufweisen.

Die unterste dieser Marktschichten besteht aus einem fein verästelten System lokaler und regionaler Märkte[3], auf denen sich in der Hauptsache der zünftisch geordnete Kleinhandel, vielfach in der Form des „Nebenhandels" ansässiger Handwerker, abspielt. Dieser Marktbereich ist für den Fernhandel, dessen Tätigkeit auf Warenbeschaffung und Warenabsatz im großen abgestellt ist, von untergeordnetem Interesse. Freilich läßt sich der Fernhändler auch die Gelegenheit, in sein Handelsgeschäft den letzten Verteilungsvorgang der von ihm beschafften Rohstoffe einzubeziehen, dieselben also an kleingewerbliche Produzenten zu liefern, nicht entgehen, sofern ihm solches an den Orten seiner Handelsniederlassungen unter Vermeidung kostspieliger Transporte möglich ist bzw. sofern er als Verleger die hergestellten Erzeugnisse wieder weitervertreiben kann. Die Fuggersche Weißenhorner Verlagsproduktion an Barchent, die Belieferung Kaufbeurener Weber mit Fuggerscher Baumwolle[4], der Verkauf Fuggerschen Kupfers an Haller Kesselschmiede[5] etwa zeugen von der Neigung auch großer Fernhandelsgesellschaften, sowohl auf dem Absatz- wie auf dem Beschaffungssektor in die unterste Marktschicht einzudringen.

Das eigentliche Betätigungsfeld des Fernhandels umfaßt jedoch jene Marktschicht, die von den Märkten zwischen den Wirtschaftsräumen, wie wir sie nennen wollen, repräsentiert wird. Wir meinen damit jene Gruppe von Warenstapel- und Warenumschlagsplätzen, von denen aus auf Grund ihrer verkehrsgünstigen Lage an den Kreuzungs- und Treffpunkten größerer Handelsstraßen die Verteilung der wichtigsten Handelsgüter zwischen den Wirtschaftsräumen und innerhalb bestimmter Wirtschaftsgebiete erfolgt und von denen aus der Warenstrom über eine Vielzahl zwischengeschalteter kleinerer Märkte der untersten Marktschicht der lokalen und regionalen Märkte zufließt.

---

[3] Vgl. *Bauer*, Clemens: a.a.O., S. 119 f.
[4] Vgl. Anton II, S. 430.
[5] Vgl. Anton I, S. 481.

An solchen Umschlagsplätzen, denen als Hauptstationen des verteilenden Fernhandels wesentliche Bedeutung zukommt, sind für den Fuggerschen Warenhandel in erster Linie die Handelsplätze Augsburg, Frankfurt, Nürnberg, Leipzig und Breslau zu nennen. Auf diesen Märkten, die — wenigstens was Frankfurt, Nürnberg und Leipzig anbetrifft — vornehmlich in der Form größerer, periodisch stattfindender Messen organisiert sind und deren Lage ungefähr das Kerngebiet des Fuggerschen Faktoreiennetzes einschließt, konzentriert sich ein Großteil des Fuggerschen Absatzes der über die Weltmärkte Venedig, Lissabon und Antwerpen eingeführten Gewürze, Luxuswaren und Rohstoffe sowie der Absatz der Fuggerschen Erz-, Metall-, Metallwaren- und Textilproduktion, soweit sie nicht auf eben diesen Weltmärkten zum Vertrieb gelangt.

Venedig im 15., Lissabon und Antwerpen im 16. Jahrhundert sind die bedeutendsten Zentren des europäischen, den Überseehandel einbeziehenden Fernhandels, somit Sammelpunkte des damaligen Welthandels überhaupt. Nach ihnen strömt der Import aus Indien, Afrika und den amerikanischen Kolonien zur weiteren Verteilung auf die europäischen Bedarfsgebiete und deren Märkte. Über sie erfolgt der Export der Erzeugnisse der europäischen gewerblichen Produktion nach den überseeischen Gebieten und in entfernte europäische Wirtschaftsräume und zwar in dem Umfang, in dem die gewerbliche Produktion die Nachfrage im engeren Absatzbereich des einzelnen Fernhändlers auf den Märkten zwischen den Wirtschaftsräumen und den lokalen und regionalen Märkten übersteigt. Eine äußerste Handelskonzentration an den bezeichneten Weltmärkten ist die Folge. Hier erfolgt die erste große Aufteilung eines weltweiten Warenangebotes unter die Fernhändler zur weiteren Verteilung durch die Fernhändler. Ihrer zentralen, übergeordneten Bedeutung für den europäischen Fernhandel entsprechend kann man die Weltmärkte Venedig, Lissabon und Antwerpen somit als Mittelpunkte einer obersten Marktschicht ansehen, die sich über den Märkten zwischen den Wirtschaftsräumen aufbaut[6].

Noch Ende des 15. Jahrhunderts wickelt sich der Hauptteil des fernhändlerisch organisierten europäischen Ein- und Ausfuhrhandels über Venedig ab. Über Venedig beziehen die Fugger orientalische Spezereien und orientalische Baumwolle, venezianische Tuche, Seidenstoffe und Schmucksachen; nach Venedig gehen Riesenmengen der Fuggerschen Kupfer- und Silberausbeute aus der österreichischen und ungarischen Bergwerks- und Hüttenproduktion. Mit der Auffindung eines Seewegs nach Indien und der Entdeckung Amerikas jedoch bahnt sich eine ungeheure Umwälzung des gesamten europäischen Wirtschaftslebens an,

---

[6] Vgl. *Bauer*, Clemens: a.a.O., S. 121.

im Verlauf derer der Mittelmeerhandel stark an Bedeutung verliert und der internationale Seehandel an den Mittelpunkten Lissabon und Antwerpen die Hauprolle im Weltverkehr übernimmt. Die Erzeugnisse Ostindiens fließen jetzt in einem mächtigen Strom nach Lissabon und werden von dort zum größten Teil nach Antwerpen weiterverschifft. Ebenso strömen nach Antwerpen, wenn auch nicht immer auf direktem Wege, die meisten Rohstoffe und Erzeugnisse aus Afrika und den amerikanischen Kolonien. Mit den Fernhändlern aus allen Teilen Europas, die jetzt an dem neuen Welthandelszentrum Niederlassungen gründen, gelangt auch die Hauptmasse der europäischen Handelswaren zum Umschlag nach der Scheldestadt. Die oberdeutschen Kaufleute, unter ihnen natürlich auch die Fugger, verstehen es, sich der tiefgreifenden Verschiebung im internationalen Handelsverkehr anzupassen. Sie verlegen das Schwergewicht ihrer Geschäftstätigkeit in die neu aufsteigende Weltmetropole im Nordwesten Europas und nehmen dort jahrzehntelang, wie zuvor in Venedig, die vornehmste Stelle ein. Gewaltige Mengen Fuggerschen Kupfers nehmen nunmehr ihren Weg nach Antwerpen und werden von dort aus in alle Teile der Welt versandt, Fuggerscher Barchent wird zu einem der bedeutendsten Artikel des Antwerpener Großgeschäfts und Fuggersche Faktoren und Agenten beteiligen sich an den Gewürzgeschäften, die der portugiesische König durch den Großverkauf indischer Spezereien in Antwerpen eröffnet.

„Jetzt entwickelte sich Antwerpen im Verlauf von vier Jahrzehnten zu einem Handelsplatze, wie ihn die Welt weder vorher noch seitdem gesehen hat, denn auch später hat es keinen Platz gegeben, an dem sich in solchem Maße der Handel aller überhaupt für den Weltverkehr in Betracht kommenden Völker konzentrierte[7].“ Diesem gewaltigen Welthandel entspricht eine überraschende großzügige Handelsfreiheit, deren Entwicklung mit der eines ständigen Handelsverkehrs Hand in Hand geht. Die Intensität des Güteraustausches wächst derart, daß sie ausreicht, einen regelmäßigen, durchjährigen Marktbetrieb zu unterhalten, neben dem zwar weiterhin der Meßhandel periodischen Charakters auf den Märkten zwischen den Wirtschaftsräumen bestehen bleibt, jenem gegenüber aber in zunehmendem Maße an Bedeutung verliert. Die Herausbildung fester Typen vertretbarer Waren ermöglicht überdies neben dem seit alters betriebenen Handkauf den Abschluß von Handelsgeschäften „ohne gleichzeitige Vorzeigung, Übergabe und Bezahlung der Ware[8],“ einen ersten börsenmäßigen Produktenhandel[9] also. Die Folge des ausgedehnten Marktverkehrs und der Einführung neuer Handels-

---

7 *Ehrenberg,* Richard: Das Zeitalter der Fugger, II, S. 4.
8 *Derselbe:* Das Zeitalter der Fugger, I, S. 50.
9 Vgl. *Linhardt,* Hanns: Die historische Komponente der funktionalen Betriebswirtschaftslehre, S. 39.

gepflogenheiten ist die Umwandlung Antwerpens von einem Meß- in einen Börsenplatz. Die Antwerpener Börse wird zur ersten Börse von internationalem Charakter, zur ersten Weltbörse überhaupt[10].

Der nunmehr börsenmäßig organisierte Gewürz-, Woll- und Tuchhandel[11] erhält eine weitgehend spekulative Färbung, besonders der Lieferungshandel in ostindischen Gewürzen eröffnet — um so mehr, als der Pfefferpreis am Antwerpener Markt zum großen Teil auch die Preise der übrigen Waren bestimmt[12] — ein weites Feld für großangelegte Spekulationen[13].

Die richtungsweisende Bedeutung der neu entstandenen Antwerpener Börse wie auch der wenig später in Paris, Hamburg, London und anderswo entstandenen Börsen kann dahingehend zusammengefaßt werden, daß dieselben der dem Handel innewohnenden Tendenz nach möglichster Konzentration am ehesten gerecht werden konnten. Denn einmal finden die Märkte und Messen bei weitem nicht so häufig statt wie die Börsenversammlungen, zum anderen muß die Ware nach ersteren mit großen Kosten und Mühen transportiert, dort gelagert, auf Menge und Qualität überprüft und schließlich wieder nach dem Gebiet des Absatzes weiterverfrachtet werden, welche Voraussetzungen beim Börsenhandel entfallen. Bezeichnenderweise ist vom 16. Jahrhundert an auch eine Entwicklung festzustellen, in deren Verlauf die internationalen Börsen immer mehr an die Stelle der Messen treten und der periodische Großhandel alten Gepräges zunehmend vom städtischen und seßhaften Handel abgelöst wird.

2. Geld- und Kapitalmärkte

„Zwar ist von der Entstehung der ersten Geldmärkte im 14. Jahrhundert bis zur Herausbildung des modernen Kapitalmarktes eine Zeitspanne von wohl 500 Jahren, aber nichts kann aus dieser Entstehung des modernen Kapitalmarktes weggelassen werden, weder die Begegnung der Kaufleute bei ihren Messen und Märkten seit dem 12. Jahrhundert noch die Ausprägung der Verrechnungsmethoden (Skontration im 14. und 15. Jahrhundert) noch die Begründung der Produktenbörsen seit dem 16. Jahrhundert, noch die Fortführung der interlokalen und internationalen Geldleihe[14].“

---

10 Vgl. *Ehrenberg*, Richard: Das Zeitalter der Fugger, II, S. 12.

11 Vgl. *Linhardt*, Hanns: Die historische Komponente der funktionalen Betriebswirtschaftslehre, S. 39.

12 Vgl. *Ehrenberg*, Richard: Das Zeitalter der Fugger, II, S. 14.

13 Vgl. *Sieveking*, Heinrich: Entwicklung, Wesen und Bedeutung des Handels, Grundriss der Sozialökonomik, 2. Aufl., V. Abt., 1. Teil, Tübingen 1925, S. 59 f.

14 *Linhardt*, Hanns: Die historische Komponente der funktionalen Betriebswirtschaftslehre, S. 31.

Bekanntlich hat gerade im 15. und 16. Jahrhundert die gewaltige Konzentration flüssiger Geldkapitalien an den größeren Meßplätzen und den Weltmärkten es mit sich gebracht, daß der Warenhandel allmählich durch den Kreditverkehr überwuchert wurde[15]. Neben dem staatlichen Kreditbedarf ist das Streben nach einer ertragreichen Kapitalverwertung und der Kapitalbedarf der Fernhandelsunternehmungen das wichtigste Moment für die Ausbildung von selbständigen Geld- und (in ersten Ansätzen) auch Kapitalmärkten an den messen- und börsenmäßig organisierten Treffpunkten der Kaufleute geworden. Was im Hinblick auf die Warenmärkte schon festgestellt wurde, trifft also auch für die Geld- und Kapitalmärkte jener Zeit zu: sie sind noch keine ideelle, die Gesamtheit des Verwertung suchenden Kapitals und der Kapitalbegehrungen verkörpernde Einheit, vielmehr konzentriert sich der „wechselnde Bedarf von Anlegern an Anlagemöglichkeiten verschiedener Höhe und Fälligkeit" und der „wechselnde Bedarf von Kapitalsuchern an Finanzierungsmöglichkeiten verschiedener Höhe und Fälligkeit"[16] auf bestimmte Orte, an denen auch die umzuschlagenden Waren zusammenströmen.

Auf den Messen erfolgen die Geld- und Finanzgeschäfte nur anläßlich und im Gefolge kommerzieller, an die Ware gebundener Transaktionen. An den Börsen hingegen, wo die Handelsgeschäfte in Abwesenheit der Ware abgeschlossen werden, handelt man nur mit den sie vertretenden Wertpapieren; der reine Finanzverkehr gewinnt dort zunehmend an Bedeutung. Zudem läßt der stark spekulative Charakter der börsenmäßigen Warengeschäfte den „Kapitalfaktor, die zweckmäßige Verwendung von — eigenem und fremdem — Geldkapital"[17] immer stärker in den Vordergrund treten. So entwickelt sich Antwerpen auf Grund des dort konzentrierten gewaltigen Warenverkehrs mehr und mehr zu einem Mittelpunkt großer Geldgeschäfte; allein Lyon, wo der Warenhandel allmählich zurücktritt und sich stattdessen ein vielseitiger Wechsel- und Zahlungsverkehr entwickelt, kann sich in dieser Hinsicht noch mit Antwerpen messen[18]. Werden die großen Finanzgeschäfte der Fugger zu Beginn des 16. Jahrhunderts größtenteils noch in Augsburg und Hall[19], also nicht marktmäßig[20], sondern in direkten Verhandlungen

---

15 Vgl. *Ehrenberg*, Richard: Das Zeitalter der Fugger, I, S. 376; *Linhardt*, Hanns: Güterverkehr und Zahlungsverkehr im Fernhandel des Mittelalters und zu Beginn der Neuzeit. In: ZfhF, N. F., 13. Jg., 1961, S. 205.

16 *Linhardt*, Hanns: Der Kapitalmarkt im System der Märkte und die Kapitalmarktpolitik der Banken. In: Österreichisches Bankarchiv, 4. Jg., 1956, S. 12.

17 *Ehrenberg*, Richard: Das Zeitalter der Fugger, I, S. 376.

18 Vgl. Jakob I, S. 343; Anton I, S. 4, 113, 152, 246, 408; Anton II, S. 3, 268, 289.

19 Vgl. Jakob I, S. 400; Jakob II, S. 208; Anton I, S. 5, 108, 529; Anton II, S. 39, 65.

20 Vgl. *Ehrenberg*, Richard: Das Zeitalter der Fugger, II, S. 115.

am Sitz der Niederlassungen des Handelshauses, abgeschlossen, so verschiebt sich die Abwicklung des Fuggerschen Anleiheverkehrs im selben Maße nach Lyon und Antwerpen, in dem diese beiden Börsen zu Zentren des internationalen Geldgeschäfts werden. In vier bedeutsamen Finanzagenten des 16. Jahrhunderts sehen wir die anleihegewährende Tätigkeit der großen Fernhandelsgesellschaften an den Weltbörsen Lyon und Antwerpen wie in einem Brennspiegel sich konzentrieren: in Hans Kleberger zu Lyon und in Lazarus Tucher, Thomas Gresham und Gaspar Ducci zu Antwerpen, die für die französischen Könige, das Haus Habsburg und die englische Krone die Geldmittel der italienischen und oberdeutschen Kaufleute zu großen Anleihen zusammenfassen[21].

Die auf den Messen und Börsen zusammenströmenden Geldmittel suchen — ob als kurzfristige Privatkredite an Kaufleute oder als langfristige öffentliche Kredite an geldsuchende Fürsten — ihre Verwertung grundsätzlich in der Form verzinslicher Leihkapitalien; Unternehmungskapital, welches in seinem Ertrage wie in seinem Bestande vom Gewinn oder Verlust der Fernhandelsunternehmung abhängt, wird nicht marktmäßig, sondern ausschließlich im Wege der Selbstfinanzierung oder der Vergesellschaftung beschafft.

Der Kreditverkehr auf den Messen hat sich aus dem dort als Folge des Warenhandels einsetzenden Zahlungsverkehr entwickelt. Der bargeldlose Zahlungsverkehr steht, wie wir schon gesehen haben, gegen Ende des Mittelalters, besonders aber im 15. und 16. Jahrhundert, in erstaunlich hoher Blüte. Die bekannten Messen werden zu Zahlungsterminen, auf denen während der Messe eingegangene sowie anderswo entstandene größere Zahlungsverpflichtungen am Ende der Meßperiode erfüllt werden[22]. Indem eine Fülle von Zahlungen auf bestimmten Plätzen zu bestimmten Zeiten, eben auf den Messen, getätigt wird, ist es möglich, einen großen Teil der Forderungen und Verpflichtungen im Wege der Skontration[23] gegeneinander abzugleichen und somit schwierige und gefährliche Bargeldtransporte zu vermeiden. Da die Unbeholfenheit des alten, nicht indossablen Wechsels das Zugegensein des Kaufmanns oder seines Vertreters am Orte der Einlösung erforderlich macht[24], ballt sich auch der Wechselverkehr regelmäßig an den Meßplätzen zusammen. Der Bargeldverkehr wird also im interlokalen Verkehr ebenso eingeschränkt wie im lokalen Verkehr durch die Verrech-

---

21 Vgl. *Linhardt,* Hanns: Die historische Komponente der funktionalen Betriebswirtschaftslehre, S. 90.

22 Vgl. Jakob I, S. 428; Jakob II, S. 29, 87, 425, 440; Anton I, S. 532, 588.

23 Vgl. *Ehrenberg,* Richard: Das Zeitalter der Fugger, II, S. 111 f.; *Linhardt,* Hanns: Güterverkehr und Zahlungsverkehr im Fernhandel des Mittelalters und zu Beginn der Neuzeit. In: ZfhF, N. F., 13. Jg., 1961, S. 204, 205.

24 Vgl. *Linhardt,* Hanns: Nürnbergs Bankwirtschaft, S. 24.

nung der Meßzahlungen; da der Wechsel nicht transportiert, gelagert und besichtigt zu werden braucht, kann der Wechselhandel auf manchen mittelalterlichen Messen, wo die Verkehrskonzentration einen regelmäßigen Marktbetrieb über die Meßtermine hinaus hat entstehen lassen, sogar schon börsenmäßig betrieben werden[25]. Schließlich läßt die kaufmännische Übung, den Wechsel immer mehr zu einem Instrument des Kredits zu machen, an den bezeichneten Messen im Gefolge des börsenmäßigen Wechselverkehrs einen „Börsenverkehr in Leihkapitalien für kaufmännische Zwecke“[26] entstehen.

Im 16. Jahrhundert geht für den Geldhandel — entsprechend der Entwicklung im Bereich des Warenhandels — die führende Rolle von den Messen auf die Börsen über. An den großen Weltbörsen, wo an jedem Tage des Jahres Waren und Werte gehandelt werden, konzentriert sich in verstärktem Maße ein umfangreicher Kreditverkehr. Zu seiner Abwicklung bedient man sich weitgehend des sogenannten „Depositums“, welches, nicht zu verwechseln mit dem geschilderten Bankdepositum, entweder die Form eines Wechsels oder eine Inhaber-Obligation hatte[27] und im Grunde genommen nichts anderes als ein Darlehen von einem Zahlungstermin zum anderen darstellte. Auch „die Fugger hatten, um ihre großen Antwerpener Geschäfte ausführen zu können, und sich relativ billig Geld zu verschaffen, angefangen, von Messe zu Messe oder auch auf zwei Messen an der Antwerpener Börse Anleihen von jener Art aufzunehmen, welche man euphemistisch „Depositen“ nannte, obwohl es wirkliche Darlehen waren. Darauf zahlten sie 1¾—2½ % pro Quartal, 4½—5 % pro Halbjahr, etwa 9 % jährlich, während sie ihrerseits mit dem Gelde in Antwerpen 12—13 % erzielten“[28]. Die Schuldverschreibungen wurden kurz „Fugger-Briefe“ genannt[29] und erfreuten sich einer großen Nachfrage. Inwieweit in ihnen schon die modernen Obligationen vorbereitet waren, wie sie heutzutage die großen Aktiengesellschaften auszugeben pflegen, sei dahingestellt; jedenfalls begannen die Fuggerschen Obligationen schon um 1540 „ein kuranter Handelsartikel“[30] an der Antwerpener Börse zu werden. Doch haben sich der Obligationen und Wechsel an den Börsen zu Antwerpen und Lyon auch die Fürsten für ihre Anleihen bedient, in der Hoffnung, sie aus späteren Steuereingängen wieder zu tilgen. Solche Steuereingänge gehen aber nicht so termingerecht ein wie die Forderungen und Erlöse der Kaufleute. Obschon in den meisten Fällen für längere Fristen ausgestellt, müssen die Finanzwechsel der Fürsten viel-

25 Vgl. *Ehrenberg*, Richard: Das Zeitalter der Fugger, I, S. 51.
26 *Derselbe:* Das Zeitalter der Fugger, II, S. 111.
27 Vgl. ebd., S. 25 f.
28 *Derselbe:* Das Zeitalter der Fugger, I, S. 148.
29 Vgl. Jakob II, S. 57.
30 *Ehrenberg*, Richard: Das Zeitalter der Fugger, I, S. 148.

fach prolongiert, ihre Schuldverschreibungen durch neue abgelöst werden.

Die staatlichen Anleihepapiere werden — wie das ja auch bei den Wechseln und Obligationen der Kaufleute der Fall gewesen zu sein scheint — auf der Börse gehandelt[31]. Soweit sich also an den beiden Weltbörsen ein Markt für längerfristige Fürstenkredite und Staatsanleihen herausgebildet hat, kann man denselben mit einem heute gebräuchlichen Ausdruck als Kapitalmarkt bezeichnen; was jedoch die kurzfristigen kaufmännischen Kreditgeschäfte auf den Börsen wie auch auf den Messen anbelangt, so müssen diese als Geschäfte des Geldmarkts angesehen werden. Vor allem über letzteren baut sich an den Börsen schon von der ersten Hälfte des 16. Jahrhunderts an eine blühende Kapitalspekulation auf, welche hauptsächlich aus dem Prämiengeschäft, einer regelrechten Spekulation auf Preise und Wechselkurse, und einer auf der Differenz der Wechselkurse zwischen den verschiedenen Plätzen beruhenden Arbitrage besteht[32], eine Spekulation, die in etwa 14—20 Tagen einen Gewinn bis zu 5 % ermöglichen konnte.

II. Die Stellung der Fugger-Unternehmung am Markt

1. Marktbeobachtung

Je weiter sich die Handelsverbindungen des Hauses Fugger verzweigen, desto notwendiger wird es für die Geschäftsleitung an der Zentrale zu Augsburg, sich über wichtige Vorgänge an den fremden Handelsplätzen zu unterrichten. Ohne fundierte Marktkenntnis ist ein Disponieren des Regierers auf weite Sicht unmöglich. Im Mittelpunkt des unternehmerischen Aufgabenkreises steht daher die Beobachtung des Marktes und zwar sowohl was die Entwicklung auf den Waren-, wie auch auf den Geld- und Kapitalmärkten anbelangt.

Dabei steht die Marktbeobachtung im Hinblick auf die Möglichkeiten des Warenabsatzes an den Weltmärkten und den Märkten zwischen den Wirtschaftsräumen, vor allem aber an ersteren, im Vordergrund; sie zielt im wesentlichen auf eine möglichst gewinnbringende Ausgestaltung des Warenangebots in quantitativer und qualitativer Hinsicht, darüber hinaus aber auch auf eine Berücksichtigung der konjunkturellen Lage, ab. Der Metall-, Metallwaren- und Textilexport der Fugger nach den außereuropäischen Gebieten und in ferne europäische Wirtschaftsräume muß sich in quantitativer Hinsicht nach dem voraussichtlichen Verschiffungsbedarf der staatlichen Handelsverwaltungen in Lissabon und

---

31 Vgl. *derselbe:* Das Zeitalter der Fugger, II, S. 26 ff., 132 f.
32 Vgl. ebd., S. 19 ff., 133 ff.

Sevilla sowie nach dem Bedarf der verarbeitenden gewerblichen Produktion in den belieferten Gebieten richten; in qualitativer Hinsicht wird der Fuggersche Warenhandel in Anpassung an neu auftretenden bzw. versiegenden oder nachlassenden Bedarf auf eine neue Warengattung sich umstellen bzw. eine alte Warengattung aufgeben oder vernachlässigen müssen; konjunkturelle Schwankungen schließlich werden die Fuggersche Lagerhaltung und die Höhe der beim Wareneinkauf zu gewährenden Preise beeinflussen[33].

Neben den Konjunkturschwankungen hat die Marktbeobachtung aber auch einseitig gerichtete Marktveränderungen, etwa Verschiebungen im Marktgefüge, zu erfassen. Die Geschicklichkeit, mit welcher die Fugger zusammen mit anderen Oberdeutschen es verstehen, den portugiesischen Verkehr an sich zu bringen, als die Portugiesen nach Entdeckung des Seewegs sich des indischen Handels bemächtigen und Lissabon zur Hauptniederlassung der früher von den Deutschen aus Venedig bezogenen Gewürze machen, läßt darauf schließen, daß auch solche marktstrukturelle Veränderungen aufmerksam verfolgt werden.

Ebenso dürfte der Markbeobachtung an den Börsen, wo die politischen Ereignisse einen großen Einfluß auf die Geschäfte haben, schon wesentliche Bedeutung zugekommen sein. Ihre Vertretung an den wichtigsten Börsenplätzen soll den großen Kaufherren und Handelsgesellschaften nicht nur einen raschen Überblick über die jeweilige Marktlage ganz allgemein verschaffen, sondern ihnen überdies ermöglichen, auch die wirtschaftlichen Auswirkungen politischer Veränderungen am Orte ihres ersten spürbaren Auftretens verfolgen und dementsprechend rasch berücksichtigen zu können. Die Börsen und die sich an ihnen bildende Börsenmeinung wirken sich auch auf den Privatkredit der Kaufleute sowie auf den öffentlichen Kredit der Fürsten aus[34]. Daher ist die Kenntnis des „Börsenkurses" und des Zinsfußes, der auf der Börse festgesetzt wird und in enger Beziehung zur Entwicklung des Kreditverkehrs steht, für die Kaufleute von großer Bedeutung[35]. Nicht zuletzt deswegen werden die Fugger mit Lazarus Tucher, der für eine Reihe von Jahren der beherrschende Finanzagent des Antwerpener Marktes war, in Geschäftsverbindung gestanden haben.

Vor allem wird es aber Aufgabe der Fuggerschen Faktoren gewesen sein, an den jeweiligen Niederlassungen Informationen über die Konkurrenz einzuholen und Beobachtungen wie auch Meinungen über die Wirtschaftslage zu sammeln. Die an den vielen Außenstellen gesammelten Informationen, welche, wie wir schon gesehen haben, im Wege eines

---

[33] Vgl. Jakob II, S. 86, 177.
[34] Vgl. *Ehrenberg*, Richard: Das Zeitalter der Fugger, II, S. 119 ff.
[35] Vgl. ebd., S. 130 ff.

ständigen Nachrichtenverkehrs an die Augsburger Zentrale weitergeleitet werden, geben dort die Grundlage für die unternehmerischen Entscheidungen des Regierers ab. Allerdings — das soll abschließend festgestellt werden — kann die Fuggersche Marktbeobachtung noch nicht als Teil einer dauernden, planmäßigen und systematisch betriebenen Marktforschung gesehen werden, vielmehr steht sie noch auf der Stufe der „bewußten Markterfassung (Markterkundung)"[36]: sie „stellt zwar noch empirisch, aber doch bereits nach bestimmten, auf den unmittelbaren Geschäftserfolg ausgerichteten Gesichtspunkten alle nur erhältlichen Nachrichten und Erfahrungen über den interessierenden Markt zusammen"[37]. Immerhin bedeutet sie gegenüber der „naiven Marktumschau des Kaufmanns", deren Anfänge so weit zurückreichen, „wie es unternehmerisches Händlertum gibt"[38], einen beachtlichen Fortschritt.

2. Absatzorganisation

Wohl am treffendsten kennzeichnet *Sombart*[39] die Eigenart der Absatzorganisation in der frühkapitalistischen Epoche, wenn er sie in der Form sieht, in welcher die großen Fernhandelsgesellschaften zu jener Zeit ihren Handel betreiben und dieselbe als „Niederlagehandel" bezeichnet. Die Niederlage der frühkapitalistischen Zeit bildet „den Mittel- und Drehpunkt allen Handels: die Ware wird zur Niederlage gebracht, um dort gehandelt, das heißt aus der Waren- in die Geldform verwandelt zu werden"[40].

Die technischen und territorialpolitischen Probleme, welche sich bei der Durchführung des Fuggerschen Absatzes im Hinblick auf den Warentransport auftun, sind im Abschnitt über die Organisation der Verkehrswege schon kurz dargelegt worden. Doch sei an dieser Stelle noch einmal auf die großartige Organisation hingewiesen, welche die Fugger für den Absatz der ungarischen Erze aufbauen. Da der ungarische Markt nicht fähig ist, die große Produktion aufzunehmen, muß das ungarische Kupfer im Ausland Abnehmer suchen. Namentlich die beiden Weltmärkte Venedig und Antwerpen, in denen rege Nachfrage nach Kupfer herrscht, sollen beliefert werden. Die Beförderung der Erze von den Fundstätten um Neusohl nach den weit entlegenen Absatzgebieten ist zu

---

36 *Schäfer,* Erich: Marktforschung. In: Handwörterbuch der Sozialwissenschaften, Bd. VII, Stuttgart/Tübingen/Göttingen, 1961, S. 150.

37 *Kühn,* Kurt: Marktforschung. Aus der Geschichte einer wirtschaftlichen Aufgabe. In: Jahrbücher für Nationalökonomie und Statistik, Bd. 150, Jena 1939, S. 421.

38 *Schäfer,* Erich: Marktforschung. In: Handwörterbuch der Sozialwissenschaften, Bd. VII, S. 150.

39 Vgl. *Sombart,* Werner: Der moderne Kapitalismus, II, S. 488.

40 Ebd.: S. 489.

ermöglichen, sicherzustellen und möglichst billig zu gestalten. Besonderes Geschick erfordert es, sich durch die vielen widerstrebenden Belange der Territorialherren hindurchzuwinden.

In der Frage der technischen Bewältigung und der Anpassung an gebietspolitische Gegebenheiten also liegt in weit stärkerem Maße als heutzutage eine wesentliche Aufgabe der Absatzorganisation begründet, denn „Beschaffung und Absatz liegen im mittelalterlichen Handel erstaunlich weit auseinander, räumlich wie zeitlich“[41].

Mit der Schaffung besonderer kaufmännischer Niederlassungen, den Faktoreien, ist die Möglichkeit der Lagerhaltung verbunden, welche die Kaufleute der Notwendigkeit überhebt, ihre Waren sofort absetzen zu müssen. „Die Lagerung ist im Fernhandel eine lebenswichtige Funktion, die Vorrätigkeit der Auftakt zur Schatzbildung, die Voraussetzung zum Kapitalismus und im Handel die Voraussetzung zum Großunternehmen[42].“ Dem Zwecke der Lagerhaltung dienen die Fondachi, Stalhöfe, Lagerhäuser und Warenschuppen. Entweder werden die Lagerräume von den auswärtigen Kaufleuten selbst geschaffen und eingerichtet (wie es für die meisten Fuggerschen Faktoreien der Fall war) und zwar in ihrem eigenen Interesse am örtlichen Absatz bzw. — wenn auch seltener — an der örtlichen Beschaffung. Oder aber die einheimischen Kaufleute zwingen die fremden, ganz bestimmte derartige Einrichtungen zu benützen, um ihre Erwerbschancen besser kontrollieren und ihren Einfluß in erträglichen Grenzen halten zu können: so beim Fondaco der deutschen Kaufleute in Venedig[43].

Der Verkauf Fuggerscher Waren wird zum größten Teil durch die Faktoren bewerkstelligt, bis zu einem gewissen Grad aber auch durch sonstige Vertrauensleute, Agenten und Makler angebahnt und durchgeführt. Finanzagenten besorgen vielfach die Vermittlung von Staatskrediten; auch das ist eine Form der Absatzorganisation, wenn auch auf dem Sektor des Bank- und Finanzgeschäfts.

Die unter maßgeblicher Beteiligung der Fugger getroffenen Monopolvereinbarungen der Fernhandelskaufleute mit den Fürsten sowie die Kartellabsprachen der Kaufleute untereinander stellen ebenfalls eine Methode dar, den Absatz zu organisieren, geben sie doch den am Monopol bzw. Kartell beteiligten Fernhändlern die Möglichkeit, Bestände zum Zwecke der Preissteigerung zurückzuhalten und sich den Allein-

---

41 *Linhardt*, Hanns: Die historische Komponente der Funktionalen Betriebswirtschaftslehre, S. 37.

42 Ebd., S. 45.

43 Vgl. Jakob I, S. 21 ff.; *Linhardt*, Hanns: Die historische Komponente der funktionalen Betriebswirtschaftslehre, S. 36; *Schuster*, Leo: Die Rolle der Nürnberger Kaufherren am Fondaco dei Tedeschi in Venedig, Diplomarbeit, abgedruckt in: Mitteilungen aus der Stadtbibliothek Nürnberg, Jg. 11, Heft 1, Mai 1962, S. 3, 5.

handel mit einer bestimmten Ware innerhalb ihres Absatzbereiches zu sichern. „So wie einzelne italienische Handelsplätze bis zum 16. Jahrhundert für den levantinischen Handel ein faktisches Monopol besessen und sich den Umschlag in Europa gesichert hatten, so geht die Tendenz der führenden Fernhandelsunternehmungen im 16. Jahrhundert auf Schaffung von Großmonopolen für bestimmte Waren, möglichst im Augenblick des Imports nach Europa, und häufig verbindet sich mit diesem Monopol noch eine besondere Marktregelung, die den Führern des Monopols einen räumlich bestimmten Markt zum Handel auf allen Stufen der Verteilung sichert, wie das die Handhabung des Gewürzmonopols in Antwerpen zeigt[44]."

Die charakterischen Monopolbestrebungen im ausgehenden 15. und im 16. Jahrhundert und deren Aufnahme in der breiten Öffentlichkeit zu beleuchten, soll der letztfolgende Abschnitt dienen. Dabei soll eine kurze Darstellung der Fuggerschen Monopolbestrebungen gegeben werden. Sie können als kennzeichnend für eine im Bereich des Fernhandels allgemein festzustellende Tendenz angesehen werden.

III. Monopolbestrebungen

Soweit die großen Handelsgesellschaften in der zweiten Hälfte des 15. und im 16. Jahrhundert durch den Warenhandel großgeworden sind und ihn neben ihrem Finanzgeschäft beibehalten, trachten sie unter Ausnutzung ihrer Kapitalmacht die Konkurrenz zu beseitigen und auf die Beherrschung des Marktes hinzuwirken. Vor allem die Fugger versuchen immer wieder, sei es allein oder in Gemeinschaft mit anderen Handelsgesellschaften, ihre Monopolbestrebungen in Wirklichkeit umzusetzen, und das gelingt ihnen auch in mehr oder weniger starkem Maße.

Seit die Fugger durch ihre Verbindung mit den Thurzo die ungarische Kupferproduktion in Händen halten, gehen ihre Bestrebungen immer deutlicher dahin, ein Welthandelsmonopol für Kupfer zu schaffen. Die Syndikatbildung mit den Baumgartnern, Herwart und Gossembrot für den Verkauf Tiroler Kupfers in Venedig bedeutet für die Fugger einen großen Schritt in Richtung auf die geplante Vormachtstellung am Weltkupfermarkt, und für einige Zeit — in den ersten Jahrzehnten des 16. Jahrhunderts, als die Fugger die beiden größten Kupferproduktionsstätten der damaligen Welt, Schwaz in Tirol und Neusohl in Ungarn, beherrschen — kommen sie der Verwirklichung ihres Zieles recht nahe. Ebenso hat die Ausdehnung der Fuggerschen Geschäfte in den Produktionsbereich des Bergbaus und der gewerblichen Textilerzeugung in Form des Verlags letzten Endes den Zweck, die Konkurrenz auszuschalten. Durch die verlagsmäßige Organisation der Weißenhorner Barchent-

[44] *Bauer,* Clemens: a.a.O., S. 126.

weberei versteht man, sich deren Produktion zu sichern und konkurrierende Unternehmungen zumindest von der direkten Beschaffung auszuschließen.

Fuggersche Monopole sind jedoch nicht so sehr durch den faktischen, als vielmehr durch den gesetzlichen Ausschluß der Konkurrenz zustandegekommen. Dabei ist ihnen der ständige Kapitalbedarf der Fürsten sowie deren Monopolstellung für bestimmte Teile des Warenhandels — etwa in der Form von Bergregalen oder der Verstaatlichung einzelner Handelszweige — stark entgegengekommen. Ihr regalistisches Verfügungsrecht über die Einkommen ihrer Stammländer hat die Habsburger besonders in Zeiten großer Finanznot dazu geführt, den Fuggern gegen die Gewährung von Darlehen Handelsmonopole in Kupfer, Silber, Quecksilber und anderen Metallen einzuräumen. Die Fugger ihrerseits wiederum sind bestrebt, indem sie die Kette der Metallkäufe nicht abreißen lassen und sich immer wieder um die Erneuerung der Pacht der Almadener Quecksilbergruben bemühen[45], die so gewonnene Monopolstellung durch eine verstärkte Abhängigmachung des Fürstenhauses zu sichern und dauerhaft zu gestalten. Ebenso sind die Fugger mit einer Anzahl anderer bedeutender Handelsgesellschaften an dem Gewürzmonopol zweiter Hand beteiligt, welches dadurch zustandekommt, daß der König von Portugal die Ladungen seiner ostindischen Flotte, deren Verkehr verstaatlicht ist, jeweils an große Kaufmannskonsortien verkauft. In der Blütezeit ihrer Geldgeschäfte versuchen die Fugger sogar, für den deutschen Einzugsbereich die Überweisung der päpstlichen Gebührenquote zu monopolisieren[46].

Jedoch „nichts ist verkehrter, als die Monopolbewegung des 16. Jahrhunderts nur aus einer exorbitanten Gewinnsucht der Kaufleute erklären zu wollen. Das lebendige Interesse, das z. B. die deutsche königliche und kaiserliche Finanzpolitik hier hatte, zeigte sich deutlich an dem Eifer, mit dem sie die monopolinhabenden Kaufleute gegen eine Belästigung durch das Reichsregiment schützte“[47].

Bekanntlich lag der Anlaß für das Einschreiten des Reichstags gegen die oberdeutschen Handelsgesellschaften in der Zeit von 1521—1524 in der allgemeinen Erregung wegen des von den großen Gesellschaften geübten Vorkaufs, ihrer Monopolbildungen und der damit zusammenhängenden Preissteigerung. Der allgemeine Haß gegen die Gesellschaften wurde durch das Eifern der führenden Geister jener Zeit noch wesentlich erhöht. *Luther* fordert in seiner berühmten Schrift über Kaufhandel und Wucher: „Es sollte nicht so heißen: Ich mag meine Ware so teuer

---

[45] Vgl. Jakob I, S. 559; Jakob II, S. 530 f.
[46] Vgl. Jakob I, S. 123, 306.
[47] *Strieder*, Jakob: Studien zur Geschichte kapitalistischer Organisationsformen, S. 71.

geben, wie ich kann oder will, sondern also: Ich mag meine Ware so teuer geben, wie ich soll oder wie recht und billig ist[48]." Und „der ritterliche Hutten poltert bei jeder Gelegenheit über alle Kaufleute und Kaufmannshändel, über den verderblichen Luxus, den sie bringen, durch welchen sie alles verteuern. Besonders die Fugger sind es, auf welche er gern seinen ganzen Unmut entladet. Die andern Kaufleute, meint er, sagen es ja selbst, daß die Fugger es seien, welche den andern den Gewinn entziehen, welche nach dem Alleinhandel bei allen fremden Nationen trachten und mittels einer förmlichen Tyrannei allen übrigen beim Einkaufen zuvorkommen, oder wenn dies nicht möglich ist, durch ihr Geld zum Weichen bringen, indem sie die Preisangebote also ins Übertriebene hinaufsteigern, daß schwächere Käufer zurückgeschreckt, sie aber in den Stand gesetzt werden, die nun ausschließlich in ihren Händen befindlichen Waren so hoch verkaufen zu können, als sie nur wollen"[49].

Während sich also alle Welt über die Monopolisten empörte und sich die deutschen Reichstage in heftigen Angriffen gegen Monopole und Kartelle, gegen die „großgeldmächtigen Gesellschaften" und ihre kapitalistischen Methoden ergingen[50], unterstützten König Ferdinand und Kaiser Karl V. die Monopolisten in ihren Bestrebungen und wußten schließlich das gegen eine Reihe Augsburger Handelsherren eingeleitete Verfahren niederzuschlagen[51]. Vor allem sind es die Fugger und neben ihnen andere oberdeutsche Kaufleute gewesen, die das Madrider Edikt vom 10. März 1525, welches die bisherigen Monopolverbote aufhob, also in erster Linie zugunsten ihrer wirtschaftlichen Bewegungsfreiheit geschaffen wurde, beim Kaiser durchsetzten.

Dieses Edikt „bildet einen gewichtigen Markstein in der Entwicklung der deutschen Wirtschaft von den gebundenen Formen mittelalterlichen Innungsgeistes zu dem individualistischen Freiheitsprinzip neuzeitlichen Unternehmertums"[52]. Die Tatsache, daß der Wortlaut des Edikts, welches kurze Zeit später zur „kaiserlichen Monopolgesetzgebung für das gesamte Reich und die Erblande" erhoben wurde, wahrscheinlich auf ein Konzept der Fugger zurückgeht[53], führt uns vielleicht am klarsten die weltgeschichtliche Bedeutung dieses Kaufmannsgeschlechtes in einem Zeitalter vor Augen, das nach ihm benannt wurde.

---

48 *Luther*, Martin: Von Kaufhandlung und Wucher. Ein Sermon aus dem Jahre 1524, abgedruckt in: Sozialwissenschaftliche Schriftenreihe, Nr. 3 Schwenningen 1947, S. 7.

49 *Schmoller*, Gustav: Zur Geschichte der nationalökonomischen Ansichten in Deutschland während der Reformationsperiode. In: Zeitschrift für die gesamte Staatswissenschaft, 16. Bd., Jg. 1860, S. 498.

50 Vgl. Jakob I, S. 504 ff., 516, 533, 535, 547.

51 Vgl. Jakob I, S. 528, 538 f., 547, 556 ff.

52 Ebd., S. 557.

53 Vgl. ebd., S. 564.

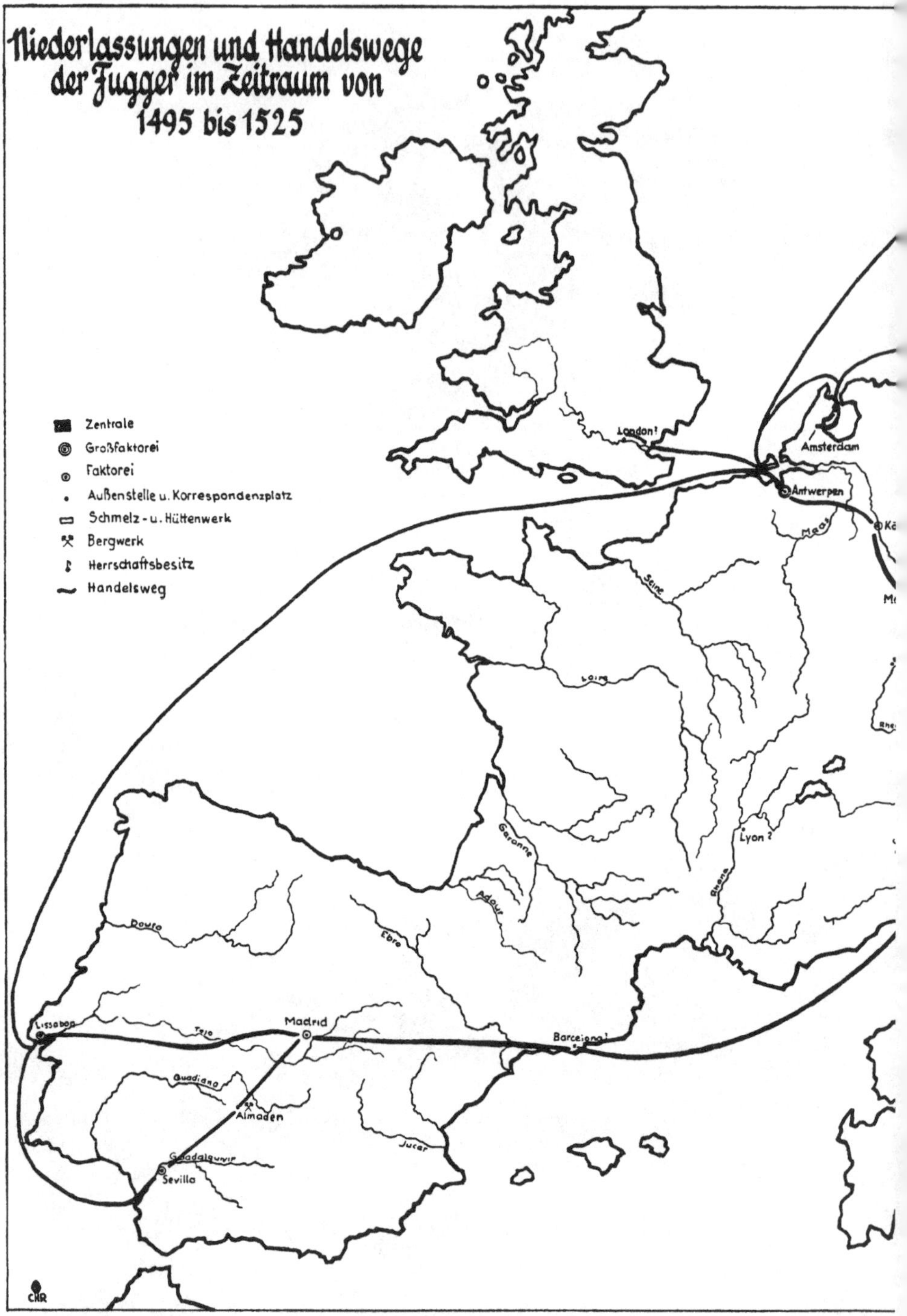

Quelle: Pölnitz, Götz Frhr. v.: Jakob Fugger. Quellen und Erläuterungen, Tübingen 1!

Schiele-Ricker

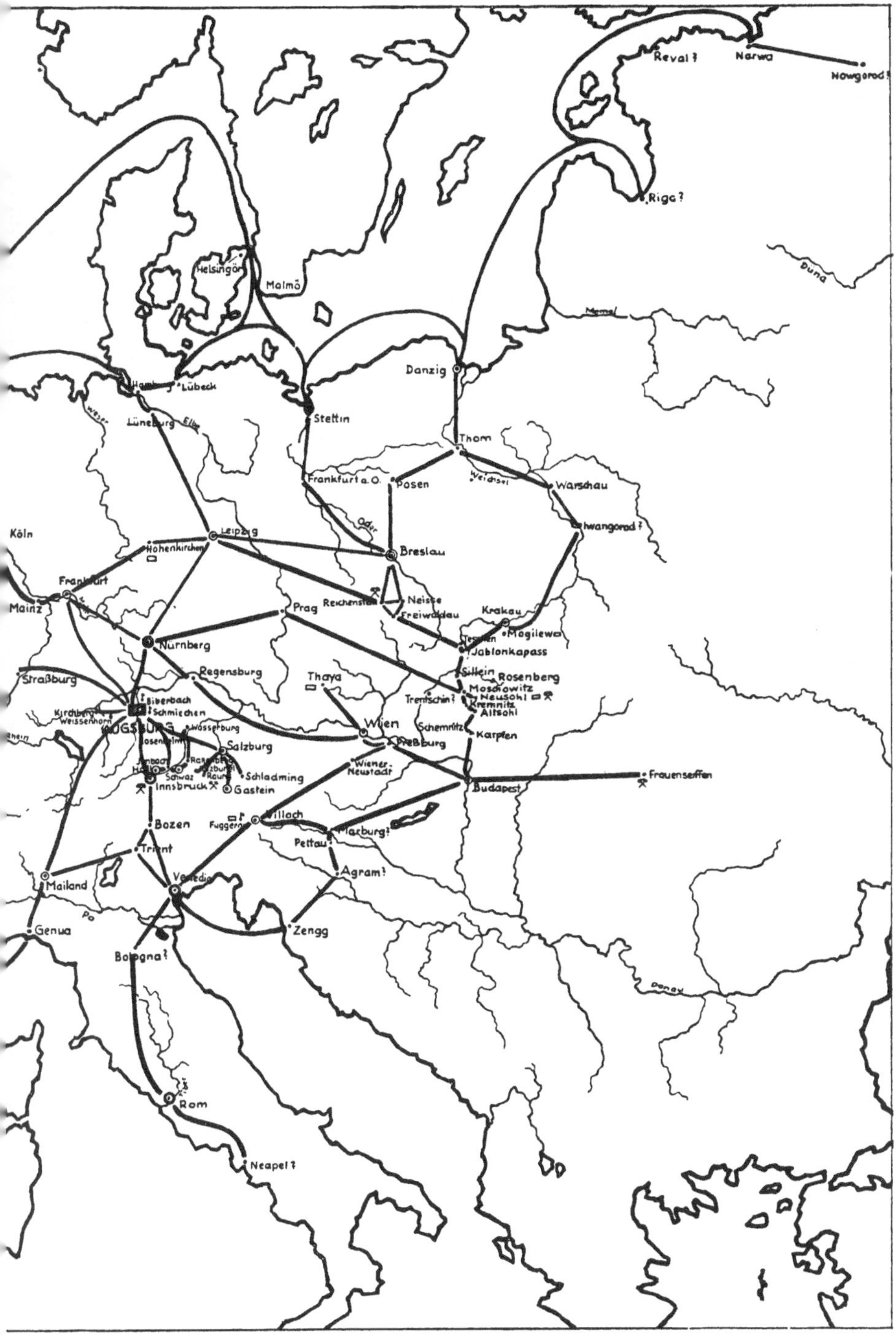

1951.

Karte online abrufbar unter: www.duncker-humblot.de/9783428012930_Karte

Fuggerscher Kupferexport aus Ungarn: 1497—1539
(in 100 Antwerpener Pfund)

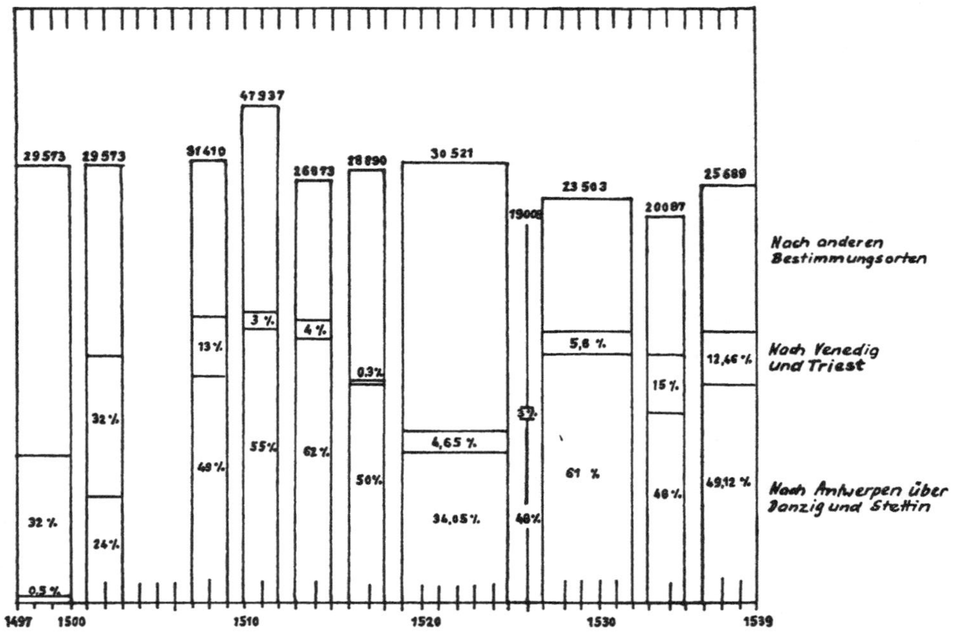

Quelle: Wee, Herman van der: The Growth of the Antwerp Market and the European Economy (fourteenth-sixteenth centuries), III. Graphs, Den Haag 1963, S. 67.

Literaturverzeichnis

Pölnitz, Götz Frhr. v.: Jakob Fugger. Kaiser, Kirche und Kapital in der oberdeutschen Renaissance, Tübingen 1949.

— Jakob Fugger. Quellen und Erläuterungen, Tübingen 1951.

— Anton Fugger. 1. Band: 1453—1535, Schwäbische Forschungsgemeinschaft bei der Kommission für bayerische Landesgeschichte, Reihe 4, Bd. 6, Studien zur Fuggergeschichte, hrsg. v. G. v. Pölnitz, Bd. 13, Tübingen 1958.

— Anton Fugger. 2. Band: 1536—1548 (Teil I: 1536—1543), Schwäbische Forschungsgemeinschaft bei der Kommission für bayerische Landesgeschichte, Reihe 4, Bd. 8, Studien zur Fuggergeschichte, hrsg. v. G. v. Pölnitz, Bd. 17, Tübingen 1963.

In Ergänzung verwendete Literatur

I. Bücher

Bauer, Clemens: Unternehmung und Unternehmungsformen im Spätmittelalter und in der beginnenden Neuzeit. Münchner Volkswirtschaftliche Studien, Neue Folge, hrsg. v. W. Lotz, J. Strieder, A. Weber und O. v. Zwiedineck — Südenhorst, Heft 23, Jena 1936.

Ehrenberg, Richard: Das Zeitalter der Fugger. Geldkapital und Kreditverkehr im 16. Jahrhundert, 2 Bde., 3. Aufl., Jena 1922 (1. Aufl. 1896).

Fayol, Henri: Allgemeine und industrielle Verwaltung, München und Berlin 1929.

Goldschmidt, L.: Universalgeschichte des Handelsrechts. 1. Lieferung, Stuttgart 1891.

Hellauer, Josef: Welthandelslehre. Handelsverkehrslehre mit besonderer Berücksichtigung des Außenhandels, Wiesbaden 1950.

Hennig, Karl Wilhelm: Betriebswirtschaftliche Organisationslehre, 3. Aufl., Berlin/Göttingen/Heidelberg 1957 (1. Aufl. 1934).

Jansen, Max: Die Anfänge der Fugger (bis 1494), Studien zur Fuggergeschichte, hrsg. v. J. Strieder, 1. Bd., Leipzig 1907.

— Jakob Fugger der Reiche. Studien und Quellen I, Studien zur Fuggergeschichte, hrsg. v. J. Strieder, 3. Bd., Leipzig 1910.

Liefmann, Robert: Die Unternehmungsformen mit Einschluß der Genossenschaften und der Sozialisierung, Bd. I von: Die Unternehmungen und ihre Zusammenschlüsse, 4. Aufl., Stuttgart 1928 (1. Aufl. 1912).

— Kartelle, Konzerne und Trusts, Bd. II von: Die Unternehmungen und ihre Zusammenschlüsse, 8. Aufl., Stuttgart 1930 (1. Aufl. 1905).

Linhardt, Hanns: Grundlagen der Betriebsorganisation, Betriebswirtschaftliche Bibliothek, hrsg. v. W. Hasenack, Reihe A/VI, Essen 1954.

— Bankbetriebslehre, Band I: Bankbetrieb und Bankpolitik, Bankwirtschaftliche Schriftenreihe, hrsg. v. H. Linhardt, Köln und Opladen 1957.

Linhardt, Hanns: Die historische Komponente der funktionalen Betriebswirtschaftslehre, Betriebswirtschaftliche Schriften, Heft 14, Berlin 1964.

— Nürnbergs Bankwirtschaft. Antrittsvorlesung an der Hochschule für Wirtschafts- und Sozialwissenschaften zu Nürnberg, Nürnberg o. J. (1957).

Löffelholz, Josef: Geschichte der Betriebswirtschaft und der Betriebswirtschaftslehre. Altertum — Mittelalter — Neuzeit bis zu Beginn des 19. Jahrhunderts, Betriebswirtschaftliche Abhandlungen, Bd. 23, Stuttgart 1935.

Luther, Martin: Von Kaufhandlung und Wucher. Ein Sermon aus dem Jahre 1524, abgedruckt in: Sozialwissenschaftliche Schriftenreihe, Nr. 3, hrsg. v. H. Holtzhauer und D. Roser, Schwenningen 1947.

Nordsieck, Fritz: Betriebsorganisation. Betriebsaufbau und Betriebsablauf, Stuttgart 1961.

Passow, Richard: Betrieb, Unternehmung, Konzern. Beiträge zur Lehre von den Unternehmungen, hrsg. v. R. Passow, Heft 11, Jena 1925.

— Kartelle. Beiträge zur Lehre von den Unternehmungen, hrsg. v. R. Passow, Heft 13, Jena 1930.

Penndorf, Balduin: Geschichte der Buchhaltung in Deutschland, Leipzig 1913.

Pölnitz, Götz Frhr. v.: Fugger und Hanse. Ein hundertjähriges Ringen um Ostsee und Nordsee, Tübingen 1953.

Prion, Willi: Die Lehre vom Wirtschaftsbetrieb (Allgemeine Betriebswirtschaftslehre). Drittes Buch. Der Wirtschaftsbetrieb als Betrieb (Arbeit), Berlin 1936.

Reinhardt, E.: Jakob Fugger der Reiche aus Augsburg. Zugleich ein Beitrag zur Klärung und Förderung unseres Verbandswesens, Berlin 1926.

Riester, W.: Die Organisation. In: W. Prion: Die Lehre vom Wirtschaftsbetrieb. Drittes Buch, Berlin 1936.

Schäfer, Erich: Die Unternehmung. Einführung in die Betriebswirtschaftslehre, 4. Aufl., Köln und Opladen 1961 (1. Aufl. 1949).

Schnutenhaus, Otto R.: Allgemeine Organisationslehre. Sinn, Zweck und Ziel der Organisation, Berlin 1951.

Sombart, Werner: Der moderne Kapitalismus. Historisch-systematische Darstellung des gesamten europäischen Wirtschaftslebens von seinen Anfängen bis zur Gegenwart, 1. und 2. Bd., 5. Aufl., München und Leipzig 1922 (1. Aufl. 1902).

Strieder, Jakob: Jakob Fugger der Reiche, Leipzig 1926.

— Studien zur Geschichte kapitalistischer Organisationsformen. Monopole, Kartelle und Aktiengesellschaften im Mittelalter und zu Beginn der Neuzeit, 2. Aufl., München und Leipzig 1925 (1. Aufl. 1914).

Ulrich, Hans: Betriebswirtschaftliche Organisationslehre, Bern 1949.

Weber, Alfred: Über den Standort der Industrien. Erster Teil: Reine Theorie des Standorts, Tübingen 1909.

Weber, Max: Wirtschaftsgeschichte. Abriß der universalen Sozial- und Wirtschaftsgeschichte. Aus den nachgelassenen Vorlesungen, hrsg. v. S. Hellmann und M. Palyi, 3. Aufl., Berlin 1958 (1. Aufl. 1923).

Weitnauer, Alfred: Venezianischer Handel der Fugger nach der Musterbuchhaltung des Matthäus Schwarz, Studien zur Fuggergeschichte, hrsg. v. J. Strieder, 9. Bd., München und Leipzig 1931.

II. Aufsätze in Sammelwerken

Ehrenberg, Richard / Jakob *Strieder:* Faktoren, Faktoreien. In: Handwörterbuch der Staatswissenschaften, 4. Aufl., hrsg. v. L. Elster, A. Weber und F. Wieser, 3. Bd., Jena 1926, S. 919—921.

Eisfeld, Curt: Betrieb, Firma, Unternehmung. In: Der Betrieb in der Unternehmung, Festschrift für Wilhelm Rieger zu seinem 85. Geburtstag, hrsg. v. J. Fettel und H. Linhardt, Stuttgart 1963, S. 1—10.

Fischer, Rudolf: Die Personenvereinigungen. In: Handbuch des gesamten Handelsrechts, hrsg. v. V. Ehrenberg, 3. Bd., I. Abt., Leipzig 1916.

Gönnewein, Otto: Stapelrecht. In: Handwörterbuch der Sozialwissenschaften, zugleich Neuauflage des Handwörterbuchs der Staatswissenschaften, hrsg. v. E. v. Beckerath u. a., Bd. X, Stuttgart/Tübingen/Göttingen 1959, S. 21 f.

Hintner, Otto: Standortwahl. In: Handwörterbuch der Betriebswirtschaft, 3. Aufl., hrsg. v. H. Seischab und K. Schwantag, Bd. III, Stuttgart 1958, Sp. 5053—5058.

Linhardt, Hanns: Kapitalwirtschaft und Kapitalrechnung. In: Die Unternehmung im Markt, Festschrift für Wilhelm Rieger zu seinem 75. Geburtstag, Stuttgart und Köln 1953, S. 39—65.

Palyi, Melchior: Das Problem der Unternehmungsform. In: Grundriß der Betriebswirtschaftslehre, hrsg. v. W. Mahlberg, E. Schmalenbach, F. Schmidt, E. Walb, Bd. 2: Die Betriebsverwaltung, Leipzig 1927, S. 96—125.

Pölnitz, Götz Frhr. v.: Die Anfänge der Weißenhorner Barchentweberei unter Jakob Fugger dem Reichen. In: Festschrift für Hans Liermann zum 70. Geburtstag, Erlanger Forschungen, Reihe A, Bd. 16, Erlangen 1964, S. 196—220.

— Jakob Fugger und der Streit um den Nachlaß des Kardinals Melchior von Brixen. In: Quellen und Forschungen aus italienischen Archiven und Bibliotheken, Bd. XXX, Jg. 1941.

— Jakob Fuggers Zeitungen und Briefe an die Fürsten des Hauses Wettin in der Frühzeit Karls V. 1519—1525. In: Nachrichten von der Akademie der Wissenschaften in Göttingen. Philologisch-historische Klasse, Jg. 1941, Nr. 2.

Schäfer, Erich: Marktforschung. In: Handwörterbuch der Sozialwissenschaften zugleich Neuauflage des Handwörterbuchs der Staatswissenschaften, hrsg. v. E. v. Beckerath u. a., Bd. VII, Stuttgart/Tübingen/Göttingen 1961, S. 147—161.

Seyffert, Rudolf: Handel (Begriff und Funktionen). In: Handwörterbuch der Betriebswirtschaft, 3. Aufl., hrsg. v. H. Seischab und K. Schwantag, Bd. III, Stuttgart 1958, Sp. 2495—2499.

Sieveking, Heinrich: Entwicklung, Wesen und Bedeutung des Handels, Grundriß der Sozialökonomik, 2. Aufl., V. Abteilung: Handel, Transportwesen, Bankwesen, I. Teil, Tübingen 1925 (1. Aufl. 1918).

III. Aufsätze in Zeitschriften

Kühn, Kurt: Marktforschung. Aus der Geschichte einer wirtschaftlichen Aufgabe. In: Jahrbücher für Nationalökonomie und Statistik, hrsg. v. O. v. Zwiedineck — Südenhorst und S. Albrecht, Bd. 150, Jena 1939, S. 419—439.

Linhardt, Hanns: Güterverkehr und Zahlungsverkehr im Fernhandel des Mittelalters und zu Beginn der Neuzeit, Besprechungsaufsatz zu van Kla veren. In: Zeitschrift für handelswissenschaftliche Forschung, Neue Folge, 13. Jg., 1961, S. 203—206.

— Der Kapitalmarkt im System der Märkte und die Kapitalmarktpolitik der Banken. In: Österreichisches Bankarchiv, 4. Jg., 1956, S. 8—24.

Schmoller, Gustav: Zur Geschichte der nationalökonomischen Ansichten in Deutschland während der Reformationsperiode. In: Zeitschrift für die gesamte Staatswissenschaft, 16. Bd., Jg. 1860, S. 461—716.

Schuster, Leo: Die Rolle der Nürnberger Kaufherren am Fondaco dei Tedeschi in Venedig, Diplomarbeit, abgedruckt in: Mitteilungen aus der Stadtbibliothek Nürnberg, Jg. 11, Heft 1, Mai 1962, S. 1—54.

Strieder, Jakob: Die Inventur der Firma Fugger aus dem Jahre 1527. In: Zeitschrift für die gesamte Staatswissenschaft, Ergänzungsheft 17, Tübingen 1905.

Beiträge zur älteren Geschichte der Buchhaltung in Deutschland

Von

Manfred Ricker

Inhaltsverzeichnis

A. Das historische Bild der kaufmännischen Buchhaltung 115

I. Die Entwicklung der Buchhaltung 115

1. In Deutschland 115
2. In den anderen Ländern 118
3. Mögliche Ergänzungen zur Entwicklung in Deutschland 121
   a) Aufgrund der älteren Forschung am Ende des 19. Jahrhunderts 121
   b) Aufgrund der neueren Forschung über die Geschichte der Buchhaltung im 20. Jahrhundert 122

II. Die Bedeutung der Buchhaltung 123

B. Ergänzungen zur Geschichte der einfachen Buchhaltung im 13. bis 15. Jahrhundert 126

I. Die Entstehung der kaufmännischen Buchhaltung aus den Erfordernissen der Wirtschaft 126

1. Die Städte als Zentren eines blühenden, weltweiten Handels .. 126
2. Die Handelsunternehmungen als Träger der Wirtschaft 129
3. Die Bedeutung der Handelsunternehmung für die Entstehung der Buchhaltung 131

II. Die einfache Buchhaltung als erste Form einer methodischen Buchhaltung 134

1. Die Anfänge der einfachen Buchhaltung in Italien im 13. Jahrhundert 134
2. Die Entwicklung der einfachen Buchhaltung in Deutschland im 14. und 15. Jahrhundert 136
   a) Die einfache Buchhaltung als ein nicht vollwertiger Ersatz der doppelten Buchhaltung 136
   b) Der Inhalt der Handlungsbücher im allgemeinen 138

III. Die Anfänge einer Betriebsbuchhaltung 141

IV. Die Entstehung verschiedener Begriffe zur Buchhaltung 144

C. Ergänzungen zur Geschichte der doppelten Buchhaltung im 14. bis 16. Jahrhundert 146

I. Das Aufkommen der doppelten Buchhaltung in Italien zu Beginn des 14. Jahrhunderts 146

1. Entstehungsursachen 146
2. Die Anfänge in den bedeutenden italienischen Handelsstädten 147
   a) Kurzer Blick auf die italienische Wirtschaft im Spätmittelalter 147
   b) Die Buchhaltung in Genua 149

c) Die Buchhaltung in Toskana ... 150
d) Die Buchhaltung in Venedig ... 152
3. Die italienische Buchhaltungsliteratur als Teil einer frühen Einzelwirtschaftslehre ... 153
a) Benedetto Cotrugli Raugeo ... 153
b) Luca Pacioli ... 154
c) Don Angelo Pietra ... 158

II. Entwicklung und Stand der doppelten Buchhaltung in Deutschland im 16. Jahrhundert ... 158
1. Die wirtschaftliche Lage in Deutschland zu Beginn der Neuzeit 158
2. Die unter italienischem Einfluß stehende doppelte Buchhaltung in Deutschland ... 160
3. Die durch Paciolis Werk angeregte deutsche Buchhaltungsliteratur ... 162

III. Die Entstehung des Kontos und seine Entwicklung ... 163

IV. Die Bücher der doppelten Buchhaltung ... 166

V. Die Entwicklung der Abschlußbuchungen ... 168
1. In Italien ... 168
2. In Deutschland ... 170

VI. Die Anfänge des Revisionswesens ... 172

D. Neue Veröffentlichungen zur Buchhaltungstechnik bedeutender deutscher Handelsunternehmungen aus dem 14., 15. und 16. Jahrhundert .. 175

I. Die Bedeutung der Buchhaltung in den frühen kapitalistischen Unternehmungen ... 175
1. Die Organisation der Buchhaltung in den Kontoren ... 175
2. Die Person des Buchhalters ... 177

II. Die Anwendung der einfachen Buchhaltung in den Handelsunternehmungen des 14. und 15. Jahrhunderts ... 178
1. Die Buchhaltung der Holzschuher um 1305 ... 178
2. Die Buchhaltung von Warendorp und Klingenberg um 1330 .. 180
3. Die Buchhaltung der Großen Ravensburger Gesellschaft um 1470 ... 181
4. Die Einkaufsbuchhaltung des Paul Mulich von 1495 ... 183

III. Die Kenntnis der doppelten Buchhaltung bei den Handelsunternehmungen des 16. Jahrhunderts ... 184
1. Die Buchhaltung der Fugger um 1520 ... 184
2. Die Buchhaltung der Welser um 1550 ... 191
3. Die Buchhaltung der Nürnberger Gesellschaft Walther, Perger und Finckh um 1550 ... 194

E. Bilder von der Nürnberger Buchhaltung im 16. Jahrhundert ... 197
I. Die Buchhaltung des Wolf Kern um 1550 ... 199
II. Die Buchhaltung des Bartholomäus Viatis um 1580 ... 207

Literaturverzeichnis ... 213
1. Bücher ... 213
2. Zeitschriften ... 217

A. Das historische Bild der kaufmännischen Buchhaltung

I. Die Entwicklung der Buchhaltung

1. In Deutschland

„Wer in seiner Kunst Meister werden will, studiere deren Geschichte. Ohne historisches Fundament bleibt alles Können unvollkommen und das Urteil über die Erscheinungen der Gegenwart unsicher und unreif[1].“ Mit diesen Worten kennzeichnet der Betriebswirtschaftler B. *Penndorf* den „praktischen Zweck“ seiner Arbeit. Ferner sei damit, so schreibt er weiter, auch ein „wissenschaftlicher Zweck“ verbunden. Wie jede andere Wissenschaft, so habe auch die Buchhaltungswissenschaft die Aufgabe, die Quellen ihrer Entstehung und ihrer Entwicklung zu verfolgen[2].

Um diese Aufgabe lösen zu können, war ein umfangreiches Quellenstudium notwendig. Es galt, die alten kaufmännischen Handlungsbücher und Buchhaltungslehrbücher aufzufinden und auszuwerten. Nach und nach zeichnete sich der Weg ab, den die Buchhaltung vom 14. bis zum 20. Jahrhundert in Deutschland zurückgelegt hatte. Diesen Entwicklungsgang teilt B. *Penndorf* in drei Abschnitte ein:

1. Die erste Stufe der Entwicklung vollzieht sich in dem Zeitraum zwischen dem Beginn des 14. Jahrhunderts und dem Ende des 15. Jahrhunderts. Sie ist gekennzeichnet durch eine empirisch aufgebaute Buchhaltung. B. Penndorf nennt sie „einfache Buchhaltung“.
2. Die zweite Stufe umfaßt das ganze 16. Jahrhundert und wird durch das Aufkommen der „doppelten Buchhaltung“ bestimmt.
3. Die dritte Stufe schließlich beginnt Anfang des 17. Jahrhunderts und reicht bis in die Gegenwart. In dieser Zeit entstehen besonders die „deutsche“, „französische“ und „amerikanische“ Buchhaltung.

In Deutschland tritt die einfache Buchhaltung vor der doppelten auf. Nach B. *Penndorf* kann über die Entstehung dieser ersten kaufmännischen Buchhaltung nichts genaues ausgesagt werden. Da der Inhalt der

---

[1] *Penndorf*, B.: Geschichte der Buchhaltung in Deutschland, Leipzig 1913, S. III.

[2] Vgl. *Isaac*, A.: Die Entwicklung der wissenschaftlichen Betriebswirtschaftslehre in Deutschland seit 1898, Berlin 1923, S. 95.

ältesten deutschen Handlungsbücher sowohl geschäftlicher als auch privater Natur ist, kann man zu der Annahme gelangen, daß sich die Buchführung aus der privaten Tagebuchführung entwickelt hat. Anfänglich überwiegen diese privaten Einträge sogar, die sich häufig um Familienangelegenheiten drehen. Seit der Mitte des 15. Jahrhunderts verlieren sie sich aber nach und nach.

Eine große Bedeutung erlangte die Buchführung auch bei den Handelsgesellschaften, galt es doch, bei der Liquidation genaue Rechnung abzulegen. B. Penndorf erblickt deshalb den Ursprung der kaufmännischen Buchführung insbesondere in den Handelsgesellschaften[3].

Mitte des 14. Jahrhunderts finden wir bereits Anordnungen der Städte (z. B. von Freiburg) zur Führung von Büchern. Diese Vorschriften scheinen zu einer Zeit erlassen worden zu sein, in der Lesen und Schreiben noch kein Allgemeingut des Kaufmanns geworden waren. Zusammen mit diesen Verordnungen erlangten die ordnungsgemäßen Einträge vor Gerichten eine allgemein anerkannte Beweiskraft zugunsten des Buchführers[4]. Wenn die behördlichen Anordnungen auch weniger zur Entstehung der Buchhaltung beigetragen haben, so haben sie doch der Verbreitung der Buchhaltungskunst gedient.

Häufig werden die Kaufleute auch nach ihren Büchern besteuert. Von den *Runtingern* wissen wir, daß sie die arabischen Ziffern in ihren Büchern verwandten, die die Regensburger Beamten nicht lesen konnten, und dadurch einer hohen Besteuerung entgingen.

Die einfachste Form der einfachen Buchhaltung, wie sie im 14. Jahrhundert von Johann *Wittenborg* in Lübeck, von Johann *Tölner* in Rostock und von den *Geldersen* in Hamburg gebraucht wurde, besteht nur aus formlosen Einträgen der Kreditgeschäfte. Bargeschäfte aufzuzeichnen, hält man anfänglich für überflüssig und erst nach und nach trägt man alle Geschäfte ein. Früh jedoch tritt ein Streben nach Ordnung und Übersichtlichkeit hervor. So schreibt man die Einkäufe in den einen Teil, die Verkäufe in den anderen Teil seines Geschäftsbuches. Im 15. Jahrhundert fängt man damit an, die Leistung an einen Kunden und dessen Gegenleistung einander gegenüber zu stellen. Der Grundstein für die Errichtung von Konten (zuerst nur Personenkonten) ist somit gelegt.

Die Einträge in den Handlungsbüchern erfolgen anfänglich in lateinischer Sprache (so Wittenborg, Tölner, Geldersen) und mit römischen Zahlen. Bereits die Runtinger schreiben um 1400 ihre Buchungen in

---

[3] *Penndorf*, B.: Geschichte der Buchhaltung in Deutschland, a.a.O., S. 36.

[4] *Goldschmidt*, L.: Universalgeschichte des Handelsrechts, 1. Lieferung, 1. Abteilung des 1. Bd., von: Handbuch des Handelsrechts, 3. Aufl., Stuttgart 1891, S. 247 f.

deutscher Sprache und verwenden, wie schon erwähnt, teilweise arabische Ziffern. Auch der reiche Nürnberger Patrizier Paul *Muffel* (1387) schreibt in seinem Salbuch deutsch und rechnet mit arabischen Ziffern. Der Vorfahre des unglücklichen Losungers Nikolaus Muffel überschreibt sein Wirtschaftsbuch so: „Stend hernach geschriben die Gut und die Gült, die dem Paulus Muffel, Burger zu Nurenberg angehören und im Zinsen und gelten alle Jar[5]."

Im 16. Jahrhundert haben wir nun zwei Arten von Zeugnissen, die über die weitere Entwicklung der Buchhaltung Auskunft geben: die Handlungsbücher der Kaufleute und die Lehrbücher der städtischen Rechenmeister. Sie berichten von einer neuen Form der Buchhaltung, der doppelten Buchhaltung, die die einfache Verbuchung abgelöst hat. Die neue Buchhaltungskunst wird anfänglich von den Kaufleuten als Geschäftsgeheimnis streng gehütet. Als der Nürnberger Lorenz *Meder* im Jahre 1558 ein „Handelbuch" veröffentlicht und darin auch die Buchhaltung beschreibt, ist er sofort scharfen Angriffen ausgesetzt, weil er wichtige Geheimnisse der Kaufleute ausplaudere[6]. Noch *Savary* (1675) muß sich gegen ähnliche Angriffe der Kaufleute wehren.

Ähnlich der einfachen Buchführung hat auch die doppelte eine lange Entwicklung durchgemacht. Entstanden und ausgebildet wurde die neue Form in den oberitalienischen Handelsstädten. Durch den regen wirtschaftlichen Verkehr zwischen Italien und Deutschland wurde sie auch den deutschen Kaufleuten bekannt. Im 16. Jahrhundert buchen die großen deutschen Handelshäuser, wie die *Fugger* und *Haug* in Augsburg, Paulus *Behaim* in Nürnberg, jeden Geschäftsfall doppelt auf einer Soll- und einer Habenseite. Aber auch Krämer, wie *Hartbrunner* in Augsburg, beherrschen die neue Kunst des Buchhaltens.

Inzwischen ist auch die Kontenbildung fortgeschritten. Neben die traditionellen Personenkonten treten die Sachkonten, insbesondere Kapital-, Kassen-, Waren-, Handlungsunkosten- und schließlich auch das Gewinn- und Verlust-Konto. Wird am Anfang des 16. Jahrhunderts Soll und Haben noch untereinander gebucht, so geht man nach und nach dazu über, Abgänge und Zugänge einander gegenüberzustellen.

Ein bedeutender Fortschritt zeigt sich auch in der Anlage der Bücher. Bis zum Jahre 1500 hatte der deutsche Kaufmann meist nur ein einziges Buch geführt. Im 16. Jahrhundert kommen rasch andere dazu. Um 1550 führen die Gebrüder *Zangenmeister*[7] aus Memmingen Journal,

---

[5] *Hirschmann*, G.: Die Familie Muffel im Mittelalter, Diss. Erlangen 1948, S. 201.

[6] *Leitherer*, E.: Geschichte der handels- und absatzwirtschaftlichen Literatur, Köln und Opladen 1961, S. 36.

[7] *Penndorf*, B.: Die Entwicklung der Buchhaltung in Deutschland im 16. Jahrhundert, in: Zeitschrift für Handelswissenschaft und Handelspraxis, 8. Jg., 1915/16, S. 32.

Kapus (= Güterbuch mit den Sachkonten), Schuldbuch (mit den Personenkonten), Kassenbuch und sonstige Nebenbücher. Später wurden in Deutschland Kapus und Schuldbuch vereinigt, wie es in Italien schon immer gebräuchlich war.

Regelmäßige Abschlüsse bleiben unbekannt. Meist werden sie nur aus bestimmten Anlässen erstellt (Auflösung einer Gesellschaft usw.). Mit großer Sorgfalt wird dann eine Inventur gemacht und anschließend die Bilanz als eine Bestandsrechnung erstellt. Der Gewinn wird dann durch den Vergleich mit dem Vermögensbestand bei der letzten Abrechnung ermittelt. Der getrennte Gewinnachweis über das Gewinn- und Verlust-Konto bleibt noch unbekannt. Verbreitet ist auch die Partierechnung. Der Kaufmann ermittelt seinen Gewinn, wenn eine Warenpartie verkauft ist.

Am Ende des 16. Jahrhunderts hatte die Buchhaltung in Deutschland den hohen Stand der italienischen Buchführung erreicht. In Italien war das System der doppelten Buchhaltung schon 150 Jahre zuvor vollendet worden. Die einfache Buchhaltung war dagegen ganz in den Hintergrund gedrängt worden.

2. In den anderen Ländern

Buchhaltung bedeutet die planmäßige Aufzeichnung des Vermögens und seiner Veränderungen, „die lückenlose Biographie des Kapitals“[8] einer Unternehmung. Buchhalten bedeutet ferner ein rationales, ein Ordnung anstrebendes Verhalten des Wirtschaftenden. Wenn man in diesem Sinne von Buchhaltung spricht, „dann ist sie sehr, sehr alt. Sie geht zurück auf die Zeit, seit welcher der Mensch rechnet“[9].

Die Geschichte der Buchhaltung beginnt nach C. *Leyerer*[10] im Altertum, und zwar stammen die ältesten Schriftquellen aus Babylonien und Ägypten. Die Wirtschaft dieser Länder hatte bereits im 4. Jahrtausend v. Chr. eine hohe Entwicklung erreicht. In Babylonien erließ König *Hammurabi* um 2200 v. Chr. die ersten Vorschriften über die Buchführung der königlichen Wirtschaft. Von den Ägyptern sind Aufzeichnungen über die Leistungen der königlichen Getreidespeicher gefunden worden. Diese Buchführungstechnik übernahmen dann die Griechen und Römer und bauten sie weiter aus.

---

[8] *Pape*, E.: Grundriß der doppelten Buchführung aus dem Wesen der kaufmännischen Unternehmung erklärt, 2. Aufl., Leipzig 1921, S. III.

[9] *Sykora*, G.: Systeme, Methoden und Formen der Buchhaltung, Wien 1952. S. 9.

[10] *Leyerer*, C.: Historische Entwicklung der Buchführung seit der ersten Kenntnis bis zum 17. Jahrhundert, in: Zeitschrift für handelswissenschaftliche Forschung, 16. Jg., 1922, S. 133 ff.

An anderer Stelle hat Prof. *Leyerer* die rund 5000 Jahre umfassende Geschichte der Buchhaltung in Asien, Afrika und Europa in drei Abschnitte eingeteilt, deren zwei letzte Teile für uns in Betracht kommen[11]:

1. Die erste Periode umfaßt die Zeit von 3750 v. Chr. bis etwa 1200 n. Chr. Ein ausgebildetes Rechnungswesen besaßen in dieser Zeit die Babylonier, Ägypter, Griechen und Römer. Direkte Angaben über die gewiß hochstehende private und öffentliche Buchführung der Griechen und Römer sind nicht bekannt geworden. R. Beigel[12], der die Buchhaltung der Römer erforscht hat, vermutet sogar, daß den römischen Kaufleuten die doppelte Buchhaltung schon bekannt war. Den Beweis dafür muß er schuldig bleiben.

   Über die Buchhaltung in der Zeit zwischen dem Ende des römischen Reiches und dem Beginn des italienischen Frühkapitalismus erfahren wir nichts.

2. Die zweite Periode reicht vom 13. Jahrhundert bis in die Mitte des 15. Jahrhunderts und ist eine Übergangsperiode. Das Konto als eine Ansammlung von Buchungen erlangt eine große Bedeutung und der Saldo wird allmählich ein Bindeglied von altem und neuem Konto. Es ist die Periode der sog. einfachen Buchhaltung, die auf den Konten zwar eine Gegenüberstellung von Soll und Haben kennt, aber im Gegensatz zur sog. doppelten Buchhaltung alle Geschäftsfälle nur einmal verbucht.

3. In der dritten Periode schließlich herrscht die doppelte Buchhaltung vor. Bei der Doppik wird jeder Geschäftsfall auf zwei Konten, einmal im Soll und einmal im Haben, verbucht. — Die Entwicklung der Buchführung geht mit der Entwicklung des Kapitals parallel. Der Beginn der Doppik liegt deshalb im wirtschaftlich hoch entwickelten Italien des 14. Jahrhunderts.

   Das 15. Jahrhundert bringt dann die Ausbreitung der doppelten Buchhaltung über ganz Europa[13]. Dazu tragen besonders die Filialen italienischer Firmen im Ausland bei. Das Pratoer Unternehmen di Marco führt die Doppelbuchhaltung nacheinander in seinen Niederlassungen in Barcelona (1393), in Palma und Valencia (1396) und in Avignon (1398) ein. Die Bank Filipo Borromei e Comp. aus Mailand unterhält um 1430 Filialen in London, Brügge, Barcelona usw., die die doppelte Buchführung benützen. Jakob Badoer führt von 1436 bis 1439 in Konstantinopel seine Bücher nach dem Prinzip der Doppik.

---

[11] *Leyerer*, C.: Theorie und Geschichte der Buchhaltung, Brünn 1919, S. 22 ff.

[12] *Beigel*, R.: Beitrag zur Frage der Erfindung der doppelten Buchführung, in: Zeitschrift für Handelswissenschaft und Handelspraxis, 2. Jg., 1909/10, S. 65.

[13] Vgl. *Roover*, R. de: La Formation et l'expansion de la comptabilité à partie double, in: Annales d'Histoire Economique et Sociale, 9. Jg., Paris 1937, S. 277 f.

Die Bank von Barcelona, die 1400 gegründete „Taula de cambi", übernimmt gleich bei der Gründung das neue System, obwohl sie noch mit römischen Zahlen rechnet. In Antwerpen und Brügge kennen die Kaufleute das doppelte Verbuchen allgemein seit dem Ende des 15. Jahrhunderts[14]. Nach Deutschland hat die Doppik erst recht spät ihren Weg gefunden, denn die ersten Beweise ihrer Anwendung stammen aus den Jahren um 1510.

Am Ende des 16. Jahrhunderts ist das System der doppelten Buchhaltung überall vollendet. Es steht als ein „fertiger Bau"[15] vor uns. Durch die politischen Verhältnisse bedingt, tritt, vor allem in Deutschland, ein Stillstand in der weiteren Entwicklung der Rechnungsführung ein. Erst am Ende des 17. Jahrhunderts wird durch die Aufteilung der Grundbücher ein Fortschritt erzielt. Erfinder dieser verbesserten Übertragungstechnik sind die Franzosen Jacques Savary[16] und de la Porte[17], deren Werke auch in Deutschland rasch bekannt werden.

Betrachtet man die Geschichte der Buchhaltung in ihrem gesamten Verlauf, so ließe sich die Rechnungslegung im Altertum und Mittelalter bis zum 13. Jahrhundert als die „älteste Geschichte" der Buchführung bezeichnen. Der Beginn einer zweiten Phase, die „ältere Geschichte" der Buchhaltung, fällt zusammen mit dem Entstehen des italienischen Frühkapitalismus um das Jahr 1250. Abgeschlossen wird diese Periode durch den Beginn des 30jährigen Krieges, der viele renommierte Unternehmen zusammenbrechen läßt. Ende des 17. Jahrhunderts wird der Merkantilismus (Colbertismus) geboren. Zugleich beginnt ein neuer Abschnitt in der Geschichte der Buchhaltung, der logischerweise als die „neuere Geschichte" der Buchhaltung bezeichnet werden müßte. Diese für die Universalgeschichte der Buchhaltung gewählte Einteilung stimmt wesentlich mit der von B. *Penndorf* für Deutschland vorgeschlagenen überein. — Als Beweis für die Richtigkeit unserer Gliederung möge die Schrift eines frühen Buchhaltungsschriftstellers dienen. *Gammersfelder* erkennt bereits Mitte des 16. Jahrhunderts, daß das System der doppelten Buchführung vollendet ist, und nur noch „technische Verbesserungen" daran möglich sind. Der Danziger Rechenmeister schreibt in seinem 1570 erschienenen Werk „Buchhalten nach italienischer Art" im Vorwort gegen seine Kritiker, die ihn des Plagiats bezichtigen, u. a.: „Wiewohl ich von etlichen meinen Widersachen, die das Buchhalten nicht anders ansehen können / Dann wie eine Küe ein new Thor an-

[14] *Sieveking,* H.: Zur Entstehung und Verbreitung der doppelten Buchführung, in: Beiträge zur Buchführung und kaufmännischen Arithmetik, Zürich 1944, S. 22 f.

[15] *Penndorf,* B.: Geschichte der Buchhaltung in Deutschland, a.a.O., S. 187.

[16] Vgl. *Savary,* J.: Der vollkommene Kaufmann, Paris 1675.

[17] Vgl. *De la Porte:* Führer der Kaufleute und Buchhalter, 1685.

siehet / ... allein das sie mich bey vnwissenden des Buchhaltens verkleinern Vnd sagen / Wie das mein Buchhalten ein altes Buchhalten sey / deßgleichen Simon (= Wolfgang) Schweicker auch beschrieben habe... / Ich kan aber darum nicht sagen (er meint Schweicker und andere Schriftsteller) / das derselben einer / diese Art ernstlich erfunden habe / vnd zuvor nicht auch gewesen sey / sondern das viel Hundert Jar bey den Italienern für ein gemeine Weise ist gehalten vnnd gebraucht worden / ... Wie ich nun Art vnd weise aus jren Büchern gelernet, also haben sie es von jhren Meistern auch lernen müssen / Vnd darff keiner gedenken / das je einer solte herfür kommen / der ein newe Art des Italienischen Buchhaltens zuschreiben erfünden köndte / sondern ein jeder muß es bey dem alten geprauch vnd den darzu gehörigen Regeln bleiben lassen..."[18]

3. Mögliche Ergänzungen zur Entwicklung in Deutschland

a) Aufgrund der älteren Forschung am Ende des 19. Jahrhunderts

B. *Penndorf* hat seine Darstellung auf Deutschland beschränkt. Nur so konnte er zu einer inneren Geschlossenheit seiner Arbeit, zu „praktischen Ergebnissen"[19] gelangen. Diese „nationale" Buchhaltungsgeschichte läßt aber beim Leser den Eindruck entstehen, als hätte sich die deutsche Buchhaltung ohne Einfluß von außen entwickelt. Heute wissen wir, daß die deutschen Kaufleute des 16. Jahrhunderts ein geordnetes Rechnungswesen übernahmen, das die Italiener schon 150 Jahre zuvor ausgebildet hatten. Die klugen deutschen Kaufleute, von den Vorteilen des italienischen Systems überzeugt, schickten ihre Söhne und Gehilfen nach dem Süden, damit sie hier den Handel und das Buchhalten erlernten. So berichtet L. *Schuster* von bekannten Nürnberger Kaufherren, die ihre Söhne und Verwandten zu venezianischen Kaufleuten in die Lehre gaben[20]. Von den Buchhaltungshistorikern E. L. *Jäger* und C. P. *Kheil,* die seit 1875 besonders die frühe italienische Buchhaltung erforschten, erfahren wir ebenfalls von den engen Beziehungen zwischen der deutschen und italienischen Buchhaltungsgeschichte. Dasselbe Forschungsgebiet hatten sich auch die Zeitgenossen des Leipzigers Penndorf, die Professoren C. *Leyerer* und H. *Sieveking* ausgewählt. Wir gebrauchen ihre Arbeiten, um den Nachweis zu erbringen, wie sich die einfache und doppelte Buchhaltung entwickelt haben, und wie sie, insbesondere das doppelte Verbuchen, in Deutschland Eingang gefunden haben.

---

18 *Penndorf,* B.: Geschichte der Buchhaltung in Deutschland, a.a.O., S. 141.

19 *Penndorf,* B., a.a.O., S. IV.

20 *Schuster,* L.: Die Rolle der Nürnberger Kaufherren am Fondaco dei Tedeschi in Venedig, Nürnberger Diplomarbeit, abgedruckt in: Mitteilungen aus der Stadtbibliothek Nürnberg, Jg. 11, Heft 1, Mai 1962, S. 30 f.

b) *Aufgrund der neueren Forschung über die Geschichte der Buchhaltung im 20. Jahrhundert*

Zuerst wären einige Kleinigkeiten anzumerken. Für B. *Penndorf* stand die Gesamtdarstellung der Buchhaltungshistorie im Vordergrund. Deshalb mußte er zuweilen auf ein tieferes Eindringen in Detailfragen verzichten. So kommt J. *Löffelholz* bei der Penndorfschen Darstellung der Fuggerbuchhaltung zu dem Ergebnis, daß sie kein vollständiges Bild dieses komplizierten Rechnungswesens ergebe[21]. Zuweilen hat auch die neuere Forschung die Ausführungen des verdienstvollen Professors widerlegt[22], da man die geschichtlichen Zusammenhänge kennenlernte und so zu einer anderen Würdigung der historischen Fakten kam. Ein allgemeiner, nicht unbedeutend zu nennender Mangel, haftet dieser Gesamtdarstellung noch an. Der „unübertroffene Historeograph" der „Geschichte der Buchhaltung in Deutschland"[23], wie H. *Linhardt* den Leipziger Professor zu Recht genannt hat, stützte sich bei seiner Arbeit auf ein umfangreiches Quellenmaterial. Unbestritten kann in der Geschichte nur durch Quellenstudium ein Fortschritt erzielt werden. Eine geschichtliche Darstellung sollte aber nicht nur aus einer Aneinanderreihung durch Zufall entdeckter, historischer Fakten bestehen. Vielmehr hat jede geschichtliche Arbeit die Aufgabe, Ursache einer Erscheinung, diese selbst und die Wirkung einer Erscheinung gleichermaßen darzulegen. „Nicht die nackte Darstellung der verschiedenen Lehren und Theorien", nicht ein chronologischer Bücherbericht kann das Ziel einer geschichtlichen Betrachtung sein, sondern die „Darstellung der verschiedenen Lehren und Theorien aus ihrer Entstehung und historischen Bedingtheit heraus"[24, 25]. Die Buchhaltung ist eine Erscheinung der Wirtschaft und nur aus ihr heraus ist ihre Entstehung und Entwicklung zu verstehen.

In neuerer Zeit hat E. *Leitherer* in seiner „Geschichte der handels- und absatzwirtschaftlichen Literatur", Köln 1961, gezeigt, wie wichtig es ist, bei einem betriebswirtschaftlich-historischen Thema auch den

---

[21] Vgl. *Löffelholz*, J.: Geschichte der Betriebswirtschaft und der Betriebswirtschaftslehre, Stuttgart 1935, S. 150, Fußnote. — Die Darstellung der Fuggerbuchhaltung beschränkt sich „im großen und ganzen auf einen ganz knappen, auszugsweisen Abdruck ..., der keinen rechten Einblick in das Wesen jener Buchhaltung erlaubt".

[22] Vgl. *Penndorf*, B.: Geschichte der Buchhaltung in Deutschland, a.a.O., S. 3, Fußnote. — „Es (das Warendorpbuch) enthält ... Nachrichten über Haushaltungsausgaben und kommt daher für unsere Zwecke nicht in Betracht."

[23] *Linhardt*, H.: Die historische Komponente der funktionalen Betriebswirtschaftslehre, Berlin 1964, S. 6.

[24] *Löffelholz*, J.: a.a.O., S. III.

[25] Vgl. *Penndorf*, B.: Entwicklungsgeschichte des Betriebslebens, in: Die Handelshochschule, 2. Aufl., Bd. 3, Teil 2, Wiesbaden o. J. — Hier hat Penndorf den „geschichtlichen Rahmen" mit einbezogen.

„geistigen Hintergrund" kurz mit einzubeziehen, der damals in der Wirtschaft fehlende Rechtsnormen ersetzte.

Die Geschichte kann weder als Tatsachensammlung noch als System auf die Theorie verzichten[26]. Die Theorie wird insbesondere da angewandt werden müssen, wenn nach der Bedeutung einer geschichtlichen Erscheinung gefragt ist.

Auf die Einschätzung und Würdigung der Buchhaltung im Zusammenhang mit der wirtschaftlichen und geistigen Entwicklung des Lebens in fünf Jahrhunderten soll im nächsten Abschnitt näher eingegangen werden.

II. Die Bedeutung der Buchhaltung

Fünf Jahrhunderte sollten genügen, um zu einem sicheren Urteil über eine historische Erscheinung zu gelangen. Bei der doppelten Buchhaltung haben sie nicht ausgereicht, da diese Erfindung Einfluß auf die Einzelwirtschaft und -slehre, auf die Gesamtwirtschaft und damit auf die menschliche Kultur überhaupt genommen hat und noch nimmt. Dieser Einfluß ist am Anfang so stark gewesen, daß man im Zweifel sein kann, schreibt W. *Sombart*[27], ob sich die Wirtschaft in der Buchhaltung ein Werkzeug geschaffen hat, um eine Ordnung aufrecht zu erhalten, oder ob die doppelte Buchhaltung erst den Kapitalismus geschaffen hat.

Wie sehr die Kaufleute des Mittelalters und der Neuzeit ein geordnetes Rechnungswesen schon zu schätzen wußten, zeigen die Ausführungen des Fuggerschen Hauptbuchhalters Matthäus *Schwarz* und die späteren Arbeiten der Handelsakademiker C. G. *Ludovici* und J. M. *Leuchs*. Ihre Aussagen über die betriebswirtschaftliche Bedeutung der Buchhaltung gelten noch für das 20. Jahrhundert ebenso, wie sie schon im 16. Jahrhundert anerkannt worden sind. Der intelligente Renaissancemensch Schwarz vergleicht die Buchführung mit einem Spiegel, der alle Geschäftsvorgänge wiedergibt: „Derhalben dienet dises buchhalten ainem jedem handelßman, ... das er zu allen zeiten kan wissen, wie es mit seinen wahren, Creditore vnd Debitore allenthalben steet; vnd siehts als fein vor im, als wann er sich selbst in ainem spiegel bsehe, daraus er im selbst, auch andern, zu aller zeit vmb sein thun vnd lassen allerlay handtierung halben, red vnd antwort, auch gute bschaid geben kan[28]." Der Leipziger Professor der Vernunftlehre, Ludo-

[26] Vgl. *Linhardt*, H.: Die historische Komponente der funktionalen Betriebswirtschaftslehre, a.a.O., S. 10. — Benennt zu dieser Frage Ortega y Gasset.

[27] *Sombart*, W.: Der moderne Kapitalismus, 2. Bd., 1. Halbband, 3. Aufl., München und Leipzig 1919, S. 118.

[28] *Weitnauer*, A.: Venezianischer Handel der Fugger, München und Leipzig 1931, S. 175. — Dieser hat die ganze „Musterbuchhaltung" des Schwarz auf

vici, schreibt: „Endlich beschäfftiget sich noch die Kaufmannschaft mit der Art und Weise, wie Buch über eine Handlung zu halten sey, das ist, mit der Anweisung, wie alles, was in einer Handlung, insonderheit von wegen des Ein- und Verkaufs, vorgeht, ordentlich zu Papiere zu bringen sey ... Der Nutzen des Buchhaltens besteht darin, daß ein Kaufmann, der nach dem italienischen Styl Buch hält, allezeit, und so oft es ihm beliebt, daraus den Zustand seiner Handlung sehen kann, nämlich, was sowohl an baaren Geldern und Waaren vorhanden, als auch was an Schulden ausständig ist, und was er wiederum zu bezahlen hat; zu welcher Zeit eine solche Schuld gefällig, an welcher Rechnung und an welcher Waare verloren oder gewonnen worden; was zu liefern und zu empfangen ist; und endlich, was das eigentliche Capital bleibt. Es ist diese Wissenschaft in Ansehung des Kaufmanns so nothwendig, daß er ohne ihre Kenntnis verderben muß, weil da, wo keine Ordnung ist, alles zu Grunde geht[29]." Der Theoretiker J. M. Leuchs sieht die Aufgabe der Buchführung besonders in der ständigen Berechnung des Kapitals. In einem feinen Stil schreibt er: „Der Zweck des Kaufmanns ist der Gewinn; und die Mittel zu diesem Zwecke die Verwendung seines Kapitalsfondes zum Handel. Um bestimmen zu können, ob er seinen Zweck erreicht, muß derselbe nicht nur wissen, was er besitzt, sondern er muß auch die Veränderungen dieses Besitzes überschauen können. Die Aufzeichnung oder Berechnung dieses Besitzes im allgemeinen heißt im Buchhalten Kapitalkonto (Kapitalberechnung)[30, 31]." Es mußte daher erst die Doppik erfunden sein, ehe die Riesenunternehmungen mit ihren gewaltigen Kapitalansammlungen entstehen konnten. Unter diesem Aspekt ist auch der Aufstieg des Fuggerschen Hauses zu betrachten, der erst begann, als unter dem genialen Jakob *Fugger* die doppelte Buchhaltung im Betrieb eingeführt wurde.

Die größte Bedeutung, die der Buchhaltung und Bilanz bei der Entstehung und Entwicklung der kapitalistischen Unternehmung, der Bankwirtschaft und damit der Gesamtwirtschaft im allgemeinen, beizumessen ist, versucht W. *Sombart* zu veranschaulichen und zu würdigen. In einem berühmten Metapher, der freilich keine strenge wissenschaftliche Aussage darstellen kann, spricht er von der Buchhaltung, als von einer

---

den Seiten 174—306 abgedruckt. Hieraus entstammen auch alle folgenden Zitate von Schwarz, die teilweise etwas verständlicher wiedergegeben sind.

29 *Ludovici*, C. G.: Grundriß eines vollständigen Kaufmanns-System, Nachdruck der 2. Aufl. von 1768, Stuttgart 1932, S. 6 f.

30 *Leuchs*, J. M.: System des Handels, Faksimiledruck der 1. Aufl. von 1804, Stuttgart 1933, § 164, S. 147.

31 Vgl. dazu *Linhardt*, H .:Kapitalwirtschaft und Kapitalrechnung, in: Die Unternehmung im Markt, Festschrift für W. Rieger zu seinem 75. Geburtstag, Stuttgart und Köln 1953, S. 54 ff.

der „folgenreichsten Erfindungen, besser Schöpfungen, des menschlichen Geistes. ... Die doppelte Buchhaltung ist aus demselben Geiste geboren wie die Systeme Galileis und Newtons. Man wird ohne viel Scharfsinn in der doppelten Buchhaltung auch schon die Ideen der Gravitation, des Kreislaufs des Blutes, der Erhaltung der Energie, ... keimhaft nachweisen können“[32].

Daneben ist die Buchhaltungslehre auch als ein Teil einer Einzelwirtschaftslehre zu betrachten, da schon zu Beginn der zweiten Periode dieser Wissenschaft (um 1500)[33] die ersten theoretischen Überlegungen zur Buchhaltung entstehen.

Nicht ermessen läßt sich auch der Einfluß, der von der doppelten Buchhaltung auf die menschliche Kultur ausgegangen ist. Nur wenige Denker haben sich mit dieser Frage beschäftigt. Der Historiker O. *Spengler* weist den Schöpfern der Buchhaltung eine hervorragende Stellung in der europäischen Geistesgeschichte zu, wenn er sagt, „in der Tat darf sich der Urheber der doppelten Buchhaltung seinen Zeitgenossen Kolumbus und Kopernikus ohne Scheu zur Seite stellen ...“[34]. Und J. W. *Goethe* läßt seinen Wilhelm Meister erklären: „Es (das doppelte Buchhalten) ist eine der schönsten Erfindungen des menschlichen Geistes und ein jeder gute Haushalter sollte sie in seiner Wirtschaft einführen.“ (Wilhelm Meisters Lehrjahre, 1. Buch, 10. Kap.).

Sicherlich hat die Buchführung zu allen Zeiten zur Denkschulung des Menschen beigetragen. In den Schulen der Rechenmeister, die ersten Lehrer, die die Buchhaltung im 16. Jahrhundert vorgetragen haben, kam der angehende Kaufmann und Buchhalter schon in jungen Jahren mit der „erzieherischen Wirkung“[35] der Buchhaltung in Berührung. Diese Wirkung bestand in dem ständigen Zwang zur Ordnung, Sauberkeit, Gründlichkeit und Verantwortungsbewußtsein.

Wie sehr auch die „Rechenhaftigkeit“, d. h. der Umgang mit Zahlen und die Vorstellung von rechnerischen Größen, durch die Buchhaltung gefördert werden mußte, betont besonders W. *Sombart*. Beruht doch die Buchhaltung auf dem „folgerichtig durchgeführten Grundgedanken, alle Erscheinungen nur als Quantitäten zu erfassen“[36]. Heute wird es zwar zu Recht abgelehnt, die Buchhaltung als Rechenoperation anzusehen, da sie mit gegebenen Größen rechnet, aber noch der berühmte Luca *Pacioli* stellte die Buchhaltung auf eine Stufe mit Arithmetik und Geometrie.

---

[32] *Sombart*, W.: a.a.O., S. 118 f.

[33] *Linhardt*, H.: Die Betriebswirtschaftslehre, in: Angriff und Abwehr im Kampf um die Betriebswirtschaftslehre, Berlin 1963, S. 131.

[34] *Spengler*, O.: Der Untergang des Abendlandes, Umrisse einer Morphologie der Weltgeschichte, Bd. II, 1.—15. Aufl., München 1922, S. 615.

[35] *Weber*, H.: Die heutige Buchhaltungsmethode als Ergebnis wirtschaftlicher, wirtschaftsunterrichtlicher und buchhaltungswissenschaftlicher Entwicklung, Diss. Nürnberg 1954, S. 185.

[36] *Sombart*, W.: a.a.O., S. 120.

B. Ergänzungen zur Geschichte der einfachen Buchhaltung im 13. — 15. Jahrhundert

I. Die Entstehung der kaufmännischen Buchhaltung aus den Erfordernissen der Wirtschaft

1. Die Städte als Zentren eines blühenden, weltweiten Handels

Im Mittelalter handelte die Kirche als Ordnerin des gesamten Lebens. Sie wirkte einem Egoismus und Machtstreben des Menschen in allen Lebensbereichen entgegen. Doch stand die Kirche einer positiven Wirtschaftsgesinnung des einzelnen nicht ablehnend gegenüber. Kommt das schon im „Ora et labora" der Benediktiner zum Ausdruck, so erst recht in den Schriften des Scholastikers *Thomas von Aquin*. Er befaßt sich bereits um 1250 mit wirtschaftspolitischen Themen[1]. Dabei erkennt er bereits, daß dem Handel eine gemeinwirtschaftliche Bedeutung zukommt. Das den Geldverkehr hemmende Zinsverbot der Kirche konnte auch er nicht ausräumen, wodurch weiter der Widerspruch zwischen Ideal und Wirklichkeit in der Wirtschaft bestehen blieb.

Damit diese Kluft nicht zu groß werde, so meint er, solle sich das wirtschaftliche Geschehen innerhalb einer Stadt abspielen, wo der Wirtschaftende unter den Augen der Kirche und der Bürger stand, denen er die lebenswichtigen Güter zu einem „gerechten Preis" verkaufen könne. Das würde dem Kaufmann zu einem standesgemäßen Auskommen genügen. Noch Pacioli vertritt in seinem Traktat über die Buchhaltung (1494) dieses vorkapitalistische Gedankengut: „Das Ziel eines jeden Kaufmannes ist die Erwerbung eines erlaubten und angemessenen Gewinnes für seinen Unterhalt. Man muß zuerst voraussetzen, daß jeder Handelnde durch einen Zweck geleitet wird, und um diesen gebührend erreichen zu können, jede Anstrengung in seinem Vorgehen zu machen habe . . .[2]."

Diese frühen theoretischen Auseinandersetzungen mit den Problemen der Wirtschaft sind ein Beweis für die zunehmende Bedeutung von Handel und Gewerbe. Ein Vergleich mit der Güterbewegung des Frühmittel-

---

[1] *Roth*, G. D.: Kurze Wirtschaftsgeschichte Mitteleuropas, München 1961, S. 72 ff.

[2] *Penndorf*, B.: Luca Pacioli, Abhandlung über die Buchhaltung, Stuttgart 1933, S. 90.

alters zeigt, daß die Handelsumsätze in der Zeit der blühenden Stadtwirtschaften wesentlich zugenommen haben. Dieser Anstieg ist eine Folge des großen Bedarfs der in den Städten lebenden Bevölkerung. Der Handel übernimmt die Aufgabe, diesen Bedarf zu decken. Dabei wird nicht immer nach dem Gebot des gerechten Preises verfahren, wie uns die Handlungsbücher zeigen. Von der Obrigkeit werden deshalb die Preise für Lebensmittel, Holz und andere lebensnotwendige Güter festgesetzt. Die Preise der anderen Güter bestimmen sich durch Angebot und Nachfrage[3].

Der bedeutendste Handel dieser Zeit spielt sich in den italienischen Städten Venedig, Florenz, Genua, Mailand u. a. ab. In ihren Mauern sammelt sich ungeheurer Reichtum an. In Deutschland treten besonders die freien Reichsstädte Nürnberg, Augsburg, Ulm, Frankfurt und die Hansestädte als Handelsplätze in Erscheinung.

Neben der städtischen Wirtschaft besteht auch ein ausgedehnter Fernhandel. Die Stadtwirtschaft strebt nicht grundsätzlich nach Autarkie, sondern überläßt dem Fernhandel ein reiches Betätigungsfeld[4]. In Nürnberg kommen aus Anlaß einer Messe (1463) nicht weniger als 1266 Wagen und 608 Karren auswärtiger Kaufleute in die Stadt gefahren[5]. Besonders eng sind auch die Verbindungen deutscher und italienischer Kaufleute.

Handelsgegenstände dieser Zeit sind besonders Gewürze, Wolle, Tuche und Metalle; aber auch Getreide, Salz, Wein und Honig werden vom Händler herangeschafft, wenn sie in den Städten nicht vorhanden sind[6]. Seit der Mitte des 14. Jahrhunderts steigt besonders die Nachfrage nach Luxusgütern, da sich die Lebenshaltung der Menschen verfeinert[7]. Der Fernhandel kommt der Putzsucht der Bürger entgegen und besorgt Seide aus Italien und kostbare Tuche aus Flandern.

Beschaffung und Absatz liegen daher im Handel oft räumlich weit auseinander[7]. Den notwendig werdenden Transport der Waren müssen die Kaufleute selbst übernehmen. Bis zum Ende des 13. Jahrhunderts begleitet der Kaufmann noch seinen Zug persönlich[8]. Als die Umsätze immer größer werden und neue Beschaffungsmärkte erschlossen werden müssen, betraut der Prinzipal einen Angestellten mit der Durchführung

---

[3] *Jahnel*, H.: Die Imhoffs, eine Nürnberger Patrizier- und Großkaufmannsfamilie, Diss. Würzburg 1951, S. 8.
[4] *Bechtel*, H.: Wirtschaftsgeschichte Deutschland. Von der Vorzeit bis zum Ende des Mittelalters, 2. Aufl., München 1951, S. 318.
[5] *Grote*, L.: Die Tucher. Bildnis einer Patrizierfamilie, München 1961, S. 47.
[6] *Lütge*, F.: Deutsche Sozial- und Wirtschaftsgeschichte, Berlin, Göttingen, Heidelberg 1952, S. 167.
[7] *Linhardt*, H.: Die historische Komponente der funktionalen Betriebswirtschaftslehre, a.a.O., S. 37.
[8] *Bechtel*, H.: Wirtschaftsgeschichte Deutschlands, a.a.O., S. 327.

des Einkaufs, des Transports und des Verkaufs der Waren. Er selbst zieht sich in ein Kontor zurück, in dem er seine kaufmännischen Dispositionen treffen kann. Schriftlich gibt er daraus die Anweisungen an seine „Diener".

Die kaufmännischen Entscheidungen gelangen zu immer größerer Bedeutung, da durch die langen Transportwege bedingt, Verzögerungen im Verkauf der Waren eintreten. Wie leicht konnte sich zwischen Einkauf der Ware und Verkauf der Ware die Nachfrage verändern. „Zwischen Aufwandmachen", sagt E. *Schäfer* in Bezug auf die moderne Unternehmung, „und Ertragbilden steht jedesmal ein großes Fragezeichen[9]." Hinzu kommt die lange Lagerdauer der Waren. Während im modernen Lebensmitteleinzelhandel das Lager zwischen 8—30mal im Jahr umgeschlagen wird, dürfte sich das Lager des damaligen Kaufmanns, ähnlich wie heute beim Juwelier, kaum einmal im Jahr umgeschlagen haben. Es ist leicht verständlich, daß dem mittelalterlichen Kaufmann schon Liquiditätsprobleme entstanden, da der Rhythmus der Unternehmung (W. *Rieger*) ein außerordentlich langer war.

Ein wirksamer Güteraustausch ist an eine geordnete Geldwirtschaft gebunden. Durch das Geld konnte man erst zu einer Wertschätzung einer Ware gelangen. Man konnte den Geldwert einer Ware angeben, ohne sie in der Hand zu halten, und man konnte diesen Geldwert in seine Bücher verzeichnen, was besonders für die Kaufleute von großer Bedeutung war. Mit der Geldwirtschaft[10] des 13. Jahrhunderts entsteht die Unternehmung, die sich wiederum des Kredits bedient. Der Handelskredit erweist sich als Schrittmacher des Warenabsatzes. Neben dem Verbrauchskredit macht sich in der neu entstandenen Verkehrswirtschaft auch der Erwerbskredit geltend[11]. Eine sehr große Rolle spielt auch der öffentliche Kredit, der an Adel und Geistlichkeit gewährt wird und ungeheure Summen erreicht. Der Kreditgeber ist in allen Fällen der Kaufmann, der am gewährten Kredit und an der mit diesem Geld gekauften Ware verdient. So hat der Kaufmann häufig hundertfach Außenstände und er selbst ist auch vielseitig verschuldet. Das „auf Borg" gekaufte wird an den traditionellen Festen und Feiertagen, Messen und Märkten bezahlt, wenn der Ritter und der Bauer in die Stadt kommen. Auch die Kaufleute benutzen die allmählich zu festen Zahlungs- und Zinsterminen gewordenen Tage, um gegenseitig das abzurechnen, was sie sich laut der Bücher schulden. Auf die Bedeutung

---

[9] *Schäfer*, E.: Die Unternehmung, 5. Aufl., Köln und Opladen 1963, S. 263 f.

[10] Vgl. *Roth*, G. D.: a.a.O., S. 60 — Durch die Eßlinger Münzordnung (1524) wurde der Gulden (fl) zur obersten Münzeinheit des Reiches erklärt.

[11] *Kuske*, B.: Die Entstehung der Kreditwirtschaft und des Kapitalverkehrs, in: Die Kreditwirtschaft, 1. Teil, Kölner Vorträge, Leipzig 1927, S. 13 f.

der Skontration im mittelalterlichen Handel hat besonders H. *Linhardt*[12] hingewiesen.

Im 14. Jahrhundert wird durch den Wechsel auch der bargeldlose Zahlungsverkehr möglich. Die Wechselgeschäfte nehmen in den Handlungsbüchern einen großen Raum ein und zeigen, wie weit der Wechselverkehr im Spätmittelalter schon verbreitet ist. Man vermeidet damit nicht nur die Gefahren, die bei der Versendung von Bargeld infolge der Unsicherheit der Straßen bestehen, sondern überwindet auch die auftretende Geldknappheit. Der Wechsel wird schon zu einem Instrument des kaufmännischen Kredits[13]. Besonders der Geldtransfer ins Ausland wird durch den Wechsel sehr erleichtert. Großunternehmen benützen Scheck und Wechsel, wenn sie Geld in ihre Faktoreien schicken wollen[14].

Die mittelalterliche Wirtschaft ist, wie wir gesehen haben, eine ausgeprägte Verkehrswirtschaft, die von freien Unternehmern, ohne Hilfe des Staates, geschaffen worden ist. Im folgenden Abschnitt wollen wir nun das Handelsunternehmen selbst näher betrachten.

2. Die Handelsunternehmungen als Träger der Wirtschaft

Die mittelalterliche Stadt ist die Wiege der Unternehmung[15]. Als die Städte ihre Unabhängigkeit von Reich und Kirche gewinnen, beginnt auch der Aufstieg der großen Unternehmungen.

Die typische Handelsform des Mittelalters und die Hauptquelle der Kapitalbildung ist der Fern- oder Großhandel. Der Großhändler beschafft die Waren in großen Mengen aus fremden Ländern. Meist ist der Großhändler zugleich auch Detailhändler und kümmert sich selbst um den Absatz seiner Waren an den Verbraucher. Der Krämer setzt sich erst Ende des 15. Jahrhunderts als selbständiger Berufszweig durch, da es doch einer gewissen Breite des Güterangebots bedurfte, bis der Einzelhandel entstehen konnte.

Neben dem Einzelunternehmen kommen früh die Handelsgesellschaften auf, die leichter in der Lage sind, den kapitalintensiven Fernhandel zu betreiben[16]. In Italien, dem führenden Handelsstaat in Europa, kennt

---

12 *Linhardt*, H.: Güterverkehr und Zahlungsverkehr im Fernhandel des Mittelalters und zu Beginn der Neuzeit. Besprechungsaufsatz zu van Klaveren, in: Zeitschrift für handelswissenschaftliche Forschung, N. F., 13. Jg., 1961, S. 203—206.

13 *Bechtel*, H.: Wirtschaftsgeschichte Deutschlands, a.a.O., S. 330.

14 *Linhardt*, H.: Bankbetriebslehre, Bd. I: Bankbetrieb und Bankpolitik, Köln und Opladen 1957, S. 97.

15 *Linhardt*, H.: Die historische Komponente der funktionalen Betriebswirtschaftslehre, a.a.O., S. 28.

16 Vgl. *Müller*, K. O.: Welthandelsbräuche (1480—1540), Stuttgart und Berlin 1934, S. 105. — Die Ausrüstung eines Schiffes, das nach Ostindien fuhr, kostete die Paumgartner um 1510 4875 Gulden, was etwa der Wert von 2 Häusern war.

man schon im 13. Jahrhundert mächtige Handelsgesellschaften. Die bekannteste Form ist die Commenda[17]. In Deutschland treten am frühesten und am zahlreichsten die Gelegenheitsgesellschaften auf[18]. Sie werden für kürzere Zeit, meist nur für die Abwicklung eines Geschäfts, gegründet und lösen sich dann wieder auf. Länger bestehende Gesellschaften sind weniger verbreitet, ihre Bedeutung ist aber um so größer. Dabei unterscheidet man zwei Hauptgruppen:

1. Die großen Warenhandelsgesellschaften, in der sich nur Kaufleute zusammengetan haben und die mit unserer OHG vergleichbar sind, und
2. die Familiengesellschaften, die oft autoritär vom Familienoberhaupt geführt werden und bei der eine Familie das Kapital aufbringt.

Während die allgemeinen Handelsgesellschaften ihre Blüte bereits im 15. Jahrhundert erleben, erreichen die Familiengesellschaften erst im 16. Jahrhundert ihre Vollendung. Die bekanntesten Handelsgesellschaften im 15. Jahrhundert sind vor allem die Große Ravensburger Gesellschaft und die Basler Diesbach-Watt-Gesellschaft, die in Nürnberg im 16. Jahrhundert durch Peter *Watt* eine Fortsetzung erfährt[19]. Im 16. Jahrhundert entfalten sich dann in Nürnberg und Augsburg die großen Familiengesellschaften, wie die *Imhoffs, Fugger* und *Welser*. Daneben besteht noch eine Form der erweiterten Familiengesellschaft, bei der eine stille Teilhaberschaft von angestellten Handlungsdienern zugelassen wird, um Kapital zu erhalten. Besonders die Augsburger Unternehmer, die Händler, Bankiers und Industrielle zugleich sind, vergrößern ihr Kapital auch durch die Hereinnahme von großen und kleinen Beträgen aus privaten Händen. Sie unterscheiden sich damit grundlegend von den Nürnberger Gesellschaften[20], die mehr dem soliden Warenhandel nachgehen, den spekulativen Geldhandel vernachlässigen und daher mit geringeren Kapitalien auskommen können.

Das mittelalterliche Unternehmen hat schon eine typische Organisationsform. Um die Unternehmungszentrale gruppieren sich Filialbetriebe (Faktoreien), die an den wichtigsten Handelsplätzen ständig unterhalten werden. Durch diese Vertretungen überblickt man den Raum zwischen den Orten des Ein- und Verkaufs der Waren, was bei der Unzulänglichkeit des Nachrichtenwesens, der Verkehrsmittel und -wege

---

[17] *Lopez,* R. S. und *Raymond,* I. W.: Medieval Trade in the Mediterranean World, New York, Columbia University Press 1955, S. 174.

[18] *Bechtel,* H.: Wirtschaftsstil des deutschen Spätmittelalters, München und Leipzig 1930, S. 324 f.

[19] Vgl. *Ammann,* H.: Die Diesbach-Watt-Gesellschaft, St. Gallen 1928.

[20] *Linhardt,* H.: Nürnbergs Bankwirtschaft. Antrittsvorlesung an der Hochschule für Wirtschafts- und Sozialwissenschaften zu Nürnberg, Bd. X, Nürnberg o. J., S. 21.

von besonderer Bedeutung ist. Die Faktoreien erhalten oft eine große wirtschaftliche Selbständigkeit, unterhalten Warenlager und übernehmen Ein- und Verkauf der Waren.

Daneben bestehen noch verschiedene Formen der Handelsvertretung. Häufig schickt man einen Handlungsdiener mit Waren ab, der diese dann auf Messen und Märkten verkauft. Charakteristisch für den mittelalterlichen Handel ist auch das Kommissionsgeschäft, das von den Gesellschaften meist wechselseitig betrieben wird.

Nachdem die mittelalterliche Wirtschaft kurz dargestellt worden ist, soll in dem folgenden Abschnitt versucht werden, den direkten Zusammenhang zwischen dieser Wirtschaft und dem Entstehen einer Rechnungsführung zu finden.

3. Die Bedeutung der Handelsunternehmung für die Entstehung der Buchhaltung

Unter Buchhaltung versteht W. *Rieger* das „geldliche Spiegelbild“[21] der Betriebsvorgänge. Solange das Geld beim Warenverkauf vor- und nachgezählt wurde, solange der Kaufmann noch jeden Kunden persönlich kannte, der bei ihm „auf Borg“ kaufte, bedurfte es keines schriftlichen „geldlichen Spiegelbildes“ der Geschäftsvorgänge. In seinem Betrieb herrschte auch ohne schriftliche Aufzeichnungen Ordnung.

Seit der Mitte des 14. Jahrhunderts steigert sich in den Städten die Nachfrage rasch. Der Kunde kommt zum Kaufmann, der nicht mehr erst den Kunden suchen muß. Der Kaufmann eröffnet ein „Gewölbe“, bleibt beständig an einem Ort und sucht von hier aus die Nachfrage zu befriedigen.

Das Geld ist knapp. Grundherren und Bauern können nur nach der Ernte bezahlen. Bürgersfrauen sind auch schlechte Zahler, wie das Holzschuherbuch ausweist. Der Kaufmann muß aus diesem Grunde lange Zahlungsziele einräumen. Andererseits droht er in Liquiditätsschwierigkeiten zu geraten, da er seine Lieferanten bezahlen muß. Er muß daher selbst Kredite in Anspruch nehmen, bis er auf der Messe dann bezahlen wird. Diese vielen und verschiedenartigen Geschäftsfälle kann der Kaufmann nicht mehr „im Kopfe“ behalten. Seine bisherige Ordnung in seinem Betrieb droht sich aufzulösen. Der Kaufmann ist daher gezwungen, eine Einrichtung zu schaffen, die sein Gedächtnis entlasten kann („Memorial“)[22]. Das Aufzeichnen von noch nicht abgeschlossenen Geschäftsvorgängen ist zu einer Existenzfrage geworden.

---

[21] *Rieger*, W.: Einführung in die Privatwirtschaftslehre, 2. Aufl., Erlangen 1959, S. 200.

[22] Vgl. das „historische Gesetz“ von A. *Toynbee:* „Herausforderung und Antwort“ und die die naturwissenschaftliche Zweck-Mittel-Relation.

Mit der Buchführung, mag sie anfänglich noch so primitiv sein, kehren Ordnung und Überschaubarkeit in den kaufmännischen Betrieb zurück. Diese Wirkung dürfte den Unternehmer davon überzeugt haben, dauernd Bücher zu führen. Die Bedeutung der Buchhaltung wird nach und nach so groß, daß in den Handelsgesellschaften häufig nur die gewichtigen Gesellschafter Einblick erhalten. Den unbedeutenden Gesellschaftern wird z. B. bei den *Imhoffs* jede Einsicht darin verwehrt[23].

F. *Rörig* hat die wirtschaftlichen Gründe zusammengefaßt, die in ihrer Gesamtheit die Buchhaltung zwangsläufig entstehen ließen[24]:

1. Der Kaufmann benötigte sie zur Rechnungsführung über ein fremdes Gut. Sie wurde zur Grundlage nach Abschluß des Geschäfts.
2. Eine Handelsgesellschaft benötigte Unterlagen, falls bei der Auflösung oder beim Ausscheiden eines Gesellschafters eine Abrechnung nötig wurde. Bei Gesellschaften mußten Erfolg oder Mißerfolg jeder einzelnen wirtschaftlichen Maßnahme aufgezeichnet werden, auch der Bargeschäfte (Dokumentationsfunktion der Buchhaltung).
3. Die Kreditkäufe und -verkäufe des Kaufmanns mußten vermerkt werden, damit rechtzeitig bezahlt bzw. gemahnt werden könnte[25]. H. *Linhardt* formuliert das Verhältnis von Kredit und Buchhaltung, gleichsam die zwei Seiten einer Münze, so: „Ohne den Kredit wäre die Buchhaltung nie entstanden, ohne die Buchhaltung wäre der Kredit unmöglich[26]."
4. Umstritten ist eine andere, oft als Ursache angeführte Tatsache, die kaufmännische Buchführung sei aus der privaten Tagebuchführung entstanden. Hierzu kann u. E. nur gesagt werden, daß der Kaufmann im Mittelalter nicht streng zwischen kaufmännischen und privaten Angelegenheiten unterschied, wie er auch nicht zwischen Betriebsvermögen und persönlichem Vermögen eine Trennung machte. Beides waren für ihn persönliche Geheimnisse, die in ein Buch geschrieben werden konnten. Wenn man das bedenkt, kommt man zu dem Ergebnis, daß das Zusammenfassen von privaten und geschäftlichen Dingen als eine persönliche Praktik, nicht aber als eine Grundlage der Buchhaltung angesehen werden kann. Diese Ansicht wird auch dadurch unterstrichen, daß das älteste deutsche Kaufmannsbuch, das der Holzschuher (1304), keine privaten Einträge enthält.

An anderer Stelle hat F. Rörig noch zwei Ergänzungen zu diesen „vier Wurzeln" der Buchführung gemacht[27]:

---

[23] *Jahnel*, H.: a.a.O., S. 60 f.

[24] *Rörig*, F.: Wirtschaftskräfte im Mittelalter. Abhandlungen zur Stadt- und Hansegeschichte, hrsg. v. P. Kaegbein, Graz 1959, S. 197 ff.

[25] Sog. Informationsfunktion der Buchhaltung.

[26] *Linhardt*, H.: Nürnbergs Bankwirtschaft, a.a.O., S. 25.

[27] *Rörig*, F.: Hansische Beiträge zur deutschen Wirtschaftsgeschichte, Breslau 1928, S. 192 f.

5. Geschäftsführung für einen Dritten und
6. der Kaufmann muß auch gewährleisten können, daß die eingehenden Zahlungen der Schuldner richtig vermerkt werden.

Eines hat F. Rörig nicht ausdrücklich erwähnt, er meint es aber implicite, daß nämlich erst die Unternehmung geschaffen sein mußte, ehe ein Bedarf nach einer Buchhaltung entstehen konnte. Zeitgleich mit der ersten Unternehmung mußte sich auch die Buchhaltung ausgebildet haben, denn es läßt sich schwerlich vorstellen, daß eine Unternehmung längere Zeit ohne Buchführung auskommen konnte.

Neben diesen wirtschaftlichen Ursachen wären auch einige geistesgeschichtliche und rechtliche zu nennen, die zur Entstehung der Buchhaltung beigetragen haben.

Bis in das späte Mittelalter hinein war die Schreibkunst ein Privileg der Geistlichkeit und weniger städtischer Schreiber. Wollte der Kaufmann nicht solche „Schriftgelehrten" anstellen, die dann automatisch in seine Geheimnisse eingeweiht wurden, so mußte er selbst Lesen und Schreiben beherrschen.

Eine weitere Voraussetzung für eine rationelle Buchführung war ein übersichtliches Zahlensystem. Die römischen Zahlen waren für die Zwecke der Buchführung wenig geeignet. Erst das indische Zahlensystem, das durch die Araber in Europa Eingang gefunden hatte, entsprach den Bedürfnissen des kaufmännischen Rechnungswesens. Die Verbreitung der arabischen Ziffern wurde besonders durch die Schrift „Liber Abaci" des Leonardo *Fibonacci* aus dem Jahre 1202 gefördert. Die italienischen Kaufleute waren auch die ersten, die die arabischen Ziffern verwandten. In Deutschland hat erstmals Matthäus *Runtinger* seinen Vermögensbestand in arabischen Ziffern errechnet, mit dem Zusatz „als lieb mir mein hab ist — an was ich nicht steuren schol (will)"[28]. Neuere Forschungen v. *Stromers*[29] zeigen, daß auch die Nürnberger Kaufleute schon Ende des 14. Jahrhunderts arabische Ziffern in ihren Handelsbüchern und Rechnungen verwandten. So benützt Hilpolt *Kress* um 1390 in seinen Büchern grundsätzlich die neuen Ziffern, römische Zahlen erscheinen nur zuweilen im Buchungstext. Die fortschreitende Technik ermöglichte es auch, brauchbares Schreibmaterial, gebundene Bücher, woher ja die Buchhaltung ihren Namen hat, und handschriftliche oder gedruckte Anleitungen für die Erlernung der Buchführung zu verwenden. Gesetzliche Vorschriften haben, wie auch B. *Penndorf* meint, weniger zur Entstehung, als zur Verbreitung der Buchhaltung

[28] *Penndorf*, B.: Geschichte der Buchhaltung in Deutschland, a.a.O., S. 39.
[29] *Stromer*, W. v.: Das Schriftwesen der Nürnberger Wirtschaft im 14. und 15. Jahrhundert (als Manuskript vorgelegen), S. 28.

beigetragen. Anfangs scheinen die Bucheinträge des Kaufmanns auch nicht als Beweismittel im Prozeß anerkannt worden zu sein. So läßt Johann *Wittenborg* den Schuldner unterschreiben, oder er läßt einen Eintrag ins Lübecker Stadtbuch machen. Das aus den Jahren 1411—1421 stammende Ofener Recht vermerkt dazu: „Waß Kaufleut in ihren Puchern geschriben haben, sol man nit gantz glauben", es sei denn, „der antworter het mit seiner aigen Hant in das klager Puch geschriben ..."[28].

Vielen Kaufleuten scheint der Nutzen einer Buchhaltung jedoch nicht „in den Kopf" gegangen zu sein. So beklagte sich der berühmte Matthäus *Schwarz* noch 1518 in seiner Musterbuchhaltung über die „trägen Kaufleute, die alles im Kopf tragen wollen, ihre Handlungen in schlechte Rekordanzen und auf Zetteln aufzeichnen, an die Wände kleben und Rechnung am Fensterbrett halten"[30]. Das beweist doch, daß die Kaufleute beim Aufbau ihrer Buchhaltung keinen wissenschaftlichen Ehrgeiz entwickelt haben. Ihr Rechnungswesen haben sie immer nur soweit ausgebaut, als es für die tägliche Praxis erforderlich war.

II. Die einfache Buchhaltung als erste Form einer methodischen Buchhaltung

1. Die Anfänge der einfachen Buchhaltung in Italien im 13. Jahrhundert

Nach J. M. *Leuchs* führt das einfache Buchhalten „keine Berechnung unseres Handelsfondes und seiner Veränderungen, sondern bloß allein mit unsern Gläubigern und Schuldnern, unseren Handelsfreunden. Das einfache Buchhalten führt bloß die Rechnungen über unsere Forderungen"[31]. Die einfache Buchführung kennt daher nicht die geschlossene Form, die das System der doppelten Buchhaltung auszeichnet.

Den frühesten Zeugnissen zufolge bestand die einfache Buchhaltung in Italien bereits Anfang des 13. Jahrhunderts. Allgemein aber wird angenommen, daß diese Buchhaltung viel älter ist.

In Italien hat die einfache Buchhaltung nicht den hohen Entwicklungsstand erreicht wie in Deutschland. Die wachsenden Unternehmen, die die Buchhaltung aus innerbetrieblicher Notwendigkeit ausformten,

---

30 „Aber etlich kaufleut seind zutreg vnd hinlessig, wollens im kopff tragen, trawen inen selbst zuuil, zaichnen ire handlungen in schlecht recordantzen vnd auf zedel, klaibens an die wänd vnd halten rechnung am fensterpret." (*Weitnauer*, a.a.O., S. 175).

31 *Leuchs*, J. M.: a.a.O., § 180, S. 156 f.

wandten sich hier schon um 1350 der doppelten Buchführung zu. Ganz ohne Bedeutung kann sie allerdings auch in Italien nicht gewesen sein, denn 1525 veröffentlichte Giovanni *Tagliente* in Venedig ein Buch, in dem er die einfache Form der Buchhaltung beschrieb und diese ausdrücklich als die „einfache Buchhaltung" bezeichnete. Unter „einfacher Buchhaltung" versteht er vor allem das Führen nur eines Buches, das die Journalbuchungen und die Konten aufnehmen soll. Die Konten werden zweiseitig geführt, Gegenbuchungen fehlen aber. Wie Tagliente abschließend erklärt, soll diese Buchhaltungstechnik nur von kleinen Kaufleuten und Krämern benützt werden[32].

Das älteste uns bekannte Geschäftsbuch des Mittelalters hat ein Bankier aus Florenz im Jahre 1211 auf der Messe in Bologna geführt. Es sind nur zwei Pergamentblätter aus diesem ersten „Hauptbuche" erhalten geblieben. Die Florentiner führten damals schon „Konten". Sie waren nur einseitig, Soll und Haben wurden einfach untereinander gesetzt. Es sind Aufzeichnungen in der Art, wie sie 150 Jahre später in Deutschland gemacht werden. Die Schuld wird auf den Blättern mit „die dare" (soll geben) ausgedrückt, die Bezahlung mit „die avere" (hat gegeben) gekennzeichnet. Auch Übertragungen von einem Konto (Personenkonto) auf ein anderes waren möglich (auf ein Personenkonto). Davon zeugt das nachfolgende Beispiel. Es handelt sich dabei um eine Kreditgewährung[33]:

A Monetto passarimpetto prestammo sol XX. Item ci die sol XX: levammo dissua rascione ove die avire per buonaquida forestani. (An Manietto liehen wir 20 S. und darunter: An diesem Tag bezahlte er die 20 S., indem wir sie von seinem Konto im Haben für B. Forestani übertragen).

Ende des 13. Jahrhunderts war das Konto bereits allgemein die Grundlage der kaufmännischen Buchhaltung in Italien. Vorherrschend war das Personenkonto, da die einfache Buchführung, die nur Rechnung über die Forderungen führt, wie J. M. *Leuchs* sagt, ohne Sachkonten auskommen konnte.

Im Gegensatz zu Italien, wo sich einfache und doppelte Buchführung fast parallel entwickelten, bildete in Deutschland die einfache Buchhaltung die Vorstufe der doppelten und kam bei den deutschen Kaufleuten über 200 Jahre zur Anwendung. Wie weit die italienische einfache Buchhaltung auf die deutsche Einfluß ausgeübt hat, ist unbekannt.

---

[32] *Rigobon*, P.: Di Giovanni Antonio Tagliente veneziano e delle sue opere di ragioneria, Mailand 1894, S. 7 f., zitiert nach: Penndorf, B.: Luca Pacioli, a.a.O., S. 70.

[33] *Penndorf*, B.: Entwicklungsgeschichte des Betriebslebens, a.a.O., S. 44. — Hier stammt auch die Übersetzung her.

2. Die Entwicklung der einfachen Buchhaltung in Deutschland im 14. und 15. Jahrhundert

a) Die einfache Buchhaltung als ein nicht vollwertiger Ersatz der doppelten Buchhaltung

Die Periode der einfachen Buchhaltung kennt nicht solche marktbeherrschenden Unternehmen mit großen Kapitalansammlungen, wie sie in der Periode der doppelten Buchhaltung nichts ungewöhnliches sind. Eine Ausnahme bildet lediglich die Große Ravensburger Compagnie, die in den 150 Jahren ihres Bestehens sich stets nur der einfachen Buchhaltung bedient. Läßt man einmal die historische Begründung der Erscheinung, daß in der Periode der einfachen Buchführung keine Großunternehmen entstanden sind, außer Acht, so lassen sich dafür gewichtige betriebswirtschaftliche Gründe anführen. Die einfache Buchhaltung, die keine ständige Berechnung des Kapitals vornimmt, konnte für den Einsatz großer Kapitalien nicht ausreichend sein, da die „allgemeinste Voraussetzung für das Bestehen dieses neuzeitlichen Kapitalismus... rationale Kapitalrechnung für alle großen Erwerbsunternehmungen“[34] ist, als Mittel zu einer umfassenden Ordnung der Unternehmungen überhaupt. Freilich hat auch der Einsatz der doppelten Buchführung im 16. Jahrhundert es nicht vermocht, die Kapitalvorgänge innerhalb der Betriebsgrenze zu erfassen[35].

In Deutschland konnte der Kaufmann genau 100 Jahre länger ohne das Führen von Büchern auskommen als in Italien. Das beweist das älteste deutsche Kaufmannsbuch der Holzschuher aus Nürnberg aus den Jahren 1304—1307. Die Aufzeichnungen in diesen frühen Büchern, zu denen auch das Wittenborg-, das Klingenberg-, das Tölnerbuch usw. gehören, haben in formaler Hinsicht mit der späteren doppelten Buchhaltung keine Ähnlichkeit. Dennoch stellen sie den ersten Schritt zu einer einfachen Kapitalrechnung dar, in der nur die „Kapitalübergänge an der Betriebsgrenze“[35] erfaßt werden.

Eine Entscheidung über die einfachste Form der einfachen Buchführung ist nicht möglich, zumal in den Handlungsbüchern nur ein Teil der Buchungen wiedergegeben ist, da anfänglich noch vieles auf Zetteln und Tafeln notiert wird. Es läßt sich aber doch ein klarer Entwicklungsgang feststellen. Er führt von der Buchhaltung der *Holzschuher*, die nur Kreditverkäufe aufzeichnen, über die spiezielle Buchungstechnik der *Runtinger*, zu der vollendeten Form der Verbuchung des Ulrich *Starck* aus Nürnberg, der 1426 als erster Kaufmann in Süddeutschland

---

[34] *Weber*, M.: Wirtschaftsgeschichte, 3. Aufl., Berlin 1958, S. 239. — Hier gesperrt gedruckt.

[35] *Linhardt*, H.: Grundlagen der Betriebsorganisation, Essen 1954, S. 130.

Soll und Haben einander gegenüberstellt und damit die Grundlage für die Doppik schafft (B. Penndorf).

Ein fast vollwertiger Ersatz für die doppelte Buchhaltung begegnet uns in der Buchführung der Runtinger aus Regensburg. Matthäus und Wilhelm *Runtinger* haben um 1400 die einfache Buchführung bereits perfektioniert und kennen Kontokorrent-, Personen- und eine Art Sachkonto. Je ein Kontokorrentkonto richtet Matthäus seinem Sohn Wilhelm, seiner „rechten Hand" im Betrieb, und der Stadt Regensburg ein, mit der er in regen Geschäftsbeziehungen stand. Das Konto von Wilhelm hat dieses Aussehen (gekürzt und in arabischen Ziffern)[36]:

1386 Dez. 7.	Item ich lech meinem sun 3 lb. dn. und 1 lb. haller dez freitag nach Seniklas tag.
1387 April 16.	Item ez cham mein sun von Prag her dez eritag nach der osterbochen; er welaib mir an der raitung dannoch schuldig $9^1/_2$ sxa 1 g. Di sol er mir noch.

Als Beispiel eines Personenkontos sei das Konto der Unzengoldkäuferin, der Mengerin, dargestellt:

Mengerin in dem 1384 jar.

Item es chauft dy Mengerin von mir 10 uncz unczengold, ye 1 umb 70 dn., dez freitag nach unders herrn leichnam tag, suma 2 lb. 7 s. und 10 dn.

Item sy gab daran 14 s. des samcztag nach under frawn tag, als sy geporen bart.

Item sy gab 9 s. dn. dez michen nach Nikolay, ich lie ir 10 dn., also hat sy wezalt.

1399 läßt Matthäus Runtinger in Nürnberg rheinische Gulden gegen ungarische „verbegseln" und bucht dies so:

1399 jar Nurenberch am Weinmartt.

Item ich sannt dem Niklas Ebenpurger 220 Rheinisch guldein bei Hainrich ..., di sol er mir verbegseln umb new Ungerisch, dez montag vor gally ...

Daß die einfache Buchhaltung auch noch im 17. Jahrhundert nicht überwunden war, zeigen die Rechnungsbücher des Dürener Tuchhändlers Bernhard von *Lohn* (1604—1646). Lohn führt für seine Wareneinkäufe ein Einkaufsbuch. Das Verkaufsbuch bilden das Journal und das Hauptbuch, die zusammengebunden sind. Die Buchungen darin betreffen nur die auf Kredit verkauften Waren. Wurde bezahlt, dann wurde der Posten durchgestrichen[37].

---

[36] *Bastian*, F.: Das Runtingerbuch 1383—1407 und verwandtes Material zum Regensburger-Südostdeutschen Handel und Münzwesen, 2. Bd., Regensburg 1935, S. 6 f., 88, 170.

[37] *Propfe*, J.: Die Rechnungsbücher und Briefschaften des Dürener Tuchhändlers Bernhard von Lohn 1604—1646, Diss. Köln 1930, S. 30 ff.

b) Der Inhalt der Handlungsbücher im allgemeinen

Der Kaufmann, ob er nun in großen oder in kleinen Mengen absetzte, führte zunächst nur ein einziges Buch, in das er seine wichtigsten Einträge machte. Weniger bedeutsame Geschäfte wurden auf Zetteln notiert. In späteren Büchern, etwa seit dem Ende des 14. Jahrhunderts, findet man unter den Aufzeichnungen auch Hinweise auf andere Bücher, die besonders bei Großkaufleuten rasch notwendig wurden. Der Umfang und die Zahl der Bücher kann geradezu als ein Indiz für die Größe des Betriebes angesehen werden. Hatten die Handelsgesellschaften Faktoreien, dann wurden auch hier Bücher geführt. So bestellte der Breslauer Faktor der Firma *Gruber-Podmer-Stromer* bei seiner Nürnberger Zentrale ein „gross preytt schuldpuch" für die eigene Verwendung[38].

Dem Inhalte, nicht der Form der Einträge nach, besteht ein Unterschied zwischen den Büchern der Klein- oder Großhändler. Der Kleinhändler, etwa mit unserem Krämer vergleichbar, hatte nur Wareneingänge und -ausgänge zu verbuchen, während sich bei dem Groß- und Fernhändler Waren- und Geldgeschäfte abwechselten[39].

Der Münchner Krämer Heinrich *Lerer* schreibt in seinem Geschäftsbuch zuerst die von ihm gekauften Waren ein und eventuell daraus noch bestehende Verpflichtungen. Anschließend bucht er die zahlreichen eigenen Forderungen, alle aus Warenverkäufen heraus entstanden. Dadurch erhält Lerer eine doch übersichtliche Einkaufs- und Verkaufsrechnung. Sie muß aber ungenau bleiben, da Lerer vieles für einen Eintrag in sein Buch für unnötig hält und deshalb nur auf Zetteln notiert. Hier drei Beispiele aus dem „Manual eines Kaufmannes und Handelsherren von 1440—1458", wie Lerer überschwenglich sein Buch überschrieben hat[40]:

It. ich hab eingenomen von meinem schwager ... vnd wier haben gerayt (zusammen) czw pfingsten jm 58 jar dapey ist gewessen ludwyg gradl vnd casper jung vnder sol myer noch schuldig ...

Die zweite Buchung betrifft eine sog. private Eintragung. Lerer ist mit dem Essen nicht zufrieden, das er von seinem Schwager für viel Geld sich geben läßt:

It. ich hab mych zw meinem schwag' gedinckt in die Kost, j jar umb ... vnd 2 mall j tag vnd nycht mer vnd wenn man vast ... vnd margens vnd

---

38 *Stromer*, v., *Reichenbach*, W. Frhr. v.: Die Nürnberger Handelsgesellschaft Gruber-Podmer-Stromer im 15. Jahrhundert, Nürnberg 1963, S. 29.

39 *Bastian*, F.: Das Runtingerbuch 1383—1407 und verwandtes Material zum Regensburger-Südostdeutschen Handel und Münzwesen, 1. Bd., Regensburg 1944, S. 214 ff.

40 *Penndorf*, B.: Geschichte der Buchhaltung in Deutschland, a.a.O., S. 31.

abencz j suppen oder ander ding daz geschach achtag vor sand veycztag de hept ich an dez merck eben.

Vielfach sind die Einträge umständlich und uns heute schwer verständlich:

„Ich soll dem kaffmann, dem goltschmid 3 Pfund (Heller) auff sand jorgen tag vmb sungerl vnd vmb stefflen 1 tuzend sungel vnd $^1/_2$ tuzend stefflen in das har daz gesach an der 12 poltentag so sy vnser her auhssend in die wellt jm 58 jar."

Ein Bild von der bunten Vielfalt der Buchungen eines Großkaufmanns vermitteln uns die Bücher der Hansekaufleute Wittenborg und Geldersen. Wieder überwiegen die Kreditverkäufe von Waren. Bei den Großkaufleuten verlangten aber besonders die Geldgeschäfte eine genaue Aufzeichnung. Auffallend sind die vielen Wechselgeschäfte. Die *Geldersen* besorgten sich die fremden „Währungen" dadurch, daß sie Waren in das betreffende Land schickten und sich für ihre Forderungen Wechsel ausstellen ließen. Mit diesen Wechseln bezahlten sie dann ihre Warenkäufe in dem betreffenden Land[41]. *Wittenborg* bucht auch den Kauf und die Übereignung von Häusern, in denen er sein Geld anlegt. Bei den Hansekaufleuten findet man auch, ebenso wie bei den *Runtingern,* viele Vermerke über die Waren, die einem Angestellten oder Geschäftsfreund zum Fernhandel anvertraut worden waren (Sendevegeschäfte). Die zurückgebrachten Waren werden als Retouren verbucht. Auch Vermerke von Inventuren tauchen ab und zu auf. Geldersen verzeichnet einmal alle seine Öl- und Pfeffervorräte in einem Lübecker Keller und Wittenborg sein Holz und Eisen, das er auf der Gemeindewiese gelagert hat. Im Wittenborgschen Buch vermerkt man auch häufig die Gesellschafter, die am Unternehmen teil hatten[42]:

Notum sid, quod Johannes Holt et ego Hermannus Wittenborch habemus in simul 63 m. d. in vera societate. De ista pecunia ego Hermannus Wittenborch 2 denarios contra unum denarium; super ista ego Hermannus dedi ad illam pecuniam 63 m. d. super lucrum nostrorum amborum. (Zu wissen, daß J. Holz und ich, H. Wittenborg haben zugleich 63 Mark in Gesellschaft im Verhältnis von 2:1, außerdem habe ich, Hermann, zu jenem Gelde noch 63 Mark zu gemeinsamen Risiko gegeben.)

Interessante Aufschlüsse über das Verständnis, das die einzelnen Kaufleute dem Buchhalten entgegen brachten, ergeben die Anordnun-

---

[41] Vgl. *Klaveren,* J. van: Güterverkehr und Zahlungsverkehr im Fernhandel des Mittelalters und zu Beginn der Neuzeit. Eine Erwiderung, in: Zeitschrift für handelswissenschaftliche Forschung, N. F., 13. Jg., 1961, S. 462. — Seine Behauptung, daß der Wechsel im mittelalterlichen Zahlungsverkehr von geringerer Bedeutung war, wird durch die Handlungsbücher widerlegt.

[42] *Penndorf,* B.: Geschichte der Buchhaltung in Deutschland, a.a.O., S. 5. — Hieraus auch die Übersetzung.

gen der Konten innerhalb eines Buches. Bei den *Holzschuhern* wird zuerst der Adel auf 30 Blättern aufgeführt, dann die Geistlichkeit auf 36 Blättern, dann folgen die Bürger auf 11 Blättern, und 3 Seiten werden schließlich für das Sonderkonto des Grafen Ulrich von Truhendingen gebraucht[43]. *Wittenborg* wählt hingegen eine viel klügere Einteilung. Er überläßt seinen treuen Kunden die Vorderseite seines Handlungsbuches. Leute, die minderwertige „Krämerware" abnehmen, werden von *Geldersen* auf die letzten Seiten seines Verkaufsbuches verbannt. Dasselbe Schicksal ereilt die chronischen „faulen Schuldner" bei Ott *Ruland*. Für die Konten seiner sonstigen Schuldner hatte der Ulmer Kaufmann noch eine besondere Anordnung in seinem Buche[44]. Die Schuldner wurden von ihm kurioserweise, je nach ihrem Wohnsitz, einem östlichen und einem westlichen Wirtschaftsraum zugeteilt. Entsprechend gehörte den „östlichen" Partnern die erste Hälfte, den „westlichen" Geschäftsfreunden die zweite Hälfte des Buches. Die ersten Ansätze einer kontokorrentmäßigen Verrechnung finden sich ebenfalls in dem Buch des Ulmer Kaufherren. So eröffnete Ott *Ruland* einem Verwandten und guten Geschäftspartner bewußt ein Konto, das er von seinen übrigen Konten völlig getrennt führte. Zuweilen versuchte er auch mit großer Pedanterie, um das kostbare Papier auszunützen, nachträglich noch alle freien Stellen zu beschreiben, was auch schon die *Holzschuher* versucht hatten.

Abschließend soll noch einmal festgehalten werden, daß die einfache Buchhaltung des Mittelalters in sehr verschiedenen Formen auftritt und auch der Inhalt der Bücher wenig Ähnlichkeit aufweist, sieht man einmal von den Kreditgeschäften ab. Das wird verständlich, wenn man bedenkt, daß der einzelne Kaufmann in völliger Abgeschlossenheit vom anderen seine Buchhaltung aufbaute. Anfänglich hatte er dazu auch keine Lehrer und vor allem keinerlei schriftliche Anleitungen. Er war allein auf sein Geschick und seine Erfahrungen angewiesen. Doch hat auch die einfache Buchhaltung der Funktionen einer Gedächtnisstütze, eines Hilfsmittels zur besseren Übersicht über die Unternehmung und einer Beweiskraft gegen Dritte lange erfüllen können, wie es das Beispiel des Tuchhändlers von *Lohn* beweist.

Umstritten ist die Frage, ob die heute gebrauchte einfache Buchhaltung aus der alten Form entstanden ist. E. L. *Jäger* und B. *Penndorf*[45] neigen zu der Ansicht, daß die moderne einfache Buchhaltung ein Fragment der doppelten Buchhaltung ist.

---

[43] *Chroust*, A. und *Proesler*, H.: Das Handlungsbuch der Holzschuher in Nürnberg von 1304—1307, Erlangen 1934, S. XI.

[44] *Bastian*, F.: Das Runtingerbuch 1383—1407, 1. Bd., a.a.O., S. 304 f.

[45] *Jäger*, E. L.: Drei Skizzen zur Buchhaltung, Stuttgart 1879, S. 13 und *Penndorf*, B.: Geschichte der Buchhaltung in Deutschland, a.a.O., S. 37 f.

III. Die Anfänge einer Betriebsbuchhaltung

Die Entstehung der Finanzbuchhaltung verdanken wir den mittelalterlichen Handelsunternehmen. Zur gleichen Zeit begegnet uns aber auch schon eine einfache Form der Betriebsbuchhaltung, die besonders in Italien schon eine Verbreitung gefunden hatte. Während wir über die Buchhaltung des Warenhandels und auch der Banken gut unterrichtet sind, sind nur wenige Beispiele aus der Industrie bekannt geworden. Der Grund liegt darin, daß die damalige Industrie noch in den Anfängen steckte und auf wenige Zentren beschränkt blieb. Die Betriebsbuchhaltung wurde auch von keinem Buchhaltungsschriftsteller aufgegriffen.

Ein solcher Sammelpunkt der gewerblichen Tätigkeit lag in Oberitalien, „bezeichnet man doch sogar Florenz als mittelalterliche Fabrikstadt, in der die Wolltuchindustrie zur höchsten Blüte gelangt war“[46]. Ein rühriger Kaufmann dieser Zeit, Francesco di *Marco* aus Prato, gründete 1382 in seiner Vaterstadt eine Tuchfabrik. Daneben besaß er auch einige Handelsbetriebe, die eine ausgebaute einfache Buchhaltung besaßen. Diese Form der Buchführung suchte er nun so abzuändern, daß der Produktionsprozeß in seiner Tuchfabrik buchhalterisch verfolgt werden konnte. Er schuf damit eine Betriebsbuchhaltung, bei der in der Form der einfachen Buchhaltung die Aufzeichnungen erfolgten. Daneben bestand, ähnlich wie heute, eine getrennte Finanzbuchhaltung.

Erhalten geblieben sind von den Büchern Memoriale, Lohnbücher (für Spinner, Weber, Färber und Hilfsarbeiter), Eingangs- und Ausgangsbücher für die Waren, Kassa- und Vorschußbücher. Soll und Haben stehen auf den Konten, die in den Lohnbüchern den Arbeitern eröffnet wurden, noch nicht nebeneinander, sondern untereinander. Diese Form findet man auch auf den Debitoren- und Kreditorenkonten der Finanzbuchhaltung.

Im Fabrikationsprozeß herrschte bereits eine Arbeitsteilung. Die Aufzeichnungen über die vorbereitenden Arbeiten an der Wolle, wie Hecheln und Kämmen, erfolgten in den Büchern für die Hilfsarbeiter. Verbucht wurden die für einen bestimmten Posten Wolle ausgeführten Arbeiten, und zwar das Datum, der Name des Arbeiters, die Menge der bearbeiteten Wolle und der Lohn des Arbeiters (Stücklohn).

In den Spinnbüchern ist für jede Partie Kammwolle ein besonderer Abschnitt gebildet. In diesen Abschnitten sind die Konten der an der Bearbeitung beteiligten Spinner verzeichnet. Auf jedem dieser Personenkonten werden das Gewicht der zum Spinnen gegebenen Wolle

---

[46] *Penndorf*, B.: Die Anfänge der Betriebsbuchhaltung, in: Zeitschrift für handelswissenschaftliche Forschung, 24. Jg., 1930, S. 627.

und das Gewicht des zurückgegebenen gesponnenen Garns vermerkt, sowie genaue Angaben über Spinnlohn und über geleistete Anzahlungen gemacht. Am Ende des Abschnitts findet eine Zusammenrechnung aller Löhne, des Gesamtgewichts der Wolle und des Garnes statt. Diese Summen werden anschließend in das Memorial, und von hier aus in das Hauptbuch übertragen, in dem Personen- und Sachkonten geführt werden. Ähnlich sind die Weberbücher eingerichtet.

Daneben bestand noch eine Färberei. Hier führte man Rekordanzen, Memoriale, zahlreiche Hilfsbücher, darunter eines über Farben und eines über Waidbottiche. Außerdem wurden wieder Bücher über den Ein- und Ausgang von Waren geführt. Eine Zusammenfassung der einzelnen Konten erfolgte im Memoriale.

Durch die Anwendung der Buchhaltung auf den Produktionsprozeß wurde es einmal möglich, die Leistung jedes einzelnen Arbeiters zu überprüfen, zum anderen verschaffte sich *Francesco* Unterlagen für eine Kalkulation seiner Endprodukte.

Bestimmte doch die Florentiner Großhändlerzunft im Jahre 1332, daß an jedem Tuche ein Merkblättchen angehängt werden müsse, aus dem der Käufer ersehen könne, wie die Gesamtkosten des Tuches entstanden seien. Das bedeutete, daß alle Einzelkosten aufgeführt werden mußten. Das wiederum hatte zur Folge, daß man die im Betrieb entstandenen Gemeinkosten auf das Erzeugnis umlegen mußte. Man benutzte dazu schon bestimmte Schlüssel, die aber heute nicht mehr aufgelöst werden können[47]. Eine wirklich erstaunliche Leistung, die von einem gleichermaßen großen betriebswirtschaftlichen und rechnerischen Können der italienischen Unternehmer zeugt.

In Deutschland sind keine Dokumente über eine Betriebsbuchhaltung im Mittelalter bekannt geworden. Wohl gab es hier auch eine rege gewerbliche Tätigkeit, insbesondere in der Barchentherstellung und im Bergbau, bei der eine Produktionskalkulation unerläßlich war. Ulman *Stromer* berichtet in seinem „Püchel von mein geslecht und von abenteuer"[48] von der Gründung einer Papiermühle in Nürnberg, die ihn zum ersten Papierhersteller in Deutschland machte (1390). Die Papiermühle wuchs rasch zu einem industriellen Großbetrieb heran, der nach unseren heutigen Vorstellungen ohne Betriebsabrechnung nicht lebensfähig war. Mit Sicherheit wissen wir von einer Produktionskalkulation bei der Salzgewinnung in Tirol im 14. Jahrhundert[49].

---

[47] *Penndorf,* B.: Die Anfänge der Betriebsbuchhaltung, a. a. O., S. 631.

[48] *Sporhan-Krempel,* L. und *Stromer,* W. v.: Das Handelshaus der Stromer von Nürnberg und die Geschichte der ersten deutschen Papiermühle, Sonderdruck zur Vierteljahresschrift für Sozial- und Wirtschaftsgeschichte, 47. Bd., März 1960, S. 3 ff.

[49] *Bastian,* F.: Oberdeutsche Kaufleute in den älteren Tiroler Raitbüchern (1288—1370), München 1931, S. 40 ff. bzw. S. 20 ff.

Der mittelalterliche Kaufmann mußte nicht nur die zahlreichen Maße und Gewichte, die verschiedensten Handelsbräuche kennen, er mußte auch die hohen Transportkosten bei seinen Waren in den Verkaufspreis einkalkulieren können. Wie F. *Bastian*[49] berichtet, haben bayerische Kaufleute im 14. Jahrhundert, vor dem Aufkommen des bayerischen Bieres, jährlich große Mengen von Wein aus Tirol nach München, Regensburg, Ingolstadt usw. geschafft, wobei hohe Transportkosten einkalkuliert werden mußten. Durchschnittlich machten bei dem Fernkaufmann die Frachtkosten bis zu 10 % des Warenpreises aus[50], eine Summe, die die Kaufleute beim Einkauf zur Vorsicht mahnen mußte. In den von *Müller*[51] herausgegebenen Handschriften der *Paumgartner* aus Augsburg, die Anfang des 16. Jahrhunderts entstanden sind, finden sich mehrere Beispiele von Warenkalkulationen. Dargestellt seien eine Quecksilber- und eine Kupferrechnung.

Herr Mathien Manlichs rechnung anno 1543:

In Ydria 2 sam (Saumlast) [quecksilber], ist 2 fel (Felle; das Quecksilber wurde in Schafleder verpackt), cost mich per Venetia zu füeren ungefarlich von 1 sam kr 68 gen Thiboni; 2 sam in alles	fl 2	kr 16
von Thiboni gen Triesth kr 15 per sam, mer per uncost, diener mit zug an, zerung, stich und legl fel kr 15 per sam thut in als ..	fl 1	—
von Triesth per Venezia von sam 30 β	fl —	kr 40
Mer uncost in Venezia bis zum verkaufen als per sam	fl —	kr 54
Mer zol in Venezia 2 sam angeschlagen per duchati 175, der zol 2½ per cento, zol und underkauf thut duc. 4 Ω 12, die thun rhein. fl 6	fl —	kr 12
Summa	fl 11	kr 2

Kupfer fur halben:

Item 1 centner Schwatzer kupfer pey der hüttin pey Schwatz per	fl 5	kr 40
Mer fuor und maut von Schwatz gen Rosenheim	fl —	kr 4
Mer umb faß 2 kr, fuorlon von Rosenheim gen Muenichen 6 kr ..	fl —	kr 8
Fuorlon von Muenichen gen Nurmberg	fl —	kr 27
Zoll maut zu Minichen 3 kr, zu Rosenheim, Aiblingen zoll, uncost etc., 1 kr thut	fl —	kr 4
Summa	fl 6	kr 23
Daran wurdet abtzogen zugang an gewicht über den Nurmberger statt zoll und provision 7 per cento thut	fl —	kr 29
Rest noch, so, ein Nurmberger centner gen Nurmberg cost	fl 5	kr 57
Dartzu gerechnet interesse auf 6 monat zu 10 per cento des jars, des gelt verligen mag, thut	fl —	kr 36
Kost von Kuntl ain Nurmbergischer centner kupfer, den wienischen centner zu 5 fl 40 kr und darauf von 6 monaten interesse 36 kr gerechnet .... Rhein.	fl 6	kr 33

---

[50] *Bechtel*, H.: Wirtschaftsgeschichte Deutschlands, a.a.O., S. 328.
[51] *Müller*, K. O.: Welthandelsbräuche (1480—1540), a.a.O., S. 308 bzw. 310.

Solche Preiskalkulationen scheinen den Kaufleuten auch schon 100 Jahre früher geläufig gewesen zu sein. Die Mendels in Nürnberg beherrschten daneben noch das Umlegen von Gemeinkosten, die sich beim Ein- und Verkauf der Waren ergaben. Als „Schlüssel" verwenden sie das Gewicht der Waren[52].

IV. Die Entstehung verschiedener Begriffe zur Buchhaltung

In neuerer Zeit werden die Ausdrücke „Buchhaltung" und „Buchführung synonym verwandt[53]. Der historische Werdegang läßt sich nur bei dem Begriff „Buchhaltung" verfolgen. Der Begriff „Buchführung" ist erst in jüngerer Zeit entstanden.

Der Ausdruck „Buchhaltung" ist bereits vor 500 Jahren geprägt worden, was sich durch die älteste Literatur belegen läßt. Im Jahre 1458 schrieb der Ragusaner *Cotrugli* ein handelswissenschaftliches Werk und behandelt darin kurz die Buchhaltung unter der Überschrift „Dell' ordine de tenere le scrittura mercantilmente"[54]. Der Engländer *Old Hugh,* London 1543, nennt sein Buch „Order of the hapying of the famous reconyinge", und in Frankreich findet man in dieser Zeit allgemein den Ausdruck „Tenue des livres". Die deutsche Wortbildung „Buchhaltung" ist aus dem Italienischen abzuleiten: Tenere libri, woraus später das Substantiv tenitura di libri oder einfach tenitura (Buchhaltung) entstand[55]. Der Ausdruck „Buchführung" taucht in der alten deutschen Buchhaltungsliteratur nicht auf. Man bevorzugt hier allgemein die Verbalform „Buchhalten":

Grammateus: Ayn new kunstlich Buchhalten durch das Jornal, Kaps und Schuldbuch, Nürnberg 1518.

Gottlieb: Ein Teutsch verstendig Buchhalten, Nürnberg 1531.

Ellenbogen: Buchhalten auf Preussische müntze und gewicht, Wittenberg 1537.

Schweicker: Zwifach Buchhalten, Nürnberg 1549.

Menher: Buechhalten, kurz begriffen, Antwerpen 1563.

Gammersfelder: Buchhalten durch zwey Bücher nach Italienischer Art, Danzig 1570.

Sartorius: Buchhalten mit zwey Büchern, Danzig 1592.

Goessens: Buchhalten, Hamburg 1594.

---

52 *Stromer,* W. v.: Das Schriftenwesen der Nürnberger Wirtschaft, a.a.O., S. 32.

53 Vgl. *Stern,* R.: Buchhaltungs-Lexikon, 2 Bde., 2. Aufl., Wien, Berlin, Leipzig 1917. — *Schmalenbach,* E.: Die doppelte Buchführung, Köln und Opladen 1950.

54 Vgl. *Kheil,* C. P.: Benedette Cotrugli Raugeo, Wien 1906, und unten S. 153.

55 *Leyerer,* C.: Historische Entwicklung der Buchführung seit der ersten Kenntnis bis zum 17. Jahrhundert, a.a.O., S. 125.

Um die Wende des 15./16. Jahrhunderts schuf Kaiser *Maximilian* in seiner „Schatzkammerordnung" (1498) den Titel „Buchhalter", in Anlehnung an den „Stabhalter", den Wächter des Rechtsstreits[56]. Das Wort scheint sich in Deutschland rasch eingebürgert zu haben. Im 16. Jahrhundert wird der Nürnberger Wolffgang *Schweicker* „für einen fürtrefflichen Buchhalter gerümbt"[57].

Unter „doppelter Buchhaltung" verstand der Buchhalter ursprünglich das Führen von zwei Büchern (Journal und Hauptbuch) und das Übertragen aus dem Journal ins Hauptbuch, nicht aber das Verbuchen eines Geschäftsfalles als Soll und Haben. Noch 1570 spricht *Gammersfelder* vom „Buchhalten durch zwey Bücher nach italienischer Art", wobei die „zwey Bücher" Journal und Hauptbuch und das „nach italienischer Art" das doppelte Verbuchen bezeichnen sollen.

---

56 *Sykora*, G.: a.a.O., S. 37.

57 *Schirmer*, A.: Wörterbuch der deutschen Kaufmannssprache auf geschichtlichen Grundlagen, Straßburg 1911, S. 38.

C. Ergänzungen zur Geschichte der doppelten Buchhaltung im 14. — 16. Jahrhundert

I. Das Aufkommen der doppelten Buchhaltung in Italien zu Beginn des 14. Jahrhunderts

1. Entstehungsursachen

Wie bei vielen geschichtlichen Erscheinungen kennt man auch den Ursprung der doppelten Buchhaltung nicht. Es haben sich deshalb viele Theorien herausgebildet, die die Entstehung der doppelten Buchhaltung begründen wollen. Der geschichtlichen Wahrheit am nächsten kommt wohl E. *Schmalenbach,* nach dessen Ansicht äußere Umstände die doppelte Buchhaltung „beinahe automatisch“[1] entstehen ließen. Die doppelte Buchführung fing, „wie man annimmt, und was sehr glaubhaft ist, bei Girobanken der italienischen Handelsstädte des Mittelalters an, und die Anwendung der doppelten Buchführung bei ihnen erklärt sich aus dem besonderen starken Bedürfnis nach Buchungssicherheit und die Fähigkeit dieser Buchhaltung, durch die Vergleichung der Soll- und Habensummen eine zwar nicht totale, aber doch recht weitgehende Kontrolle zu gewährleisten“[2]. Die Buchungen dieser Girobanken bestanden in der Übertragung von einem Personenkonto auf ein anderes. „Wenn 90 % der Buchungen Girobuchungen sind, bei denen jedem Habenposten ein Sollposten entspricht, dann bedarf es keiner großen Erfindungsgabe, um auch den Rest der Buchungen, die kaum 10 % der Buchungen ausmachen, künstlich zu Doppelbuchungen zu machen, indem man für Gehälter, Reisekosten und andere Kosten tote Konten einrichtet, nicht um festzustellen, wie hoch diese Kosten sind, sondern um alle Buchungen zu Doppelbuchungen zu machen und dadurch die sog. Probebilanz zu ermöglichen[2].“ Dieselbe Ansicht vertritt H. *Sieveking*[3], der besonders auf die Bedeutung hinweist, die die Bankiers für die Gemeinden bei Anleihen, Zinszahlungen usw. hatten und die eine nachprüfbare, allgemein verständliche Buchführung aus diesem Grunde haben mußten. — Anschließend seien noch die Meinungen anderer Autoren kurz angeführt, bei denen

---

[1] *Schmalenbach,* E.: Die doppelte Buchführung, a.a.O., S. 17.

[2] *Schmalenbach,* E.: ebd., S. 16 f.

[3] *Sieveking,* H.: Aus Genueser Rechnungs- und Steuerbüchern, Wien 1909, S. 1 f.

es jedoch nicht klar ist, ob sie nicht Ursache und Wirkung verwechselt haben.

Für C. *Leyerer*[4] sind rechtliche Gründe für die Entstehung der doppelten Buchhaltung maßgebend gewesen. Nach seiner Ansicht sind die Kaufleute gezwungen gewesen, ein doppeltes Verrechnen vorzunehmen, um eine Beweiskraft gegen Dritte in die Hand zu bekommen; insbesondere auch gegen die Steuerbehörden. Richtig ist seine Feststellung, daß die doppelte Buchhaltung aufgrund ihrer Kontrolleigenschaft entwickelt wurde und weniger aus der Erkenntnis, daß jeder Geschäftsvorfall eine zweifache Wirkung hervorbringt.

E. L. *Jäger*[5] weist noch auf eine andere Möglichkeit hin. Für den damaligen Kaufmann war es nicht leicht, eine Inventur aufzustellen. Der Kaufmann suchte nun nach einem Weg, um diese Arbeit umgehen zu können. Er schuf sich eine Buchungstechnik, die die zur Bilanz notwendige Inventur überflüssig machen sollte, indem laufend alle Warenveränderungen erfaßt wurden. Dafür waren neben Personen- auch Sachkonten nötig.

Einen guten Gedanken hat auch H. *Buhl*[6], wenn er sagt, daß die Bedeutung des Eigen- und Fremdkapitals in der Unternehmung immer mehr zunahm und eine Methode zur ständigen Berechnung notwendig machte.

Diese Darstellung zeigt, daß die Doppik aus verschiedenen Gründen heraus entstanden sein kann und nicht das Werk eines Denkers zu sein braucht. Bei der Ausformung der einfachen Buchhaltung kamen die Kaufleute schließlich zu einem Punkt, von dem ihnen der Sprung zur Doppik gelang. Das war in Italien.

2. Die Anfänge in den bedeutenden italienischen Handelsstädten

a) Kurzer Blick auf die italienische Wirtschaft im Spätmittelalter

Die Kenntnisse und die Fortschritte auf dem Gebiete der Buchhaltung entwickelten sich im Mittelalter zuerst in den Ländern, die im Handel jeweils führend waren. Den Anfang machte Italien, dann folgte Deutschland, später Frankreich und schließlich England.

---

4 *Leyerer*, C.: Einiges über die historische Entwicklung der Doppik, in: Zeitschrift für Handelswissenschaft und Handelspraxis, 4. Jg., 1911/12, S. 116 ff.

5 *Jäger*, E. L.: Beiträge zur Geschichte der Doppelbuchhaltung, Stuttgart 1874, S. X.

6 *Buhl*, H.: Die geschichtlich begründete Kontentheorie, Stuttgart 1929, S. 6 f.

Venedig war im 15. und 16. Jahrhundert wohl der „Haupthandelsplatz der Welt“[7]. Neben der Einfuhr und dem Handel von Gewürzen und Spezereien des Orients waren es vor allem auch die Erzeugnisse einer eigenen venezianischen Tuch- und Seidenindustrie, die Venedig einen ungeheuren Reichtum einbrachten. Allein die Umsätze der deutschen Kaufleute in Venedig betrugen Ende des 15. Jahrhunderts jährlich 1 Million Dukaten. Der Venezianer war in Konstantinopel, Famagusta oder Alexandrien mehr zu Hause als in Rom, Neapel oder Florenz[8].

Über den bedeutenden Handel von Mailand und Florenz berichtet uns ein Augsburger *Paumgartner* in seiner Schrift über die Handelsbräuche, die er im Jahre 1506 verfaßt hat. „Zu Mayland in der statt und in dem gantzen hertzogtumb tript man fill handel[9].“ „Florentz in Toschgana. Da ist fill handles und ain gewerbige statt. Darumb wölcher da handeln will, dem ist am ersten nott, zu wissen, daz mengerlay zalung da ist. Am ersten recht kaufmans zalung, darmit man wechßl macht und biecher halt[10].“

In diesem wirtschaftlich hoch entwickelten Italien, in dem sich schon am Anfang des 15. Jahrhunderts Großunternehmen entwickeln, ist der Ursprung der doppelten Buchhaltung zu suchen. Anregungen zur Schaffung und zur Verbesserung ihres großen Werkes werden die italienischen Kaufleute dabei noch von außen erhalten haben. Dieser Vermutung liegt die Tatsache zugrunde, daß die Italiener einen lebhaften Handel im Mittelmeerraum unterhielten.

Neuere Forschungen wollen die italienische Herkunft der doppelten Buchhaltung überhaupt bezweifeln. Man glaubt, daß die Ursprungsländer Spanien und, kurioserweise, Korea seien. Mit Recht weist J. P. *Stiegler*[11] darauf hin, daß das System, das in Europa als doppelte Buchhaltung Eingang gefunden hat, in den Handelsstädten Genua und Florenz seinen Ausgang genommen und in Venedig seine Ausprägung erfahren hat. Diese venezianische Buchhaltung, besonders gekennzeichnet durch die Gegenüberstellung von Soll und Haben, beschreibt *Pacioli* dann als die „scrittura alla veneziana“. Sie hat in dieser Form, unter der Bezeichnung „Italienische Buchhaltung“, ihren Weg in alle Länder Europas angetreten.

---

7 *Simonsfeld*, H.: Der Fondaco dei Tedeschi in Venedig und die deutsch-venetianischen Handelsbeziehungen, Bd. II, Stuttgart 1887, S. 39.

8 *Zwiedineck-Südenhorst*, H. v.: Venedig als Weltmacht und Weltstadt, Bielefeld und Leipzig 1899, S. 93.

9 *Müller*, K. O.: Welthandelsbräuche, a.a.O., S. 124.

10 *Müller*, K. O.: ebd., S. 146.

11 *Stiegler*, J. P.: Fünf Jahrtausende Buchhaltung, 3. erw. Aufl., Stuttgart 1958, S. 33.

b) Die Buchhaltung in Genua

Die älteste Anwendung der doppelten Buchhaltung findet man in den Büchern der städtischen Finanzbeamten Genuas (1340). Daraus darf freilich nicht der Schluß gezogen werden, daß sie die ersten Benutzer waren. Aus einer aufgefundenen Urkunde erfahren wir, daß die städtischen Beamten im Jahre 1327 von der Stadt Genua angewiesen worden sind, ein Hauptbuch nach der Art der Banken zu führen[12]. Die Banken waren also die ersten, die die neue Buchungstechnik besaßen.

Das Hauptbuch (cartolarium) ist in Pergament gebunden und enthält nach Gruppen geordnet die Konten der Finanzbeamten, der Steuereinnehmer, der Burgverwalter, des Heeres, der Waren und Debitoren. Die Einträge sind in lateinischer Sprache und mit römischen Zahlen gemacht worden. Auf der linken Seite der zweiseitig geführten Konten stehen die Worte „debet nobis pro" (schuldet uns für), auf der rechten Seite, im Haben, die Worte „recepimus in" (wir empfingen). Somit ist erwiesen, daß von Anfang an das „Soll" links und das „Haben" rechts gebucht worden sind.

Von den vielen Konten, die in dem Genueser Buch geführt werden, sei das Pfefferkonto dargestellt (gekürzt)[13]:

M CCC XXXX die VII marcii
Piper centenaria L XXX debent nobis pro Venciguerra Imperiali undi nobis in VIII et sunt pro libris XXIIII sol. V pro centenario
lb. M DCCCC XXXX
Censarius Luchas Donatus.
Item di XVII marcii
pro laboratoribus et sunt pro avaria dicti piperis de racione Paschalis de Furneto unde nobis in VIIII
lb. — s. XIIII

80 Zentner Pfeffer sollen an Venciguerra Imperialis Blatt 9 und sind für L. 24 s. 5 pro Zentner, L 1940. Makler war Lukas Donato.
Am 17. März für Arbeiter, und zwar für Unkosten des genannten Pfeffers Bl 9
L. — s. 14

(Blatt) LXIII
M CCC XXXX die XXII marcii
Recepimus in vendea de centenariis X dicti piperis in Joanne de Franco de Florentia, et pro eo in racione Christioni Lomellini unde nobis in ...
lb. CCXXVII s. V

1340 am 22. März
Wir empfingen beim Verkauf von 10 Zentnern des genannten Pfeffers von Johannes de Franco aus Florenz, Bl. 3
L. 227 s. 5

Wir sehen links auf dem Pfefferkonto den Einkaufspreis für 80 Zentner Pfeffer, die die Gemeinde durch Vermittlung eines Maklers zum Preise von 24 lib. 5 S. pro Zentner erhalten hatte. Darunter werden die Kosten für das Wiegen, Verpacken usw. verbucht. Rechts stehen die

---

12 *Stiegler,* J. P.: a.a.O., S. 34 („ad modum cartularii banchi").

13 *Penndorf,* B.: Luca Pacioli, a.a.O., S. 1 f. — Hieraus ist auch die Übersetzung.

Einnahmen aus dem Verkauf des Pfeffers. Dabei wurde unter dem Einkaufspreis verkauft. So ergaben 10 Zentner nur L. 227, statt L. 240. Der Verlust von insgesamt L. 149 (nicht mehr dargestellt), der als Ausgleich als letzter Posten der Habenseite erscheint, wird dann auf das Soll des Verlust- und Gewinnkontos auf Blatt 73 übertragen. Die Kosten für Verpackung usw. werden also nur indirekt gebucht. Das Gewinn- und Verlustkonto trägt im Soll die Überschrift „Gewinne aus dem Wechselgeschäft und Verlust an gekauften Waren Soll" und wurde über das Konto „expensarum communis Janue" abgeschlossen.

Von den Handlungsbüchern aus Genua beschreibt H. *Sieveking*[14] das Hauptbuch der Bank San Giorgio (1408), das ein Kassenkonto sowie Debitoren- und Kreditorenkonten enthält. Die Cassa San Giorgio war eigentlich eine Staatsbank, die für Private nur Depositen- und Girogeschäfte erledigte. H. Sieveking weist dann nach, daß alle Konten in doppelter Buchhaltung geführt wurden. Einer Belastung der Kasse entsprach eine Gutschrift auf dem Konto eines Kunden. Einer Gutschrift auf dem Kassenkonto entsprach eine Belastung eines Kundenkontos. Auch wird angeordnet, daß kein Posten in das Hauptbuch eingetragen werden dürfe, der vorher nicht im Journal gebucht worden sei, was Anfang des 15. Jahrhunderts noch nicht selbstverständlich war.

c) Die Buchhaltung in Toskana

Die ältesten florentinischen Handlungsbücher gehörten dem Francesco di *Marco* (1338—1410), der in Florenz, Prato, Pisa, Avignon usw. Handels- und Industrieunternehmen betrieb. Sie sind besonders interessant, zeigen sie doch den Übergang von der einfachen zur doppelten Buchhaltung. *Francesco* verwandte anfänglich nur die einfache Buchführung. Der vitale Renaissancemensch, jedem Fortschritt gegenüber aufgeschlossen, führte dann nach dem Aufkommen der neuen Buchungsform diese Schritt für Schritt in seiner Buchhaltung ein. Dieser Vorgang läßt sich genau beobachten.

In seiner schon hoch entwickelten einfachen Buchhaltung[15/16] wurden die ersten Aufzeichnungen in Strazzen gemacht. Hieraus erfolgte dann der Übertrag in ein Memorial, das keine privaten Einträge mehr enthalten durfte. In dem Memorial, zuweilen auch Journal geheißen, unterschied man außerdem zwischen Einnahmen und Ausgaben. Das Hauptbuch (libro grande) enthielt Personen- und Sachkonten, was in der einfachen Buchhaltung eine Ausnahmeerscheinung darstellt. An Sachkonten kannte man Konten für Waren, für jede Art von Ertrag

[14] *Sieveking*, H.: Aus Genueser Rechnungs- und Steuerbüchern, a.a.O., S. 25 ff.

[15/16] *Penndorf*, B.: Luca Pacioli, a.a.O., S. 27 ff.

und Aufwand, für Gewinn und Verlust. In den älteren Hauptbüchern standen Soll und Haben untereinander, von 1383 an wurden bei den Personenkonten die Posten einander gegenübergestellt. Der erste Schritt zur doppelten Buchhaltung war damit vollzogen. Nach weiteren drei Jahren wurden auch bei den Sachkonten die Form der Personenkonten eingeführt. Gleichzeitig wurden für alle Vermögensteile (Anlage- und Umlaufvermögen) neue Konten eröffnet. Das System der doppelten Buchhaltung war damit vollendet. Wie gut *Marco* das doppelte Verrechnen Ende des 14. Jahrhunderts schon beherrschte, zeigt das folgende Beispiel[17, 18]:

Bl. 91 (Rückseite)	Bl. 92
Niccolo di Francesco und Gebrüder von Florenz sollen geben am 16. Mai fl 400, die wir für ihn an Herrn Banducio Bonconti gaben. Es trug Simon di Francesco in das Buch des Ausgangs B auf Bl. 132 fl 400.	Niccolo di Francesco und Gebrüder sollen haben am 29. Aug. fl 150. 16. 8., die wir ihm versprachen für G. Biliotti & Co. Gebucht in diesem vorwärts Bl. 99 Giovanozzo in Soll fl 150. 16. 8.

Der Gegenposten für die Sollbuchung findet sich im „Buch des Eingangs und Ausgangs" (Hauptbuch) auf Blatt 132, für den Habenposten im gleichen Buch auf Blatt 99:

Bl. 99	Bl. 132
G. Biliotti & Co. sollen geben am 29. Aug. fl 150. 16. 8. wir versprachen für sie an Niccolo di Francesco und Gebrüder, gebucht in diesem rückwärts auf Bl. 92, ins Haben fl 150. 16. 8.	Banducio Bonconti soll haben am 16. Mai fl 400, die wir ihm versprachen für Niccolo di Francesco und Gebrüder. Gebucht in diesem rückwärts auf Bl. 91 Niccolo ins Soll fl 400.

Wertvolle Einblicke in die Entwicklung der Doppelbuchhaltung geben auch die Geschäftsbücher der großen Florentiner Bankhäuser aus dem 14. Jahrhundert, wie die *Peruzzi*[19] und *Medici*. Vollständig in doppelter Buchhaltung sind die Geschäftsbücher der Medici geführt worden, ob sie nun aus dem Jahre 1395 oder aus den Jahren 1424—1426 stammen, wie die Bücher des Pisaner Zweiggeschäfts[20]. Diese Tatsache ist nicht verwunderlich, da die Medicier nicht nur große Bankgeschäfte machten,

---

[17] *Bensa, E.*: Francesco di Marco da Prato, Mailand 1928, S. 409 f., deutsche Übersetzung bei Penndorf, B.: Luca Pacioli, a.a.O., S. 30, aus dem Italienischen.
[18] Der Übergang von der lateinischen zur italienischen Sprache läßt sich nicht genau verfolgen. Er lag etwa in der Mitte des 14. Jahrhunderts.
[19] Vgl. *Sapori, A.*: I libri di commercio dei Peruzzi, Mailand 1934.
[20] *Sieveking, H.*: Die Handlungsbücher der Medici, Wien 1905, S. 16 ff.

sondern auch an drei florentinischen Textilbetrieben maßgeblich beteiligt waren[21] und in ihrer Kapitalkraft mit den späteren Fuggern wetteiferten.

Von ihren Büchern sind neben mehreren Hauptbüchern noch Kassen-, Waren- und Wechselbücher erhalten geblieben. Darin finden sich auch Hinweise auf Geheimbücher, die die Verträge der Gesellschaft, Bilanzen, Gehälter der Angestellten usw. aufnahmen. — In den Kassenbüchern stellte man schon um 1400 Eingänge und Ausgänge gegenüber. In den Warenbüchern führte man Sachkonten, auf die der Ein- und Ausgang der Waren verbucht wurden. Wie vollendet die Buchhaltungstechnik der Medicier schon war, zeigt nicht nur die Verwendung der vielen Bücher, sondern auch von einem „modernen“ Kapitalkonto und Erfolgskonten. Interessant ist es, daß neben einem allgemeinen Gewinn- und Verlustkonto noch mehrere Unterkonten über den Erfolg gebildet wurden. So benützt man für die Versicherungsprämien ein Unterkonto.

d) Die Buchhaltung in Venedig

Die ältesten venetianischen Bücher, die in doppelter Buchhaltung geführt worden sind, stammmen aus den Jahren 1410—16 und 1406—34 und gehörten der Firma Donado Soranzo e Fratelli[22]. Während das erstere, das libro real vecchio, nur ein Bruchstück von 50 Blättern darstellt, ist das andere, das libro real nuovo, vollständig erhalten. Das neue Hauptbuch der *Soranzo* beginnt mit einer Bilanz der Aktiv- und Passivsalden aus dem alten Hauptbuche. Daran schließen sich die verschiedenen Personen- und Sachkonten an. Soll und Haben stehen einander gegenüber. Der Abschluß der Erfolgskonten, wie „Zinsen für Staatsanleihen“, „Mieten“, „Handlungsunkosten“ usw. ergibt sich über das „Utile e danno-Konto“, die Salden der Vermögenskonten erscheinen beim Abschluß auf einem „Kapitalkonto“. Daneben führten die Soranzos auch noch Memorial, Journal, Handlungs- und Haushaltsunkostenbücher.

Zum Abschluß soll noch ein Konto aus dem neueren Soranzo-Buch dargestellt werden. Interessant ist dabei, daß die Wertbeträge in römischen Zahlen, die Zahlen im Text jedoch in arabischen Ziffern geschrieben sind[23]:

---

[21] *Roover*, R. de: The Medici Bank, Its Organization, Management, Operations and Decline, New York, London 1948, S. 26.

[22] *Roover*, R. de: La formation et L'expansion de la comptabilité à partie double, a.a.O., S. 277.

[23] *Brown*, R.: A history of accounting and accountants, Edinburgh 1905, dargestellt bei: Penndorf, B., Luca Pacioli, a.a.O., S. 9 ff. Hieraus ist auch die Übersetzung.

Jesus MCCCCXXIII

Ser Jan manteganda spilimbergo deno dar di 17 marzo per pa XII mosto vallieri da chomo. Et per pami XI, a duc. 16¼ la peza m, nete, apar in libro tegnudo per ser d. e ser jac. k. 71, in questo k. 97

L. XVII. I. II. —

Jesus 1423

Herr Johann Mantegan von Spilimbergo soll geben am 17. März für 12 Fässer Wein von Como und für 11 Tücher zu 16¼ Dukaten, wie es erscheint in dem Buche, geführt für Herrn Donado und Herrn Jacomo Bl. 71, in diesem Bl. 97

L. 17. 1. 2. —

Jesus MCCCCXXIII

Ser Jan alinchontro deno aver di 15 dezembrio, per ser Andrea di priollj, Ro apar in libro tegnudo per ser d. e ser. jac. k. 71, in questo k. 72

L XVII. —

e dito di per la chasa contadi dal suo fator per Ro, apar ut supra k. 71, in questo k. 103

L. — I. II. —

Jesus 1423

Herr Johann gegenüber soll haben am 15. Dezember für Herrn Andrea Priolli, wie es erscheint im Buch, geführt für Herrn Donado und Herrn Jacomo Bl. 71, in diesem Bl. 97

L. 17. —

Am gleichen Tage für das Haus, gezahlt von seinem Faktor, wie oben Bl. 71 erscheint und in diesem B. 103

L. —. 1. 2. —

Aus der Darstellung der italienischen doppelten Buchhaltung läßt sich entnehmen, daß schon hundert Jahre vor den ersten gedruckten Abhandlungen über die Buchhaltung von Luca *Pacioli* und Benedetto *Cotrugli* das doppelte Verbuchen in der Praxis angewandt worden war. Das beweist, daß das System wohl nicht von einem Theoretiker erfunden, sondern aus der Praxis der Wirtschaft herausgewachsen ist. Die Kaufleute sind die Erfinder der Doppik.

3. Die italienische Buchhaltungsliteratur als Teil einer frühen Einzelwirtschaftslehre

a) Benedetto Cotrugli Raugeo

Die Technik des Mittelalters war eine empirische Technik. Es fehlte die Übertragung der in der Praxis gewonnenen Eindrücke „in eine Ebene allgemeiner Erkenntnisse“[24]. Man kann daher nicht erwarten, daß die alten Buchhaltungsschriftsteller eine Buchhaltungstheorie geschaffen haben. Sie haben das System der doppelten Buchhaltung so dargestellt, wie es die Praxis kannte und keine wesentlichen Verbesserungen vorgenommen.

Einzelne Autoren haben mit ihren Arbeiten dieses allgemeine Niveau jedoch verlassen. Dazu gehört vor allem Cotrugli, in dessen Werk „Della mercatura et del mercante perfetto“ (Über den Handel und den

---

[24] *Müller-Armack*, A.: Genealogie der Wirtschaftsstile, Stuttgart 1941, S. 57.

Kaufmann) E. *Leitherer* „den eigentlichen Anfang einer selbständigen Lehre vom Handel und zugleich den ersten Versuch einer betriebswirtschaftlichen Gesamtdarstellung"[25/26] sieht. Im 13. Kapitel seines bedeutenden Werkes, dessen Manuskript bereits 1458 vollendet war, aber erst 1573 in Venedig im Druck erschien, behandelt der Ragusaner kurz die Buchführung unter dem Titel „Dell' ordine de tenere le scrittura mercantilmente". Cotrugli spricht darin nicht ausdrücklich von der doppelten Buchhaltung, obwohl er sie sicher gekannt hat. Wir lassen hier die Ausführungen Cotruglis in der Übersetzung von C. P. *Kheil* folgen (etwas gekürzt)[27]:

> „Der Kaufmann hat drei Bücher zu führen, und zwar das Hauptbuch, Journal und Memorial. Im Memorial mußt Du jeden Abend oder Morgen, bevor Du ausgehst, alles und jedes eintragen, worin Du am genannten Tag gehandelt, welche Abschlüsse Du für Rechnung Deines Geschäfts gemacht hast . . ., bevor sie in das Journal eingetragen werden. Diese Posten aus dem besagten Memorial sind ganz oder teilweise an demselben oder am folgenden Tage in das Journal und dann täglich in das Hauptbuch zu übertragen. Wenn das besagte Hauptbuch vollgeschrieben ist, schließt Du darin alle offenen Konten ab, indem Du sowohl von allen Debet-, als auch von allen Kreditsalden auf das letzte Blatt nach dem letzten Konto einen Auszug anfertigst. Hierauf überträgst Du in ein neues Hauptbuch jeden Saldo. Am Anfang eines jeden Jahres vergleichst Du dessen Posten (des Hauptbuchs) mit dem Journale und ziehst daraus die Hauptbilanz, indem Du alle Gewinne oder Verluste auf Dein Kapitalkonto überträgst."

Es ist u. E. unwahrscheinlich, daß zu dieser Zeit ein Kaufmann an Hand der Anleitung von Cotrugli eine Buchhaltung aufbauen konnte. Dazu sind die Ausführungen zu allgemein gehalten und vor allem fehlen Beispiele für die Buchungen. Benedetto Cotrugli steht mit seinem Beitrag ganz im Schatten seines Nachfolgers Luca *Pacioli*, dessen Buchhaltungstraktat praktisch verwendbar, ein Rezept, war.

b) *Luca Pacioli*

Die doppelte Buchhaltung ist literarisch erstmals durch den „scholastisch, also rationalistisch geschulten"[28] Mönch und Wissenschaftler Luca Pacioli behandelt worden. „Pacioli was a profilic writer"[29], der über

---

25/26 *Leitherer*, E.: a.a.O., S. 38.

27 *Kheil*, C. P.: a.a.O., S. 23 ff.

28 *Müller-Armack*, A.: a.a.O., S. 66.

29 *Brown*, R. G. und *Johnston*, K. S.: Paciolo on Accounting, New York, San Francisco, Toronto, London 1963, S. 4.

die doppelte Buchhaltung in einer lebenden Sprache schrieb[30]. Luca Pacioli kam mit 20 Jahren (1464) als Hauslehrer zu einem reichen venezianischen Kaufmann. Nach seiner Übersiedlung nach Rom (1470) trat er in den Franziskanerorden ein. Später begegnen wir ihm an allen bedeutenden Höfen und Universitäten von Italien als Lehrer der Arithmetik, Geometrie und Theologie. In Mailand lernte er am fürstlichen Hofe *Leonardo da Vinci* und Leon Battista *Alberti* kennen. Der berühmte Mathematiker und Theologe wurde ein Freund dieser genialen Renaissancemenschen. Was hat nun Pacioli zur Herausgabe der Abhandlung bewogen?

Pacioli kam im Haus des venezianischen Kaufmanns sicherlich mit den Handelswissenschaften in Berührung und fand als Mathematiker an dem mathematisch erscheinenden Charakter der doppelten Buchführung Interesse. Daß er auch etwas von den Handelspraktiken verstand, beweisen die Erläuterungen, die er vielen Kapiteln seiner Arbeit vorausschickt. Er schuf somit ein pädagogisch wertvolles Lehrbuch[31]. Ein Bedarf nach einem Lehrbuch war dadurch gegeben, daß das System der doppelten Buchführung keine einheitliche Ausbildung erfahren hatte, sondern von Ort zu Ort in mehr oder weniger sinnvoller und vollendeter Form gebraucht wurde. Luca Pacioli erklärt deshalb ausdrücklich, daß er sich in seinen Ausführungen an den venezianischen Gebrauch halte, weil sich dieser besonders empfehle.

Pacioli veröffentlichte deshalb in seiner 1494 erschienenen „Summa de Arithmetica, Geometria, Proportioni e Proportionalita“, einem mathematischen Werk, im 11. Traktat der 8. Distinktion von Blatt 197—210 unter der Überschrift „Particularis de computis et scripturis“ (Abhandlung, die besonders von der Buchhaltung handelt), eine ausführliche Darstellung der doppelten Buchführung[32].

In dem ersten, einleitenden Kapitel spricht Pacioli von den drei, dem wahren Kaufmann notwendigen Dingen. Das wichtigste davon ist das Bargeld und jede andere Vermögenssubstanz. Weiterhin ist es notwendig, daß man ein guter Rechner und geschickter Buchhalter ist. Das dritte schließlich ist, daß man mit schöner Ordnung alle seine Geschäfte aufzeichnet, damit man in aller Kürze von seinen Guthaben und Schulden Kenntnis erhalten kann. Schon hier läßt sich erkennen, welchen Weg

30 Die in Italienisch abgefaßte Abhandlung über die Buchhaltung erschien innerhalb eines Werkes, das in Latein geschrieben war.

31 Vgl. *Weber*, E.: Literaturgeschichte der Handelsbetriebslehre, Zeitschrift für die gesamte Staatswissenschaft, Ergänzungsheft XLIX Tübingen 1914, S. 5. — Bestreitet, daß Pacioli der wirkliche Verfasser des Traktats ist, sondern nur ein bereits vorhandenes Werk überarbeitet hat.

32 Pacioli unterschrieb bescheiden am Ende seines Werkes: „Bruder Lucas vom Heiligengrab aus dem Orden der Minderbrüder und demütiger Lehrer der heiligen Theologie.“

er in seiner Darstellung einschlagen will. Er will dem Leser eine Anleitung dafür geben, wie ein Unternehmen und die nötige Rechnungsführung aufzubauen sind. Vielleicht denkt er auch an eine Umstellung einer Geschäftsbuchhaltung von einfacher auf doppelte Buchhaltung.

Für das Eröffnungsinventar verlangt Pacioli ein besonderes Buch, in das der Kaufmann „dasjenige hineinschreibt, was er in der Welt zu besitzen glaubt an Beweglichem und Unbeweglichem ...“[33]. Der Kaufmann braucht keine Trennung zwischen Geschäftsvermögen und privatem Vermögen vorzunehmen, vielmehr soll das Inventarverzeichnis auch die eigenen Kleider, Haushaltswaren usw. nennen. Bei den Eröffnungsbuchungen stellt er das Kapital den Aktivkonten gegenüber, wodurch er den Grundsatz des doppelten Verrechnens auch ohne Errichtung eines Eröffnungsbilanzkontos verwirklicht. Die einzelnen Eröffnungsbuchungen drückt er in folgenden Buchungssätzen aus: „Per Kasse an mein Kapital“, per leinene Tücher an Kapital“ usw.

Die Bücher, die nach seiner Ansicht dem „wahren Kaufmann“ notwendig sind, sind Memorial, Journal und Hauptbuch (quaderno). „Das Memorial ist ein Buch, in das der Kaufmann alle seine kleinen und großen Geschäfte eigenhändig, so wie sie kommen, von Tag zu Tag, von Stunde zu Stunde einschreibt.“ Ausführlich behandelt er das Journal, das er mehr als ein Geheimbuch betrachtet. „Aber die Posten des besagten Journals muß man zierlicher formen und einschreiben“ als im Memorial. Von einem Posten im Journal werden im Hauptbuche zwei gebildet. Zu diesem Zweck muß jeder in das Journal eingetragene Posten mit „Per“ und „An“ gekennzeichnet werden. Mit „Per“ wird der Schuldner, mit „An“ der Gläubiger bezeichnet. Die ordnungsmäßig in das Journal eingetragenen Posten werden dann in das Hauptbuch übertragen.

Der letzte Teil behandelt den Abschluß der Hauptbuchkonten. Dieser ist nur nötig, wenn das Buch vollgeschrieben ist. Um die Buchungsfehler zu finden, so empfiehlt Pacioli, soll der Kaufmann mit seinem Buchhalter zunächst Journal und Hauptbuch vergleichen. Gegebenenfalls muß der Fehler durch eine Stornobuchung berichtigt werden. Hat man alle Posten geprüft, wird man alle Konten des alten Hauptbuches im Soll und Haben addieren und die Summen zusammenstellen. Das ist dann die „summa summarium“, eine Summenbilanz, die Pacioli als Bilanz betrachtet.

„Aber jene Posten, die Du nicht in das besagte (= neue) Hauptbuch übertragen willst, solche die Dich allein angehen und die Du nicht zeigen willst, wie z. B. spezielle Warenspesen, spezielle Spesen für Dein

---

[33] *Penndorf*, B.: Lucas Pacioli, a.a.O., S. 87 ff. — Hat den ganzen Traktat Paciolis ins Deutsche übersetzt.

Haus, Einnahmen, Ausgaben, ... müssen in diesem Buche (= altes Hauptbuch) ... mit dem Konto pro e danno, Vorteil und Nachteil, oder, wenn Du willst, Nutzen und Schaden, so abgeschlossen werden, daß Du ihr Soll in das Soll (des Konto pro e danno) überträgst ... Nachdem Du sie alle mit dem Gewinn- und Verlustkonto abgeschlossen hast (mit Ausnahme des Warengewinnes, der nach dem Verkauf einer Partie ermittelt und laufend auf das G- und V-Konto übertragen wird, Anm.) wirst Du auf diesem sofort, indem Du sein Soll und Haben addierst, Deinen Gewinn und Verlust erkennen können[34]." Der Gewinn bzw. der Verlust wird dann auf das Kapitalkonto übertragen, „welches das letzte in allen Hauptbüchern und folglich der Zufluchtsort aller anderen Konten ist". Zuletzt übernimmt man die Salden auf die im neuen Hauptbuch eröffneten Konten.

In einem Anhang zeigt Pacioli abschließend, wie man Debitoren und Kreditoren verbucht. Eine Kassenbuchung soll wiedergegeben werden[35]:

Come si debbe dettare le ptite de debitori

M CCCC LXXXX III

Cassa in mano di simone da lesso bobeni de dar 14. nouebre 1493 L. 62 β. 13 d. 2 da francesco dantonio caualcam in qsto. a c. 2 L. 62 β. 13 d. 6

usw.

Kasse in der Hand von S., Sohn des Alex B., soll geben am 14. November 1493 L. 62 β. 13 d. 6, von F., Sohn des Antonio C., in diesem Buch Blatt 2

L. 62 β. 13 d. 2

Come si debbe dittare le ptite di creditori

M CCCC LXXXX III

Cassa in mano di simone da lesso bobeni de hauere adi 14. nouebre 1493 L. 44 β. 1 d. 8 alo douico di piero forestani in qsto. a car. 2. L. 44 β. 1 d. 8

Ea di. 22. nouebre 1493 L. 18 β. 11 d. 6 a martino di piero forabaschi a car. 2.

L. 18 β. 11 d. 6

usw.

Kasse in Hand von S. ... soll haben am 14. November 1493 L. 44 β. 1 d. 8, an Ludwig, Sohn des Peter F., in diesem Buch Blatt 2

L. 44 β. 1 d. 8

Und am 22. November 1493 L. 18 β. 11 d. 6 an Martin, Sohn des Peter F., Bl. 2 L. 18 β. 11 d. 6

Pacioli hat in seinem Traktat die venezianische Buchhaltungsweise beschrieben. Die von ihm dargestellte Form entsprach den Bedürfnissen der Praxis. Dennoch erlangte die Schrift damals weniger in der Gegenwart, als vielmehr in der Zukunft ihre Bedeutung, als sie zum Vorbild für eine sich gegenseitig übertreffende Literatur wurde. Pacioli wurde

---

[34] *Penndorf*, B.: Luca Pacioli, a.a.O., S. 144.

[35] *Brown*, R. G. und *Johnston*, K. S.: a.a.O., S. 142. — Die Übersetzung nach *Penndorf*, B.: Luca Pacioli, a.a.O., S. 156.

zum „Vater der Buchhaltung" (*Brown* und *Johnston*). Wie weit Pacioli mit seiner Arbeit auch auf die Praxis einen Einfluß ausgeübt hat, läßt sich heute nicht mehr beurteilen.

c) *Don Angelo Pietra*[36]

In Genua unternimmt der Mönch Angelo Pietra 1586 den Versuch, die in seiner Vaterstadt gebräuchliche Form der doppelten Buchhaltung darzustellen. Der anspruchsvolle Titel seines Buches lautet: „Einleitung der Studierenden der Wirtschaft oder sehr geordnete Anweisung, um in geregelter Weise jede Schrift in einem doppelten Buche zu bilden."

Der Hauptwert dieser Arbeit liegt in dem zum ersten Male in der Literatur der Buchhaltung auftretenden Versuch, die doppelte Buchführung nicht bloß auf den Handel und die Banken zu beschränken, sondern auch bei anderen Unternehmungen, wie Landwirtschaft, Handwerksbetriebe, Gutsverwaltungen usw. anzuwenden. Pietra, Rechnungsrevisor seines Klosters, weist im 1. Kapitel darauf hin, daß die Verwendungsmöglichkeiten der doppelten Buchhaltung vielseitig, gleichsam unendlich seien. Man brauche nur Journal und Hauptbuch zweckmäßig umzugestalten. Die saubere Führung des Journals darf aber darunter nicht leiden: „Wenn auch das Hauptbuch den Hauptplatz in der geregelten Buchhaltung einnimmt, so ist doch klar, daß, da es seine Vollkommenheit aus dem Journal entnimmt, wie sie der Körper aus der Seele schöpft, die ganze Schwierigkeit des Geschäfts in der guten Führung des Journals besteht."

Pietra ist über den guten Ansatz nicht hinausgekommen. Dennoch darf die Bedeutung dieser Arbeit nicht unterschätzt werden, da hier die ersten theoretischen Ansätze über die Buchhaltung zu finden sind und damit ein Beitrag zu einer Einzelwirtschaftslehre geleistet wird.

Die Buchhaltungslehre ist bereits von den ersten Theoretikern als Teil der Handelsbetriebslehre angesehen worden. Von allen Teilen dieser Betriebslehre ist die Buchhaltung zuerst zu einer Vollendung gebracht worden.

II. Entwicklung und Stand der doppelten Buchhaltung in Deutschland im 16. Jahrhundert

1. Die wirtschaftliche Lage in Deutschland zu Beginn der Neuzeit

Nach R. *Kötzschke* brachte das Zeitalter der Entdeckungen im 16. Jahrhundert auch eine „Ausweitung des wirtschaftlichen Horizonts

---

[36] Vgl. *Jäger*, E. L.: Beiträge zur Geschichte der Doppelbuchhaltung, a.a.O., S. 105 ff. — Hier wird eine Übersetzung gegeben.

des Menschen"[37]. Der entscheidende Impuls für die Entstehung des Kapitalismus ist von der geistigen Umwälzung in diesem Jahrhundert ausgegangen[38].

Der Mensch dieser Zeit stand den neuen Erkenntnissen und Strömungen nicht teilnahmslos gegenüber. Sein Selbstbewußtsein wurde gestärkt. Mit dem Protestantismus kam dann „ein Zug der Freiheit ... in die Welt"[39], der den Menschen ein freies Urteilsvermögen schenkte. Die religiöse Weltanschauung des Mittelalters wurde in der Folge durch eine politische und wirtschaftliche ersetzt. Treffend schildert Lucas *Rem* in seinem Tagebuch aus den Jahren 1494—1541 den Geist einer neuen Epoche, der besonders die Kaufleute ergriffen hatte: „Onzalparn fleis, mie und laid, uncost, (hat er auf seinen Handel verwandt) daz ich mein aigen Eer minder, Nutz noch fuog nie betrachten, noch bedenken hab wollen; dan Ich zuom handel grosse, zuo weiben clayn lieb und lust gehebt hett; alain der Remen Namen und Er (Ehre) betracht[40]." Bekannt ist auch der Ausspruch Jakob *Fuggers*, er wolle gewinnen, solange er könne. Der Erwerb wird zum Selbstzweck. Dennoch war der Kaufmannsstand ein ehrbarer und wohlhabender Berufstand, wenn auch das Urteil über die „Pfeffersäcke" in der zeitgenössischen Literatur nicht sehr schmeichelhaft ist[41]. Weltliche und geistige Fürsten wurden zum Schuldner des Kaufmanns. Nicht selten wurde der Kaufmann auch zum Grundbesitzer und vom Kaiser in den Adel erhoben. Knechte und Mägde brachten dem Kaufherren ihre geringen Ersparnisse, damit dieser ihr Kapital vermehre.

Wenn die Kaufleute auch überwiegend die Vermehrung ihres Reichtums zum Ziele ihres Handelns machten, so waren sie dennoch keine Abenteurer, die aus sturer Profitgier handelten. Ihre Arbeitsweise war methodisch, d. h. sie arbeiteten überlegt und nach bestimmten Grundsätzen. Man versuchte, einmal gewonnene Mittel möglichst zweckmäßig wieder anzulegen. Wir stehen am Beginn eines „ökonomischen Rationalismus"[42]. Die doppelte Buchhaltung war bereits ein Mittel zur Rationalisierung der Geschäftsführung. Sie bildete die „technische Grundlage des kapitalistischen Unternehmens"[43]. Die einfache Buchführung

---

37 *Kötzschke*, R.: Grundzüge der deutschen Wirtschaftsgeschichte bis zum 17. Jahrhundert, 2. Aufl., Leipzig und Berlin 1923, S. 113.

38 *Müller-Armack*, A.: a.a.O., S. 67.

39 *Linhardt*, H.: Die historische Komponente der funktionalen Betriebswirtschaftslehre, a.a.O., S. 85.

40 *Greiff*, B.: Tagebuch des Lucas Rem aus den Jahren 1494—1541, Augsburg 1861, S. 31 f., zitiert nach: Weitnauer, A.: Venezianischer Handel der Fugger, München und Leipzig 1931, S. 2.

41 Vgl. *Luther*, M.: Von Kauffshandlung und Wucher, 1524.

42 *Strieder*, J.: Studien zur Geschichte kapitalistischer Organisationsformen, 2. Aufl., München und Leipzig 1925, S. 57.

43 *Weitnauer*, A.: a.a.O., S. 3.

schuf sich der Kaufmann nur, um die Ordnung in seinem Betrieb aufrecht erhalten zu können. Die doppelte Buchhaltung führte er vor allem in seinem Betrieb ein, um Aufwendungen und Erträge kontrollieren zu können. — Der deutsche Kaufmann lernt die neue Rechnungsführung von Venezianern oder Genuesen, mit denen er rege Geschäftsbeziehungen unterhält[44]. Er übernimmt sie häufig unvollkommen und unverstanden, da die neue Form keinerlei Ähnlichkeit mit seiner bisher gebrauchten hat.

2. Die unter italienischem Einfluß stehende doppelte Buchhaltung in Deutschland

Zusammen mit dem wirtschaftlichen Fortschritt trat die doppelte Buchhaltung auch in Deutschland ihren Siegeszug an. Sie löste hier die einfache Verbuchung ab. Wann und wo die italienische Form der Doppelbuchhaltung zuerst eingeführt wurde, wird sich wohl nie genau feststellen lassen. Man kann nur vermuten, daß es die großen Gesellschaften waren, die Niederlassungen in Italien unterhielten, ihre Mitarbeiter dorthin in die Lehre schicken konnten, oder italienische Buchhalter beschäftigten. Die 1408 gegründete Große Ravensburger Gesellschaft kannte nur die einfache Verbuchung bis zu ihrem Ende Mitte des 16. Jahrhunderts. Auch die Fuggersche Gesellschaft benutzte zunächst lediglich die einfache Buchführung. Nicht bekannt ist, wer die doppelte Buchführung dann eingeführt hat. Es war wahrscheinlich Jakob *Fugger*, der 1473 nach Venedig geschickt worden war, um dort die „Handlung“ und die Buchhaltung zu erlernen[45]. Es ist wahrscheinlich, daß er hier auch mit der doppelten Buchhaltung in Berührung kam. Vielleicht hat er sie nach seiner Rückkehr nach Augsburg in der Fuggerschen Gesellschaft eingeführt. Als der berühmte Matthäus *Schwarz* 1516 Hauptbuchhalter der Fugger wird, kennt man hier schon die doppelte Buchführung, wenn auch nicht in der Vollkommenheit wie in Italien. — Da die Fugger an ihre Rechnungsführung hohe Ansprüche stellen mußten, kann man annehmen, daß sie zu den ersten deutschen Gesellschaften gehörten, die das doppelte Verrechnen einführen mußten. Im Jahre 1518 erschien dann in Nürnberg das erste deutsche Buchhaltungslehrbuch.

Zwischen der deutschen und der italienischen doppelten Buchhaltung scheint zu Anfang des 16. Jahrhunderts ein grundsätzlicher formaler Unterschied bestanden zu haben. Die Italiener kannten hauptsächlich drei Bücher, nämlich Memorial, Journal und Hauptbuch. Das „libro

---

[44] Vgl. *Schulte*, A.: Geschichte des mittelalterlichen Handels und Verkehrs zwischen Westdeutschland und Italien mit Ausschluß von Venedig, 1. Bd., Leipzig 1900, S. 532 f.

[45] *Simonsfeld*, H.: a.a.O., S. 39.

maestro" enthielt sowohl die lebenden als auch die toten Konten. In Deutschland hingegen benutzte man vier Bücher: Memorial, Journal, Schuld- und Warenbuch (Kapus). In der italienischen Buchhaltung, so sagt der „fürneme" Matthäus Schwarz, „werden die Güter Debitor gehalten, wie etwa der Brauch an etlichen Orten in Italien ist, auf daß man sehen kann, wann oder woran man gewinnt". In Deutschland hält man „solch Journal, Schuldbuch und Kapus, ... darinnen man die Güter nicht für Debitor hält. So Du die Gueter empfachst, schreibs in den Capus einfach für empfahen". Wo liegen nun die Gründe, daß man in Deutschland das Kontensystem zerriß und die Konten auf zwei Bücher aufteilte? Die Frage kann auch hier nicht mit Sicherheit beantwortet werden.

Wenn man der Erklärung von *Schwarz* folgt, so werden in Deutschland die Waren als „neutral" und „unbedeutend" angesehen, man kann sie also nicht in das zentrale Schuldbuch bringen, auf dessen Konten die Gläubiger-Schuldner-Relationen zum Ausdruck kommen sollen, das aber auch die wichtigen Kapital- und Kassenkonten enthält. Der deutsche Buchhalter scheint hier theoretische Überlegungen über Zweckmäßigkeitserwägungen gestellt zu haben. In Italien dagegen werden die Güter als Debitoren betrachtet. Sie sind zu persönlichen Schuldnern des Unternehmens geworden, da das Unternehmen für ihren Erwerb Geld ausgeben muß. Diese heute unverständliche Tatsache läßt sich u. E. nur aus der Personifizierung aller Dinge und Konten in der damaligen Buchhaltung erklären[46]. In Deutschland scheint man die Personifizierung anfänglich nicht so weit getrieben zu haben. Ende des 16. Jahrhunderts geht man dann auch in Deutschland vollständig zur italienischen Buchhaltung über, indem man Kapus und Schuldbuch vereinigt.

Noch eine weitere Besonderheit hatte die deutsche Buchhaltung gegenüber der italienischen aufzuweisen. In Italien hielt man es beim Abschluß zuweilen für überflüssig, bei den Waren eine Inventur zu machen. Die Kontenrechnung über die Waren genügte. In Deutschland verwendete man lange Zeit, wie oben dargestellt wurde, die einfache Buchhaltung, die sich auf das Führen von Debitoren- und Kreditorenkonten beschränkte. Beim Abschluß war deshalb eine sorgfältige Inventur nötig. Die Praktik wurde auch nach der Einführung der doppelten Buchhaltung nicht fallen gelassen. Mit welcher Gewissenhaftigkeit die deutschen Kaufleute die Inventuren gemacht haben, zeigen die erhalten gebliebenen Aufzeichnungen von Inventuren der Augsburger Firmen Fugger und Haug. Die Fugger stellen für die Einrichtungen der

---

[46] Vgl. *Weber*, H.: a.a.O., S. 73. — Bezeichnet Pacioli als ersten Vertreter der Personifikationstheorie, der sich dessen aber nicht bewußt war, da erst die Nachwelt dieser Erklärungsweise des doppelten Verbuchens den Namen gab.

Schreibstuben, der Schlafräume usw. besondere Verzeichnisse auf. Bei den Haugs finden wir regelrechte Abschreibungen. Das Haugsche Geschäftshaus hatte bei Beginn der Handelsgesellschaft 1531 mit 5124 fl zu Buch gestanden. Später wurde es nur mit 4200 fl angesetzt, und im Schmalkaldischen Krieg 1547 sogar nur mit 3600 fl. Als Grund wird angegeben, daß die „Läufe dieser Stadt“ (Augsburg) „ändern und wenig Besserung schicken“[47].

Eine auffällige Erscheinung des deutschen Wirtschaftslebens Ende des 15. Jahrhunderts war es, daß plötzlich die süddeutsche Wirtschaft über die Hanse emporwuchs. Während der Augsburger Kaufmann die doppelte Buchhaltung in seinem Betrieb einführte und damit seine Kapitalien rationell einsetzen konnte, blieb sie dem hansischen Kaufmann, der keine Beziehungen zu Italien hatte, fast unbekannt[48]. Für den Historiker wird es als vermessen erscheinen, den Niedergang der Hanse ursächlich darauf zurückführen zu wollen, dem Betriebswirt hingegen nicht, der die Bedeutung der doppelten Buchhaltung für die Führung der Unternehmung einzuschätzen weiß.

In Deutschland wird die doppelte Buchhaltung auch in Bergwerksbetrieben angewendet (als Finanzbuchhaltung). Das beweisen die Aufzeichnungen, die von Angestellten eines Paumgartnerischen Bergwerks in Tirol gemacht wurden. Die Eintragungen stammen aus einem Hauptbuch, das Konto trägt keine besondere Überschrift. Auf einer Doppelseite stehen[49]:

Adi ultimo December ausgeendem Soll 1545 jahr soll herr Hans Paumgartner mein herr mir für Jörgen Pessrer zu Membingen seligen Erben verpawt gelt am Valckenstain fl 19. 12. 2.

Summe:

Adi ultimo october soll herr Paumgartner mir ain rest, inhalt aines gesanten auszug fl 13 823. 18. 1.

Adi ultimo December 1545 soll Haben ich meinem herrn umb daz ich aus dem schmeltzhandel ... an gemainem Gelt empfangen hab in Copis E fl 3928. 2.

3. Die durch Paciolis Werk angeregte deutsche Buchhaltungsliteratur[50]

Nach *Paciolis* Werk erschienen besonders in Deutschland zahlreiche Lehrbücher über die Buchhaltung. *Neudörffer; Grammateus,* Johann *Gottlieb, Ellenbogen, Schweicker, Menher, Gammersfelder, Sartorius*

---

47 *Penndorf,* B.: Entwicklungsgeschichte des Betriebslebens, a.a.O., S. 50.

48 *Penndorf,* B.: Geschichte der Buchhaltung in Deutschland, a.a.O., S. 99.

49 *Müller,* K. O.: Quellen zur Handelsgeschichte der Paumgartner von Augsburg (1480—1520), Wiesbaden 1955, S. 286 f.

50 Vgl. *Penndorf,* B.: Geschichte der Buchhaltung in Deutschland, a.a.O., S. 107—166. — Hat die Werke dieser Schriftsteller dargestellt, so daß wir uns auf eine Untersuchung der Gründe für die Herausgabe beschränken können.

und *Goessens* wollten im 16. Jahrhundert ihre Zeitgenossen in die „geheime Kunst“ des Buchhaltens einführen. Betrachtet man einmal die Berufe der einzelnen Verfasser, so stellt man fest, daß die wenigsten Kaufleute oder Buchhalter waren. Solange die Buchhaltung noch Geschäftsgeheimnis war, konnte von dieser Seite keine Literatur entstehen.

Johann *Neudörffer*, der bekannte Rechenmeister aus Nürnberg, stellt Mitte des 16. Jahrhunderts für den Unterricht in seiner Schule eine Handschrift her und nennt sie: „Unterricht über die Buchhaltung und die Handlungswissenschaften mit einem Nürnberger Handlungsbuche von 1548—1570“. Rund 50 Jahre früher war von dem Universitätslehrer Henricus *Grammateus* (1518) ein Rechenbüchlein erschienen, das auch einen Abschnitt über die Buchhaltung enthielt. Ihm folgten die Rechenmeister *Gottlieb* und *Ellenbogen*. Der nächste ist dann ein Praktiker. Wolfgang *Schweicker*, ein Nürnberger, der in Venedig als Buchhalter tätig war, verfaßte 1549 ein Werk, das sich völlig an die Arbeiten von Pacioli und Manzoni anlehnt[51]. Schweickers Arbeit „Zwifach Buchhalten, sampt seinem Giornal, desselben Beschlus, auch Rechnung zuthun“, wurde für die Verbreitung des doppischen Systems in Deutschland von grundlegender Bedeutung, da dieses vollendet dargestellt war. Schweicker wurde zum „klassischen Schriftsteller über Buchhaltung in Deutschland“[52]. Seine Nachfolger sind wieder sämtlich Schul- und Rechenmeister.

Aus dieser Zusammenstellung läßt sich erkennen, daß die meisten Verfasser von Buchhaltungslehrbüchern Schulmeister waren. Diese Schulmeister bezeichneten sich als Rechenmeister und unterrichteten entweder an eigenen Internatsschulen oder an den Schreib- und Rechenschulen der Städte. Da die Schüler des Rechenmeisters zu einem großen Teil den Beruf des Kaufmanns wählten, trug der Lehrer diesen Bedürfnissen Rechnung und unterrichtete auch in Buchhaltung oder „welscher Praktik“[53], wie es genannt wurde. Häufig waren die Rechenmeister deshalb vor Eröffnung ihrer Schulen als Buchhalter tätig. Mit ihrem Unterricht und ihren Lehrbüchern haben die Rechenmeister den Schleier des Geheimnisses etwas gelüftet, der noch über der Buchhaltung lag. Das ist nicht zuletzt der großen Zahl der Rechenschulen zu verdanken. So lassen sich in Hamburg Ende des 16. Jahrhunderts 14

---

[51] Vgl. *Roth*, J. F.: Geschichte des Nürnberger Handels, 3. Teil, Leipzig 1801, S. 31. — Das erste Gesetz gegen den unerlaubten Nachdruck eines Werkes wurde in Nürnberg 1573 erlassen.

[52] *Penndorf*, B.: Luca Pacioli, a.a.O., S. 79.

[53] *Jäger*, A.: Stellung und Tätigkeit der Schreib- und Rechenmeister (Modisten) im ausgehenden Mittelalter und zur Zeit der Renaissance, Diss. Erlangen 1925, S. 110.

Schulen nachweisen[54]. Lehrbücher sollten zum Besuch dieser Schulen anregen.

Das Motiv, das den Praktiker Schweicker zur Abfassung seines Buches veranlaßt hat, bleibt im Dunkeln. Vielleicht wurden Leute, die dafür bekannt waren, daß sie das Buchhalten beherrschten, von Verlegern und anderen Leuten gebeten, ihre Kenntnisse auch anderen zukommen zu lassen. So schreibt *Meder* in der Vorrede seines Handelsbuchs: „Es haben mich vil und oft etliche meiner guten günner und freund angelanget unnd gebeten, Ich wölle doch ... der Christlichen gemein etwas zu nutz und gutem in den Truck verordnen, publicirn ... Besonder etwas deren verborgenen Künsten so bishero noch nie an den tag kommen und von niemands ... klerlich ...[55]" Schließlich dürften Gewinnaussichten auch eine Rolle gespielt haben, denn die Buchhaltungsbücher fanden einen guten Absatz. Nicht zuletzt ihrer überschwenglichen Überschriften wegen: „Weytter ist hierynnen begriffen buchhalten ... auch nach den proportion der kunst des gesanngs jm diatonischen geschlecht ... mit viel andern lustigen Stücken der Geometrey" (*Grammateus*).

III. Die Entstehung des Kontos und seine Entwicklung

Die Geschichte der systematischen Buchführung wird mit dem Satze beginnen müssen: „Am Anfang war das Konto[56]." Durch die Aufstellung eines Kontos wurde erstmalig die ungegliederte Notizensammlung in ein Schema gebracht. Wie ist es nun zur Entstehung des Kontos gekommen?

Über den Ursprung des Kontos besteht keine einheitliche Auffassung. Nach H. *Buhl* sind Bewegungen dazu von drei Seiten ausgegangen. „Einmal von der Kassenrechnung aus, indem man Einnahmen und Ausgaben zusammenfaßte, zum anderen von den Aufzeichnungen über Kreditgeschäfte aus, indem man hier zunächst zu dem Verrechnen von Leistung und Gegenleistung, dann zu Personen-, zuletzt zu Sachkonten gelangte, drittens von der Partierechnung aus, von der man zuerst zu den Sachkonten, dann zu den Personenkonten gelangte"[57, 58].

Das kontenförmige Verrechnen der Zahlungsmittel findet man schon sehr früh. Im Florentiner Bankbuch von 1211 und in einem Handlungs-

---

[54] *Kellenbenz,* H.: Unternehmerkräfte im Hamburger Portugal- und Spanienhandel 1950—1625, Hamburg 1954, S. 285.

[55] *Meder,* L.: Handel-Buch, Vorrede.

[56] *Sombart,* W.: a.a.O., S. 112.

[57] *Buhl,* H.: a.a.O., S. 13 f.

[58] Wohl eine Ausnahme. Als Beispiel wären die Rechnungen der florentinischen Kaufleute *Riniero* und *Fini* zu nennen (1280).

buch von 1291 aus Genua sind die Geldeinnahmen und Geldausgaben zusammengestellt, was einen guten Überblick erlaubt. Diese Urform des Kontos[59] ist nur einseitig, Soll und Haben werden einfach chronologisch untereinander geschrieben. Daneben benützt man ein „Personenkonto", auf dem die Kreditgeschäfte angesammelt werden. Gleichfalls werden darauf die Soll- und Habenbuchungen zu Papier gebracht. Nach und nach ergibt sich aber die Notwendigkeit, die Einträge in Soll und Haben zu trennen und sie als solche zu kennzeichnen. Man verwendet dazu die Ausdrücke „di dare" (er soll uns geben) bzw. „di avere" (er hat uns gegeben). Im Laufe der Zeit macht man sich auch mit Übertragungen von einer Ansammlung von Buchungen auf eine andere vertraut.

Von dem Untereinander- zum Nebeneinanderstellen der Buchungen bedurfte es einer kurzen Zeit der Erfahrung. Die Holzschuher lassen nach jedem Eintrag einen freien Raum, damit sie das Tilgen der Schuld vermerken können. Dieser Platz ist nicht selten zu klein, da die Schuldner in „Raten" zahlen, was nicht vorausgesehen werden kann. Durch die Gegenüberstellung von Soll und Haben konnte dieser Mangel umgangen werden. Gleichzeitig war damit eine größere Übersichtlichkeit erreicht. In Deutschland wird diese Gegenüberstellung noch im 16. Jahrhundert nur unvollkommen durchgeführt. Eine Ausnahme bildet Nürnberg. Durch die besonders engen geschäftlichen Beziehungen venezianischer und Nürnberger Kaufleute über den Fondaco dei Tedeschi wird die neue Form der Gegenüberstellung schon Ende des 14. Jahrhunderts in Nürnberg bekannt und gebräuchlich. Die Söhne der *Kress, Mendel, Starck* usw. erfahren in Venedig, der „hohen Schule für Nürnbergs Kaufmannssöhne" (L. *Schuster*), ihre Ausbildung. Sie lernen ebenfalls früh das zweiseitige Konto kennen, das als Vorstufe zur Doppik angesehen werden muß. Das System der Doppelbuchhaltung bleibt den Nürnberger Kaufleuten freilich vorerst verschlossen.

Es ist ganz natürlich, daß zuerst die „lebenden" Konten allgemein gebräuchlich werden. Mit dem Aufkommen der doppelten Buchhaltung benötigte man aber auch Konten für Waren, Hausrat, und Kosten, da das Prinzip des doppelten Verbuchens verwirklicht werden mußte (Hausrat an Kasse usw.). Die in doppelter Buchhaltung geführten Genueser Stadtbücher enthalten von 1340 an Personen-, aber auch Sachkonten. Es sind zweiseitige Konten. Am Kontorand sind Hinweise auf die Blätter angebracht, auf denen die Gegenposten eingetragen sind.

---

59 Der in Italien im 13. Jahrhundert gebrauchte Ausdruck für Konto lautete „ratio", d. h. Rechnungsverhältnis, aber auch Vernunft. Später setzte man dafür das italienische „conto", d. h. Rechnung, das dann auch in Deutschland wiederkehrt.

Die systematische Bildung von Konten im Hauptbuch ermöglichte dann die Kenntnis des Buchungssatzes. Solange die Buchungen noch in einer erzählenden Weise niedergeschrieben wurden, mußte die Zahl der zu eröffnenden Konten möglichst klein bleiben. *Pacioli*, der „Per" und „A" schon kennt, und auch die Bedeutung des Kontos als Ordnerin der Bucheinträge erfaßt hat, fordert deshalb: „Die Konten sind nichts anderes, als eine geeignete Anordnung der Vorstellungen, die der Kaufmann sich selbst macht, ... und leicht zu sehen, ob seine Geschäfte gut oder schlecht gehen ... Je nach den Bedürfnissen kann man immer mehr oder weniger Konten nach Art und Menge hinzufügen[60]." Das wichtigste Konto bildet bei den Kaufleuten das Warenkonto, das aus der Partierechnung hervorgegangen ist. Bei dieser Abschlußtechnik wird der Gewinn an der verkauften Ware sofort ermittelt und auf das Kapitalkonto übertragen. Das Kapitalkonto (Eigentümerkonto) taucht zum ersten Mal Ende des 14. Jahrhunderts auf und wird rasch zum beherrschenden Konto einer Buchhaltung überhaupt. Es ähnelt zunächst einem gewöhnlichen Personenkonto, auf das alle Gewinne und Verluste direkt gebucht werden und das die Salden des Waren-, Kontorausstattungskontos usw. beim Abschluß aufnimmt. So vereinigt das Eigentümerkonto Gewinn- und Verlust-, Kapital- und Bilanzkonto in einem. Da sich die Zahl der gehandelten Waren, der Warenverkäufe, der Anlagegegenstände nach und nach erhöhte, mußte das Kapitalkonto unübersichtlich werden. Man war daher gezwungen, Unterkonten des Kapitalkontos zu bilden. Es entstehen zuerst die Konten „Warengewinn" und „Unkosten für Waren", die dann zu dem Konto „Vorteil und Nachteil bei Waren" vereinigt werden. Das selbständige Bilanzkonto ist als letztes von allen Konten entstanden, da der Kaufmann das Kapitalkonto lange Zeit als das letzte aller Konten ansah, wie *Pacioli* erklärt.

IV. Die Bücher der doppelten Buchhaltung

„Nach gemeinem und täglichem Gebrauch nimmt man zu einem jeden Handel drei Bücher, nämlich ein Journal, ein Kaps oder Güterbuch und ein Schuldbuch", heißt es in der Nürnberger Handschrift *Neudörffers*[61]. Die Zeit, in der die Kaufleute noch mit einem Buch auskamen, dürfte mit dem Seßhaftwerden des Kaufmanns an der Wende vom 13. zum 14. Jahrhundert zu Ende gegangen sein. Auf die Reise wollte der Kaufmann vorteilhaft nur ein Buch mitnehmen, in das er geschäftliche und private Einträge gleichermaßen machte. In seinem

---

[60] *Penndorf*, B.: Luca Pacioli, a.a.O., S. 129 f.

[61] *Penndorf*, B.: Die Entwicklung der Buchhaltung in Deutschland im 16. Jahrhundert, a.a.O., S. 32.

Kontor war es ihm jedoch möglich, mehrere Bücher nebeneinander zu führen. So besitzt Vicko von *Geldersen* neben seinem Handlungsbuch noch ein Rentenbuch. Im 15. Jahrhundert nehmen die Bücher an Zahl und Umfang rasch zu. Dabei werden Journal und Hauptbuch zu Büchern, die jeder Kaufmann kennt. Matthäus *Schwarz*, der in Italien ausgebildete Buchhalter, fordert 1518 sogar: „Das Buchhalten ist nicht ein Buch, sondern es hat noch mehr an ihm hangen, als Journal, Schuldbuch, Kapus, Kasse, Rechnungsbuch, Rekordanzen, Unkostbuch, Strazzobüchlein, Kopierbuch." Dabei hat das Memorial lange Zeit in Deutschland keine große Rolle gespielt, da man die Rekordanzen auf große „schwarze Schreibtaflin" machte, wie Schwarz berichtete.

In Italien kommt *Pacioli* noch mit drei Büchern aus, nämlich mit Memorial, Journal und Heft (Hauptbuch). Das Hauptbuch der doppelten Buchhaltung hieß in Genua cartolarium, in Toskana libro oder libro grande und in Venedig quaderno. Es bestand anfangs aus Pergament, später aus Papier und hatte das heute allgemein übliche Format. Die noch sehr religiösen Kaufleute begannen ihr Buch mit einer religiösen Eingangsformel, dann folgten Angaben über Zweck, Zahl der Blätter und oft die Namen des Inhabers und des Buchhalters. Das Hauptbuch enthielt zuerst die Personen-, dann die Sachkonten und war meist mit einem Register (Stratto oder Alfabeto) verbunden. In Deutschland hat man dann zwei Bücher daraus gemacht.

Zu diesem Hauptbuch gehörten verschiedene Grundbücher. Die ersten Aufzeichnungen wurden in „quaderni" gemacht, die neben geschäftlichen auch private Aufzeichnungen enthalten konnten. Von hier aus wurden die rein geschäftlichen Aufzeichnungen ins Memorial übertragen. Die Memorialbuchungen bildete man dann in „zierlicher Weise" zu Posten des Journals um. Soweit sie Einnahmen bezeichneten, wurden sie häufig in die erste Hälfte, soweit sie Ausgaben darstellten, wurden sie in die zweite Hälfte des Journals eingetragen. Im Journal wurden Einträge mit „Per" und „A" gekennzeichnet und in eine einheitliche Währung umgerechnet. Außerdem wurden zu jeder Journalbuchung die Blattnummern der beiden Konten aus dem Hauptbuche gesetzt, wohin der Übertrag erfolgen sollte. Nach dem Hauptbucheintrag wurde der Journalposten durchgestrichen. Als Beispiel sei noch eine Journalbuchung des Andrea *Barbarigo* (1430) wiedergegeben, der zu dieser Zeit das doppelte Verbuchen vollendet beherrschte[62]:

in Christi domine MCCCCXXX a di zenaro in Venezia
18 Per Cassa de contanti A ser Francesco Balbi,
7 constati da ser Nicolo de Bernardo de ser Armono per resto de
zaferan L ...

[62] *Leyerer*, C.: Theorie und Geschichte der Buchhaltung, a.a.O., S. 30. — Hieraus ist auch die Übersetzung.

Anno domini am 2. Januar 1430
18 Per Kasse des baren Geldes an F. Balbi, eingezahlt von N. de Bernardo für Armano als
7 Rest des Safrans L ...

Daneben gab es auch Hilfsbücher, die nicht von allen Kaufleuten gebraucht wurden. Darunter fallen vor allem Kassen-, Waren- und Wechselbücher. Bilanzen und Gesellschaftsverträge wurden in sog. Geheimbüchern festgehalten.

Das wohl älteste Warenbuch stammt aus den Jahren 1412/13 und ist von den Mediciern in Rom geführt worden. In einfachster Form werden darin Einkauf und Verkauf der Waren vermerkt. Auch seine Wechselgeschäfte verzeichnete dieses Weltunternehmen schon in gesonderten Büchern. In den Wechselbüchern von 1440 werden erst die von dem Unternehmen ausgestellten und genommenen Wechsel zusammengestellt. Daran schließen sich die auf das Unternehmen gezogenen Wechsel an.

Bücher und Bilanzen dienten schon um 1400 als Grundlage für die Besteuerung. Aus diesem Grunde wurden in Italien durch die Behörden Nachprüfungen vorgenommen, die den heutigen Buchprüfungen der Finanzämter nicht nachstehen. Gesetzliche Vorschriften über die Führung der Bücher finden sich erstmals in Genua im Jahre 1327. Sie betreffen die Buchhaltung der Kommune. In Florenz waren es zuerst die Zünfte, die ihre Mitglieder bewogen, ihre Bücher nach bestimmten Regeln zu führen.

V. Die Entwicklung der Abschlußbuchungen

1. In Italien

Mit der Erfindung des doppelten Buchungssatzes kamen die einzelnen Konten zwar in eine organische Verbindung, aber sie mußten abgeschlossen werden, damit der finanzielle Status des Betriebes überblickt werden konnte. Der Holländer Simon *Stevin* forderte als erster in seinem 1607 erschienenen Werk über die Buchhaltung den jährlichen Abschluß der Bücher[63]. Er konnte diese Forderung aufstellen, da inzwischen die Buchungs- und die Abschlußtechnik mittels G- und V-Konto, Kapital- und Bilanzkonto dem Kaufmann nicht mehr die Schwierigkeiten bereitete, wie früher. Hauptsächlich wurde aber der Gewinn durch einen Bestandsvergleich ermittelt.

Die italienische Abschlußtechnik war besonders in Toskana weit fortgeschritten[64]. Detaillierte Inventuraufnahmen sind keine Seltenheit.

---

63 *Löffelholz,* J.: a.a.O., S. 169.
64 *Penndorf,* B.: Luca Pacioli, a.a.O., S. 35 ff.

Dabei findet bei den einzelnen Posten schon eine Bewertung nach Grundsätzen statt, die auch noch heute Gültigkeit besitzen (Niederstwertprinzip).

Bei der Firma *di Marco* aus Prato beginnt die Inventur mit der Aufnahme der Immobilien. Dabei werden die Grundstücke meist mit dem Anschaffungspreis bewertet. Kennt man diesen nicht, oder sind die Besitzungen entwertet, so läßt man von einem Sachverständigen ein Gutachten erstellen. Bei den Landgütern wird auch der Ertragswert mit berücksichtigt. Das Umlaufvermögen beginnt mit der Aufnahme der Waren. Sie werden nach Art und Qualität in Klassen eingeteilt und bewertet. Der Wert bestimmt sich meist nach dem Anschaffungspreis („costo di primo costo"). Wenn der erreichbare Preis hinter dem Anschaffungspreis zurückzubleiben drohte, so wird der niedrigere Tageswert angesetzt. Abschreibungsverluste überträgt man auf das Konto „Warenverluste". Als letzter Posten folgen die Außenstände, die auf ihre Bonität hin untersucht werden. Dubiose Forderungen werden meist über das Gewinn- und Verlust-Konto vollständig abgeschrieben. Schon in dieser Zeit scheint die Vorsicht ein wichtiges Gebot für den Kaufmann gewesen zu sein. Schließlich folgt noch der Kassenbestand. Die Summe der aufgeführten Posten ergab die Aktiva. Daran schließen sich nun die Passiva in ihren Hauptposten an. Unter den Gläubigern befinden sich auch die Gesellschafter. Aus der Inventur geht nun die Bilanz hervor, die als Reingewinn die Differenz zwischen Aktiva und Passiva aufweist. Die Gewinnermittlung und -verteilung sieht dann so aus[65]:

Wir finden am 18. September 1368 an Waren und Geräten in unserm Laden, wie im Abschlußbuche aufgeführt, die Summe	fl 3141	23	4
Wir finden Forderungen an mehrere Personen, wie im genannten Buch erscheint, diese sind im Memorial und im Hauptbuch verzeichnet	fl 6518	23	4
Summe aller Waren, Geräte und Forderungen	fl 9669	22	8
Wir finden weiter, daß wir an mehrere Personen schulden, wie im genannten Buch erscheint	fl 7838	18	9
Gewinn gemacht in dieser Rechnung, die begonnen hat am 25. Okt. bis 17. Sept. 1368, 10 Monate, 22 Tage	fl 1822	3	11
Dieser Gewinn wird in zwei Teile geteilt	fl 911	2	—

usw.

Auch die Bildung von Rückstellungen für rückständige Gehälter, Maklergebühren usw. ist bereits üblich, was nachdrücklich für den hohen Stand der italienischen Abschlußtechnik spricht. Häufig wurde auch ein Teil des Gewinnes zurückgestellt und dann wieder vorgetragen[66].

---

65 *Penndorf, B.:* ebd.

66 *Penndorf,* B.: Inventar, Bilanz und Bewertung in der italienischen Buch-

Die Entwicklung des getrennten Gewinnachweises mit Hilfe des Gewinn- und Verlust-Kontos läßt sich in den Büchern der Soranzo aus Venedig verfolgen[67]. In dem älteren Hauptbuch von 1410—1416 kennt man zwar schon das Nebeneinander von Soll und Haben (in Florenz wurde diese Form 1382 zum ersten Mal als die „venezianische Art" bezeichnet), ein Saldo ist aber noch nicht gezogen. Dies aber findet sich dann im „neuen Hauptbuch" von 1406—1434, in dem das utile e danno-Konto die Salden aufnimmt. Der Abschluß des utile e danno-Konto gelingt zuerst Andrea *Barbarigo*. In seinem Hauptbuch von 1430—1440 übernimmt er den Saldo auf sein Kapitalkonto „Andrea Barbarigo". Das Kapitalkonto wird saldiert durch das 1434 aufgemachte „Bilanzkonto" „conto saldo de debitori et creditori".

2. In Deutschland

Der deutsche Kaufmann kennt mehrere Abschlußtechniken. Äußeres Zeichen dafür sind schon die verschiedenen Bezeichnungen des Abschlußkontos: Bilanco, Bilantz, Generalrechnung, Hauptrechnung, Wechselkonto, Beschluß usw. Wir wollen uns auf die Darstellung der gebräuchlichsten Formen beschränken.

Für den Kaufmann stand die Erfolgsrechnung im Vordergrund. Die Zusammenstellung seines Vermögens scheint besonders für den kleinen Kaufmann auch noch nicht so wichtig gewesen zu sein, da sein Vermögen hauptsächlich aus wenigen Waren bestand. Für die rasche und unkomplizierte Berechnung des Gewinnes bot sich die Partierechnung an. Die Verwendung dieser Methode erklärt auch, weshalb die doppelte Buchführung so lange ohne getrenntes Gewinn- und Verlust-, Bilanz- und Kapitalkonto auskommen konnte[68]. Erst als die Partien nach und nach zahlreicher werden, konnte diese Gewinnermittlung „niederer Ordnung"[69] ihre Aufgabe nicht mehr erfüllen. Für die Gewinnermittlung mußte ein anderer Weg beschritten werden. Die Gewinnrechnung mußte sich über einen längeren Zeitraum erstrecken. *Grammateus* beschreibt ihn so: „Addiere zusammen das Einnehmen, (und) was man dir schuldig ist, danach die bleibenden Güter. Und von der ganzen Summe substrahiere das Ausgeben, (und) was du noch schuldig bist, und sodann bleibt die Zahl des Gewinnes[70]." Man kann

---

haltung des 14. Jahrhunderts, in: Zeitschrift für handelswissenschaftliche Forschung, 24. Jg., 1930, S. 494.

67 *Sieveking*, H.: Zur Entstehung und Verbreitung der doppelten Buchführung, a.a.O., S. 22.

68 *Schmalenbach*, E.: Dynamische Bilanz, 4. Aufl., Leipzig 1926, S. 62

69 *Schäfer*, E.: a.a.O., S. 299.

70 *Penndorf*, B.: Geschichte der Buchhaltung in Deutschland, a.a.O., S. 112.

diese Worte in die Formel übertragen[71]: ... Gewinn = (Einnahmen + Debitorenbestand + Warenbestand) — (Ausgaben + Kreditorenbestand). Da der Kaufmann seinen bisherigen Totalgewinn[72], und nicht den Gewinn seit dem letzten Abschluß errechnen will, spielen die aktivischen und passivischen Eingangsbestände bzw. das Anfangskapital keine Rolle.

Ende des 15. Jahrhunderts entstehen in Deutschland die großen Handelsgesellschaften der Fugger, Welser usw., die in vielen Städten ihre Niederlassungen unterhalten. Diese Faktoreien werden von ihrer Zentrale dazu angehalten, über das ihnen anvertraute Gut genau Buch zu führen und ihre Bücher periodisch (meist nach einem Jahr) abzuschließen. Die Aufstellungen der Faktoreien dienen als Unterlage für eine grobe Feststellung des Gesamtgewinnes der Unternehmung, der auch den Gewinn in der Zentrale mit einschließt.

Im Gegensatz zu den periodischen Abschlüssen der Faktoreien, die den Gewinnverlauf festhalten sollen, wird das „Hauptgut" (Vermögen) einer Gesellschaft nur aus besonderen Anlässen, wie beim Ein- oder Austritt eines Gesellschafters, ermittelt. Dieser „große" Abschluß wird dann von einer Inventur begleitet, die sich über das ganze Unternehmen erstreckt. Für die Bewertung der Waren schlägt *Schwarz* vor: „Schlag sie an, was du magst draus bringen."

Auf dem Eigentümerkonto, das weiterhin eine Kombination aus Gewinn- und Verlust-, Kapital- und Bilanzkonto darstellt, wird der Gewinn auf folgende Weise ermittelt: Gewinn = (Kasse + Warenbestand + Debitoren) — (Kreditoren + Kapitaleinlage)[73]. Die Fuggerbilanz von 1546, als Anton *Fugger* die Absicht hatte, die Handlung „zu Ende und ausgehen zu lassen", stellt das Modell eines Gesellschaftsabschlusses dieser Zeit dar. Um die erstrebte Gewinnermittlung möglichst genau zu erreichen, wird eine Inventuraufnahme aller Vermögensgegenstände vorgenommen, die von einer deutschen Gründlichkeit zeugt. Dabei wird für den Zeitraum von 1539—1546 ein Gewinn von etwa 2,5 Millionen Gulden ermittelt[74]:

Amb liegende Güter anno 1546	fl	729 331
Davon gehen ab als Paugelt (dubiose Fo.)	fl	210 443
	fl	518 888
Davon gezogen das capital anno 1539	fl	432 087
	fl	86 801

---

71 *ter Vehn*, A.: Die Entwicklung der Bilanzauffassungen bis zum AHGB, Zeitschrift für Betriebswirtschaft, 5. Sonderheft 1929, S. 5 ff.

72 Findet hier die Riegersche Forderung nach einer Totalgewinnrechnung ihre historische Begründung?

73 *ter Vehn;* a.a.O.

74 *Hummel*, A.: Die Buchhaltung der Fugger, in: Zeitschrift für Handelswissenschaft und Handelspraxis, 5. Jg., 1912/13, S. 271 f.

Von diesen 86 801 geburt A. Fugger selig 1/8	ff	10 850
	fl	75 951
Das capital anno 1539 dazu	fl	432 087
	fl	508 038
Davon dem manlich stamm 1/3	fl	169 346
	fl	338 692
Sonst anno 1546 an Waren und Schulden vorhanden	fl	4382 552
	fl	4721 244
Davon gezogen das Hauptgut anno 1539	fl	2197 740
	fl	2523 504
Eingebrachte Schulden	fl	133 288
Gewinn[75]	fl	2390 216

Am weitesten der heute allgemein gebräuchlichen getrennten Gewinnermittlung nähern sich die Anleitungen des Theoretikers Valentin *Menher*[76]. In seinem ersten Werk von 1550 benützt er noch die alte Form des kombinierten G- und V-, Kapital- und Bilanzkontos. Auf dem Eigentümerkonto bucht er rechts die Kapitalanlage, den Saldo des Kontos „Schulden" und alle Warengewinne, links die Warenvorräte, die Forderungen und alle Geschäftsunkosten. In seinem zweiten Werk (1565) kennt er schon das G- und V-Konto, dessen Saldo er aber auf das Eigentümerkonto überträgt. In seiner dritten Arbeit (1581) schließlich errichtet er auch ein besonderes Bilanzkonto, wodurch das Eigentümerkonto zum reinen Kapitalkonto wird. Wie weit dieses Verfahren schon in der Praxis angewandt wird, läßt sich heute nicht mehr feststellen. Auch B. Penndorf kann dafür kein praktisches Beispiel erbringen.

VI. Die Anfänge des Revisionswesens

Das Prüfungswesen ist nicht so alt wie das Buchhalten selbst. Solange der Unternehmer noch planendes und ausführendes Organ selbst verkörperte, benötigte er den Prüfer nicht. Als er jedoch einzelne Funktionen auf Mitarbeiter delegieren mußte, konnte er auf eine Prüfung dieser Leistungen nicht verzichten, da sie von menschlichen Schwächen nicht unberührt blieben.

In den Handlungsbüchern lesen wir immer wieder von Angestellten, die ihre Bücher nicht ordentlich geführt haben, wodurch dem Prinzipal ein großer Schaden entstand. So kommt die Augsburger Firma Neidhardt durch die schlechte Buchführung ihres Antwerpener Vertreters *Grimel* in ernste Schwierigkeiten. Dieser hatte in „dritthalb Jahr nichts in ordentlicher Weise in die Handlungsbücher eingeschrieben,

---

75 Das schöne Haus des Nikolaus *Muffel* am Egidienberg in Nürnberg wurde nach dessen Tod auf fl 2000 geschätzt.

76 *Penndorf*, B.: Geschichte der Buchhaltung in Deutschland, a.a.O., S. 136 ff.

sondern seine Sachen in Rechnungen und Schriften hin und wieder weitläufig und unordentlich verlassen, hat man solches nach seinem Absterben und soviel als möglich richtig gemacht[77]". Dabei fand man, daß die Welser noch eine große Summe schuldeten und auf dem Konto des englischen Finanzagenten Thomas *Gresham* noch ein offener Posten bestand. In einem Verzeichnis der „zweifeln und bösen Schuld" der Haugschen Gesellschaft in Augsburg lesen wir, daß bei der Nachrechnung der Bücher, die ein unzuverlässiger Buchhalter geführt hat, sich bedeutende Fehlbeträge herausstellten. Darunter war ein Warenverkauf auf eigene Rechnung in Höhe von fl 7680. Andere Fälle von Unterschlagungen werden 1561 dem Unternehmen bekannt. Ihr Antwerpener Faktor ist unter Hinterlassung von großen Schulden „entwichen", ein anderer hat sich in Krakau „abwegs aus dem Dienst getan[78]".

Fehlermöglichkeiten lagen auch in dem System der Buchhaltung selbst begründet. Einmal durch das Unverständnis der Buchenden, zum andern durch die „notwendige Umständlichkeit" der Buchhaltung. Ein gutes Beispiel dafür liefert die Buchhaltung der Bancho Publico in Nürnberg[79]. Sämtliche Vorfälle schreibt man im Journal nieder, und anschließend erfaßt man sie auf den Personenkonten im Schuldbuch. Daneben führt man die Konten der Kreditoren noch einmal im „Restbuch", und schließt sie hier täglich ab, um ihren Stand bei regem Giroverkehr dauernd beobachten zu können. Aus dem Schuldbuch zog man die jährlich erstellte Bilanz, ein Beweis für den hohen Stand der ganz auf den Bankbetrieb abgestellten Form der Buchhaltung.

Nicht nur die Einrichtung der Bank überhaupt, sondern auch die Buchführungstechnik dürfte von den Italienern übernommen worden sein.

In Deutschland ist das Revisionswesen zuerst in der Form der internen Revision entstanden, und zwar bei den großen Handelshäusern des 16. Jahrhunderts. Bei den Fuggern findet durch den Hauptbuchhalter und dessen Gehilfen eine Revision der Bücher der einzelnen Faktoreien statt. Ergaben sich bei der Prüfung Unstimmigkeiten, so wurden von der „goldenen Stube" aus Anfragen bei den Filialen gemacht. Auch in den anderen Gesellschaften, wie z. B. bei der Großen Ravensburger Gesellschaft, werden solche Prüfungen veranstaltet, die

---

77 *Penndorf,* B.: Zur Entwicklung der Bücherrevision in Deutschland, in: Zeitschrift für Handelswissenschaft und Handelspraxis, 6. Jg., 1913/14, Beiblatt: Der Kaufmann und das Leben, 3. Jg., 1913/14, S. 157.

78 *Penndorf,* B.: Die kaufmännischen Angestellten eines Augsburger Handelshauses im 16. Jahrhundert, in: Zeitschrift für Handelswissenschaft und Handelspraxis, 6. Jg., 1913/14, Beiblatt: Der Kaufmann und das Leben, 3. Jg., 1913/14, S. 63.

79 *Fuchs,* R.: Der Bancho Publico zu Nürnberg, Berlin 1955, S. 24 f.

bei der großen Selbständigkeit der Faktoreien sehr notwendig waren. In dem Geheimbuche der Neidhardts findet sich folgende Anmerkung: „Alle Posten im Einnehmen und Ausgeben stimmen durchaus mit des Davids Langemantel (Faktor in Antwerpen) vier Quaderni, zwei Schuldbücher und zwei Journale überein[80]“, was auch eine Kontrolle vermuten läßt.

In Italien kennt man bereits die treuhänderische Prüfung. In Genua wird 1330 eine Behörde gegründet, der die Kaufleute nach dem Abschluß ihre sämtlichen Bücher vorzulegen hatten. Die Mitglieder der Behörde, genannt Visitatoren, prüften die Rechnungen und beglaubigten sie. Für jedes von ihnen geprüfte Buch erhielten sie einen bestimmten Betrag, und noch eine Prämie für jeden aufgedeckten Fehler[81].

Die erste literarische Behandlung der Bücherrevision gibt der Buchhaltungsliterat *Manzoni* (1540). Wenn man nach seinen Anweisungen verfährt, so behauptet er, können noch Fehler aufgedeckt werden, „wären dieselben (Bücher) auch zehn oder mehr Jahre rückwärts schlecht geführt worden. Durch diese Art würdest du noch unterscheiden können, ob solche Handlungen treu geführt oder in irgend einer Weise verfälscht worden sind[82].“ In Deutschland überschreibt *Schweikker* in seinem „Zwifach Buchhalten“ das Schlußkapitel: „Von übel gehaltenen Büchern und ruinierten Schriften“. Er übernimmt hier eine Darstellung von *Pacioli,* der beim Abschluß den Vergleich von Journal und Hauptbuch fordert.

---

80 *Penndorf,* B.: Zur Entwicklung der Bücherrevision in Deutschland, a.a.O.

81 *Penndorf,* B.: Entwicklung des Revisionswesens in Deutschland, in: Die Betriebswirtschaft, 25. Jg., 1932, S. 311.

82 *Jäger,* E. L.: Beiträge zur Geschichte der Doppelbuchhaltung, a.a.O., S. 99. — Hat Manzonis Werk teilweise übersetzt.

D. Neue Veröffentlichungen zur Buchhaltungstechnik bedeutender deutscher Handelsunternehmungen aus dem 14., 15. und 16. Jahrhundert

I. Die Bedeutung der Buchhaltung in den frühen kapitalistischen Unternehmungen

1. Die Organisation der Buchhaltung in den Kontoren

Über die Organisation der Buchführung in den Unternehmungen geben uns die Handlungs- und Lehrbücher keine Auskunft. Man ist daher gezwungen, aus kleinen Äußerungen indirekt auf den Aufbau der Buchführung zu schließen.

Am Anfang des 14. Jahrhunderts änderte sich die Technik des kaufmännischen Handels grundsätzlich. Hatte der Kaufmann bis zu diesem Zeitpunkt seine Waren selbst begleitet, so besorgen die Wareneinkäufe und -verkäufe nunmehr Angestellte, während der Unternehmer von der „scrivecamere" aus nur noch eine leitende Tätigkeit ausübt. Diese Umorganisation des Handels machte auch eine Neuordnung der Buchhaltung erforderlich. Solange der Prinzipal seinen Kaufmannszug selbst begleitete, führte er auch sein Geschäftsbuch selbst. Als andere bei dem Werk mithelfen mußten, hatten auch diese Leute Aufzeichnungen zu machen, damit eine Abrechnung möglich wurde. Ganz deutlich wird dies bei den Faktoreigesellschaften, die im 15. und 16. Jahrhundert den Handel beherrschten. Für die Zentrale mußte jede Handlung des Faktors nachprüfbar sein. So konnte es nicht ausbleiben, daß nicht nur die Zentrale Bücher führte, sondern auch die Faktoreien. Dabei bestand ein grundsätzlicher Unterschied in der Aufgabe der Zentralbuchhaltung und der Aufgabe der Teilbuchhaltungen. Die Faktoreien waren nicht befugt, ihre Bücher abzuschließen, d. h. eine Gewinnberechnung vorzunehmen. Sie hatten nach Abschluß der Buchungsperiode lediglich ihre Bücher an die Zentrale einzusenden, die dann den Abschluß besorgte. Bei den Imhoffs wurden die Faktoren zuweilen hinzugezogen[1]. Man ging sogar noch einen Schritt weiter. Bei den Fuggern erhielt der Faktor die Güter von seiner Zentrale meist ohne Angabe des Selbstkostenpreises. Die Faktorei hatte dann genau nachzuweisen, was und wie teuer verkauft wurde und welche Kosten dabei entstanden.

---

[1] *Jahnel*, F.: a.a.O., S. 109 f.

Der Abschluß, so sagt der Hauptbuchhalter der Fugger, *Schwarz,* „der geet nun den factor ... nichts mehr an, sondern dz haupt zu Augspurg".

Genaueres wissen wir vom inneren Aufbau der Buchhaltung. Jacques *Savary* äußert den Wunsch, die Prinzipale möchten ihre wichtigsten Bücher selbst führen, damit sie den Gang des Geschäfts stets vor Augen haben[2]. Dies hängt jedoch wesentlich von der Größe des Betriebes ab, und in großen Betrieben wird der Prinzipal besser tun, einen guten Hauptbuchhalter mit dieser Aufgabe zu betrauen, damit er sich der Leitung des Unternehmens widmen kann. Einen Hauptbuchhalter finden wir dann auch bei der Ravenburger Gesellschaft, der hier dritter Regierer genannt wurde und Mitglied im „Vorstand" war, bei den Paumgartnern in Augsburg, der zugleich Stellvertreter des Chefs war[3] und bei den Fuggern.

Bekannt geworden ist der Aufbau der Fuggerbuchhaltung. Das Hauptkontor, genannt die „goldene Schreibstube" befand sich im vornehmen Teil Augsburgs[4]. Hier saßen neben dem Inhaber zahlreiche Angestellte, von denen jeder eine besondere Aufgabe zugewiesen erhalten hatte. Die Aufsicht über die gesamte Buchhaltung lag in den Händen von Matthäus *Schwarz,* der außerdem noch die von den Faktoreien eingesandten Bücher zu überprüfen hatte. Andere Buchhalter führten die Bücher über den Warenverkehr zwischen der Zentrale in Augsburg und den Faktoreien. Gleichzeitig oblag ihnen auch der Briefverkehr zwischen dem Hauptkontor und den ihnen zugewiesenen Niederlagen. Das wichtige Buch „Einnehmen per Wechsel und Zinsbuch", das die Zinseinnahmen für ausgeliehene Gelder und Zinszahlungen für hereingenommene Gelder enthielt, war einem besonders zuverlässigen Buchhalter anvertraut[5]. Seit der Mitte des 16. Jahrhunderts hatten die Fugger auch einen Angestellten, der die Registratur zu führen hatte.

Im einzelnen berichtet auch Schwarz über den Aufbau seiner Buchhaltung. Dabei erfährt man, daß die Arbeitsteilung nicht nur wegen des Arbeitsumfangs, sondern vor allem aus Sicherheitsgründen vorgenommen wurde. „Dann zum Zornal hat es ein aignen menschen, disen nent man den buchhalter, dann derselbig muß spitzfindiger sein, dann die andern. Der muß aufsehen, daß er nit feele im einschreiben, was täglich wird gehandlet, dann es ligt vil an im vnd wann er feelete vnd der

---

[2] *Savary,* J.: a.a.O., nach der Übersetzung von Jäger, E. L.: Beiträge zur Geschichte der Doppelbuchhaltung, a.a.O., S. 176.

[3] *Krag,* W.: Die Paumgartner von Nürnberg und Augsburg, München und Leipzig 1919, S. 73.

[4] *Jansen,* M.: Jakob Fugger d. R., Leipzig 1910, S. 64 f.

[5] *Pölnitz,* G. Frhr. v.: Anton Fugger, 2. Band, Teil I: 1536—1543, Tübingen 1963, S. 406, Anmerkung 134.

mutierer ist vnfleissig vnd sieht dem feel nit nach, so feelen sie baid. Zu der Cassa hat es auch ein aignen. Aber der sonst in Zornal schreibt, der schreibt die Cassa auch in das Zornal. Der dritt der raumbt oder mutiert aus dem Zornal in das Schuldbuch, auch in Capus ... Diß alles haist buchhalten. Also geet es durch dise drey personen von ainem zu dem andern in die hand. Also kan auch kain herr betrogen werden[6]." Der Kassierer hatte eine Vertrauensstellung inne, und Schwarz beschreibt ihn so: „Dise cassa hatt auch ein besondern menschen (ob mans haben will), dann der buchhalter köndt es sonst auch wol dartzu halten; es ist aber argkwönisch, dann er möcht schreiben, was er wolt. Disen nennt man den cassirer. Was nun diser cassirer täglich außgibt vnd einnimbt, schreibt ers ordenlich in sein einnemen vnd ausgeben, auf baid seitten in der cassa. So nimbt alßdann der buchhalter das cassabuch vnd schreibt all posten in Zornal mit den zway wörtlen: Soll vns, Sollen wir, auff wen dann die posten lautten, die muß er also nach lengs inn den Zornal schreiben[6]."

Wenn auch diese Ausführungen keinen vollständigen Überblick über die Organisation der Buchhaltung gestatten, so kann doch gesagt werden, daß die Arbeitsteilung schon weit fortgeschritten war und auch schon eine vernünftige Personalpolitik betrieben wurde.

2. Die Person des Buchhalters

Zur Person des Buchhalters findet man auf dem „Dienstkonto" der Handlungsbücher viele Bemerkungen. Über den beruflichen Werdegang unterrichten uns die Selbstbeschreibungen des Lucas *Rem* und anderer. Bekannt ist auch die Ausbildung des Paulus *Behaim* (1519—1568), einem Abkömmling des berühmten Nürnberger Geschlechts[7].

Die erste theoretische Ausbildung erhielt dieser angehende Kaufmann bei dem berühmten Rechenmeister *Neudörffer*. Dann kam der 14jährige in die Lehre nach Krakau zu einem florentinischen Unternehmen, das dort eine Niederlassung unterhielt. Hier sollte er neben allen kaufmännischen Gebräuchen vor allem die polnische und die italienische Sprache erlernen. Nach Beendigung seiner 5jährigen Lehrzeit tritt er als „Diener" in die Handelsgesellschaft der Imhoffs ein. Nach weiteren zwei Jahren geht er nach Antwerpen und übernimmt dort die große Filiale der Imhoffs. Das bedeutete eine Vertrauensstellung. Gleichzeitig wird er mit einem Guthaben an der Gesellschaft beteiligt. Nach 8jähriger Tätig-

---

6 *Weitnauer*, A.: a.a.O., S. 176.

7 *Penndorf*, B.: Paulus Behaim (1519—1568). Lehr- und Wanderjahre eines deutschen Kaufmanns im 16. Jahrhundert, in: Zeitschrift für Handelswissenschaft und Handelspraxis, 6. Jg., 1913/14, Beiblatt: Der Kaufmann und das Leben, 3. Jg., 1913/14, S. 29—31.

keit in Antwerpen wird er nach Nürnberg zurückgerufen und wird hier Hauptbuchhalter. Damit war die höchste Stellung erreicht. Nach weiteren 8 Jahren macht sich Paulus Behaim selbständig.

Daneben gab es einen anderen Ausbildungsweg, den z. B. der Hauptbuchhalter der Fugger durchmachte. Mit 17 Jahren zieht *Schwarz* nach Italien, um dort vor allem die Buchhaltung zu erlernen. In Venedig geht er zwei Jahre in eine Buchhaltungsschule, dann kehrt er nach Deutschland zurück, kommt zu den Fuggern und ist ein Jahr später bereits Hauptbuchhalter. Seine theoretischen Kenntnisse scheinen anfangs jedoch nicht ausgereicht zu haben, denn er sagt, „da es aber zu der prob kam und in dz thun, da empfandt ich, dz ich wenig mer kundt weder gar nichts ...“. Das bedeutete keinen Nachteil für ihn, da er rasch eine praktische Ausbildung erhielt, die im allgemeinen höher bewertet wurde als eine theoretische[8/9].

Das Ansehen der Buchhalter innerhalb eines Betriebes war sehr unterschiedlich, was besonders in ihrer Entlohnung zum Ausdruck kam. Bei den Bardis erfuhren die Anfangsgehälter bei vielen Buchhaltern bis zu ihrem Ausscheiden keine Veränderung. Andererseits wurde den Hauptbuchhaltern ein Höchstgehalt zugebilligt.

II. Die Anwendung der einfachen Buchhaltung in den Handelsunternehmungen des 14. und 15. Jahrhunderts

1. Die Buchhaltung der Holzschuher um 1305[10]

Das älteste, bisher aufgefundene, deutsche Geschäftsbuch gehörte den Gebrüdern *Holzschuher*, die Anfang des 14. Jahrhunderts in Nürnberg einen Tuchgroß- und -einzelhandel betrieben. Daneben wurden noch kleinere Geldgeschäfte gemacht. Große Umsätze wurden jedoch besonders im Tuchhandel erzielt. So verkaufte man in der Rechnungsperiode zwischen Mai 1304 und Mai 1305 6895 Ellen Tuch. Die Außenstände betrugen im Mai 1304, auf 147 Konten verteilt, 304 823 Heller[11].

Das Buch hat ein Format von 235 : 170 mm und besteht aus 51 Pergamentblättern. Alle Eintragungen sind in lateinischer Sprache und mit römischen Zahlen gemacht. Dem Inhalte nach könnte man das Handlungsbuch als ein Schuld- oder Verkaufsbuch bezeichnen, da nur die Kreditverkäufe aufgezeichnet werden. Jedem Kreditkäufer wurde ein Konto eröffnet, insgesamt gibt es 445 Personenkonten, auf die sich

---

8/9 *Gatz*, K.: Kauffahrer, Krämer und Handelsherren, Hannover 1949, S. 206.

10 Vgl. *Chroust*, A. und *Proesler*, H.: a.a.O., S. I ff. — An ihre Darstellung lehnt sich diese Abhandlung an.

11 1 fl = 24 Heller.

2225 Eintragungen verteilen. Dabei finden wir auf den Konten der adeligen Kunden bis zu 100 Kreditverkäufe verzeichnet, während auf den Konten der Bürger oft nur einmal jährlich etwas gebucht wurde.

Der Hauptgesichtspunkt für die Kontenordnung ist die gesellschaftliche Stellung der Schuldner. Unter den rund 450 Schuldnern wird zuerst der Adel auf 30 Blättern aufgeführt, ihm schließt sich die Geistlichkeit an, dann folgen die Nürnberger Bürger auf 11 Blättern, 3 Seiten benötigt schließlich noch das Sonderkonto des Grafen Ulrich von Truhendingen. Dabei entfallen wiederum auf den Adel 242 Konten, auf die Geistlichen 53 und auf die Nürnberger Bürger 150.

An der Spitze eines Kontos steht der Name des Schuldners, nicht selten mit sonstigen Angaben persönlicher Art. Darunter folgt meist der Übertrag aus dem vorausgehenden Konto, soweit es noch eine nicht getilgte Schuld enthielt. Anschließend bucht man die neuen Schuldposten. Die Einträge sind knapp, enthalten meist nur den Preis der verkauften Ware, das Zahlungsmittel und den Bürgen. Häufig findet man auch Zwischensummen von mehreren Posten. Die „antiquo debito" werden addiert und die Summe „omnibus computatis" gebildet. Bei der Bezahlung wird der Posten durchgestrichen oder das „persolvit" darunter gesetzt. Häufig ist auch vermerkt, ob in bar (das ist die Regel) oder in Naturalien bezahlt wurde.

Die lange Liste der adeligen Kunden wird von dem berühmten Nürnberger Hauptmann Siegfried Schweppermann angeführt, der seine Schuld allerdings nur zur Hälfte bezahlte:

Seifridus Swefermann: lib. 5, fideiussit Wolkoldus de Tanne. Item persolvit lib 2½.
(Siegfried Schweppermann: 5 Pfund (Heller), gebürgt hat W. von Tanne. Davon bezahlt 2½ Pfund.)[12]
Auch viele Nürnberger Hausfrauen zählen zu der Kundschaft:
Alhause Gruntfrau: omnibus computatis 6 sol. long minus 8 hall. fideiussit domino mea. Walpurge.
(A. G.: für alles (zusammengerechnet) 6 lange Solidi (Währung), weniger 8 Heller. Gebürgt hat meine Hausfrau. Zu zahlen an Walpurgis.)[12]

Bei den „männlichen" Kunden ist immer die Berufsbezeichnung angegeben:

Seifridus antiquus Strecfaden: 3 sol. long. et 10 hall. filie sue.
Item lib. 6 pro 10 ulnis viridi de Eyper filie sue.
(S. der alte Seiler oder Schneider: 3 lange Solidi und 10 Heller für seine Tochter. Außerdem 6 Pfund für 10 Ellen des grünen (Tuches) aus Ypern für seine Tochter.)

---

[12] Bei allen Beispielen eigene Übersetzung des Verfassers.

Der beste Kunde der Holzschuher war der Graf Ulrich aus Truhendingen. Für ihn wird ein Sonderkonto eingerichtet:

Dominicus Ulricus de Truhending: 21 ulnas grisei panni domino et Reinnero.
Item 10 ulnas albi boni Hoy quidam predicatori usw.

(U. von Truhendingen: 21 Ellen grauen Tuchs für den Herrn und Reiner (Verwandter?). Ebenso 10 Ellen vom guten weißen (Tuch) aus Hoy für einen Priester.) (Es folgen noch über hundert weitere Buchungen.)[12]

Das Holzschuherbuch steht am Anfang einer kaufmännischen Buchführung. Im Gegensatz zu ähnlichen Geschäftsbüchern enthält es keine privaten Aufzeichnungen. Durch die Kontenbildung, der systematischen Anordnung der Konten, durch die kurze, einheitliche Formulierung der Einträge und den Saldoübertrag, besitzt es mehr Übersichtlichkeit als das spätere Buch von *Wittenborg*, dessen Buchhaltungstechnik nur in einer formlosen Eintragung der Kreditgeschäfte bestand.

2. Die Buchhaltung von Warendorp und Klingenberg um 1330[13]

Die Warendorp und Klingenberg haben noch keine Handelsgesellschaft geführt, sondern sie haben sich nur gegenseitig im Handel vertreten. Beide waren Lübecker Großhändler, die vor allem mit Tuchen, Weizen und Wolle handelten.

Das Handlungsbuch wird wechselweise von den beiden Kaufleuten geführt. Die Bucheinträge dienten dabei dem Zweck, darzulegen, was der eine, während der Abwesenheit des andern, aus dem gemeinsamen Warenlager verkauft hatte. Daneben findet man Buchungen über umfangreiche Kommissionsgeschäfte mit Kaufleuten aus Stralsund. Genau verzeichnet werden auch Frachten, Trägerlohn und Maklergebühren. Ab und zu findet man „hauswirtschaftliche" Eintragungen eingestreut. Es handelt sich dabei nach der Ansicht von F. *Rörig* um Beträge, die Klingenberg der Frau seines Kompagnons aus der Unternehmenskasse ausbezahlte, während Warendorp abwesend war.

Insgesamt gesehen, sind die Einträge im Vergleich zu den Holzschuhern inhaltlich vielseitiger. Darunter leidet aber die Einheitlichkeit der Aufzeichnungen. So kommt F. *Bastian* zu dem Urteil, daß die Buchungen der Warendorp und Klingenberg „ein Bericht . . . und kaum übersichtlich seien"[14]. Diese umständliche Art der Verbuchung kommt bei dem Kommissionsgeschäft zum Ausdruck, das mit einem Ludekin de monte gemacht wird[15]:

---

[13] *Rörig*, F.: Das älteste deutsche Kaufmannsbüchlein, in: Wirtschaftskräfte im Mittelalter, a.a.O., S. 167—215.

[14] *Bastian*, F.: Das Runtingerbuch 1383—1407, 1. Bd., a.a.O., S. 248.

[15] Bei allen Beispielen eigene Übersetzung.

Anno domini 1330 ad festum Pasce recepimus infrascripta ex parte Ludekin de monte: 11 last siliginis extra uno nave. Pro fructu dedi 7 m. ... Item ad alio nave 6½ last siliginis. Pro fructu dedi 2 lb. Lüb. ...
(Im Jahre des Herrn 1330 zu Ostern haben wir das unten angeführte auf Rechnung des L. von Berg erhalten: 11 last Weizen aus einem Schiff. Für das Getreide habe ich 7 Mark gegeben. Außerdem haben wir aus einem anderen Schiff 6½ last Weizen. Für das Geteide habe ich 2 Pfund Lübecker (Währung) gegeben.)

Das ordnende Schema des Kontos fehlt auch bei den folgenden Einträgen:

Item dedi uxori 10 m. florenos parvos ad superplicium ... Item ad domum nostram Thiderico de Revele pro bisclaghe et waghenschot, colecameren et alia 6 m. 5 ß Lub. Item pro glasevinsteren in cellario 9 ß. ...
(Außerdem habe ich der Gattin auf ihr Bitten 10 Mark florenos gegeben. Außerdem dem Dietrich von Reval für einen Verschlag im Wagenschuppen, Kohlekammer und anderes für unser Haus, 6 Mark 5 Schillinge. Außerdem für das Glasfenster im Keller 9 ß.)

Die Buchhaltungstechnik der beiden Kaufleute ist im Vergleich zu den Holzschuhern als sehr einfach zu bezeichnen. Sie erbringt aber den Beweis, daß die älteste Form der Buchhaltung sich nicht immer in einem Aufzeichnen der Kreditgeschäfte erschöpfte. Vielmehr war man schon in der Lage, die Buchungstechnik den Bedürfnissen der gegenseitigen Geschäftsführung anzupassen.

3. Die Buchhaltung der Großen Ravensburger Gesellschaft um 1470

Um die Wende des 14. zum 15. Jahrhunderts wurde von mehreren Kaufleuten in Ravensburg die Ravensburger Compagnie gegründet. Sie wuchs rasch zu einem großen Handelsunternehmen heran. Die Gesellschaft bestand insgesamt 150 Jahre und hatte zeitweise bis zu 80 stimmberechtigte Mitglieder. An der Spitze der Gesellschaft standen drei „Regierer", ihnen zur Seite waren noch bis zu 40 Gesellen tätig. Im Jahre 1497 betrugen die Aktiva 165 473 fl (Fugger 1511: 245 463 fl). Im Gegensatz zu anderen verwandten Gesellschaften betrieb die Compagnie nur den Warenhandel, Geldgeschäfte waren den Faktoren und den Angestellten ausdrücklich verboten. Haupthandelsgut war das Tuch, das in Oberschwaben hergestellt und von der Gesellschaft im Großhandel vertrieben wurde.

Das Rechnungswesen der Gesellschaft bestand aus der Zentralbuchhaltung in Ravensburg und den Buchhaltungen bei den Faktoreien. Die Bücher in der Zentrale wurden von Gesellen geführt, die Prokura besaßen. Die Gläubiger und Schuldner vermerkt man im sog. Hauptbuch oder Capo. Warenkonten kennt man nicht. Nach jedem Abschluß wird das Hauptbuch neu angelegt und die Salden des abgeschlossenen Buches übertragen.

Von besonderer Bedeutung für die Angestellten ist das „wertbuech" gewesen, denn hier wurden die Einlagen der Gesellen und ihre Gehälter eingetragen, ebenso die „Ehrungen", d. h. Gewinnbeteiligungen, die sie erhielten. Daneben führt man noch Notizbücher und ein Transportbuch, in das man sämtliche Transporte einträgt, ohne Wertangaben jedoch.

Die Hauptrechnung einer Faktorei ist aus Nürnberg erhalten geblieben. Sie beginnt mit einer Inventur, in der zuerst die Forderungen, nach guten, zweifelhaften und „bösen" Forderungen getrennt, mit ihrem Nominalbetrage angegeben werden. Daran schließen sich die am Stichtage vorhandenen Waren nach Art und Zahl, aber ohne Wertangabe an. Die Inventur diente also lediglich der Übersicht über den Warenbestand.

Die eigentliche Rechnung beginnt mit einer Übersicht über den Ein- und Verkauf der Waren. Auch hier werden keine Wertangaben gemacht, so daß nur die Warenbewegung innerhalb der Faktorei geklärt wird. Daneben besteht noch eine Geldrechnung. Sie beginnt mit dem Kapitalfondus der Faktorei, dann folgen die verkauften Waren mit der Wertangabe. Die Ausgabenrechnung beginnt mit den Auszahlungen an die Zentrale in Ravensburg und an die Angestellten. Die Kosten für Essen, Wohnung usw. schließen sich an. Dann folgt ein Abschnitt über die nicht von der Zentrale gekauften Waren mit der Wertangabe. Den Abschluß bilden die hohen Fuhrlöhne. Das folgende Beispiel entstammt einem „Notizbuch" oder „Rekordanz" und zeigt, daß besonders das Rechnen 1477 noch recht rückständig war, da man dazu römische Zahlen verwendet[16]:

Jesus Christus Marya 77. Haintz Weyers rekordantz von Nurnberg uss uff Februarius im 77 j.
Sag den Herren (in Ravensburg), das aus primo Febryr an Stank (Safran) hier bleibt 5 St. Ort und 6 Ballen Zima (Safransorten). Wir verkauften zuletzt 100 Pfund Ort zu 3½ fl. Ziel Fastnacht.

Leider sind nur ganz wenige Bücher der Gesellschaft erhalten geblieben, aus denen kein vollständiges Bild über die Buchhaltungstechnik gewonnen werden kann. Im Gegensatz zu den Fuggern haben die Ravensburger das doppelte Verbuchen in ihrem Betrieb später nicht eingeführt. Im übrigen ähnelt ihre Buchführung der Fuggerschen Faktoreibuchhaltung, bei der der Faktor häufig auch den Einkaufspreis der ihm übersandten Waren nicht kannte. A. *Schulte* bezeichnet diese

---

[16] *Schulte,* A.: Geschichte der Großen Ravensburger Handelsgesellschaft 1380—1530, 3. Bd., Berlin 1923, S. 329.

Form der Buchführung als „eine auf die Waren zielende“[17] Buchführung, die die starken Preisschwankungen der Waren durch eine Mengenrechnung umging.

Die Bilanzperiode der Gesellschaft betrug regelmäßig drei Jahre. Die Rechnungslegung war ein feierlicher Akt, zu der alle Gesellschafter mit herangezogen wurden. Die Entlastung der Regierer geschah erst nach umfangreichen Rechnungsprüfungen.

4. Die Einkaufsbuchhaltung des Paul Mulich von 1495[18]

Nicht nur in seinem Kontor führte der Kaufmann Bücher, sondern auch, wenn er auf Reisen war. Das beweist das Einkaufsbuch des Paul *Mulich*, das dieser auf der Frankfurter Fastenmesse führte.

Die Mulichs waren eine Nürnberger Handelsgesellschaft, die in Lübeck eine Filiale unterhielt. Für diese Niederlassung war P. *Mulich* als Einkaufskommissionär tätig. In seinem Buch macht er sich, zur Orientierung, zuerst Notizen über den vorhandenen Warenbestand in Lübeck. In Frankfurt kauft er dann vor allem „gebranntes“ Silber, wie es die Münzen gebrauchten, wertvolle Ringe und Stoffe, insgesamt in einem Wert von 5000 fl. Auch Waffen benötigt er in großem Umfang und kauft sie von den Nürnberger Gesellschaften de Watt, Fugger und Fütterer. Lobend erwähnt er die gute Qualität dieser Waren.

Alle Einkäufe verbucht er sorgfältig in seinem Buch. Nicht chronologisch, wie er sie tätigt, sondern nach Warengruppen geordnet. Zu jedem Posten vermerkt er sorgfältig Stückzahl, Preis pro Stück und den Endpreis. Er erweist sich dabei als wahrer Rechenkünstler:

An gulden samet.

It mer kauft von Lorenz und hinein gesant (nach Lübeck) 1 stück swarcz gulden samet, helt 17 eln, kost 1 eln 5$^1/_2$ fl, facit: 93 fl 10 ß.

It. zum ersten hab ich im hinein gesant aus der Franckfurtter fast meß 1 stück swarcz ungeplümt Maillander (Samt), daß ich von Petter von Watt kreg, hat geholden 36 eln, kost 1 eln ..., facit 94 fl 10 ß.

An anderer Stelle heißt es über Waffenkäufe:

An panczer, kepell (Helm), eng, gezaichet und ungezaichet (mit und ohne Wappen) und grob und metell engen ..., kosten zusammen: 18 fl.

Abschließend sei noch der erwähnte Silberkauf dargestellt:

It. zum ersten hab ich hinein gesant gleich nach der Franckfurtter fast meß etlich stück silber, kost in all mit schrotten und prenen: 806 fl 10 ß.

---

[17] *Schulte*, A.: a.a.O., 1. Bd., S. 104.

[18] *Rörig*, F.: Das Einkaufsbüchlein der Nürnberg-Lübecker Mulichs auf der Frankfurter Fastenmesse des Jahres 1495, in: Wirtschaftskräfte im Mittelalter, a.a.O., S. 288—350.

III. Die Kenntnis der doppelten Buchhaltung bei den Handelsunternehmungen des 16. Jahrhunderts

1. Die Buchhaltung der Fugger um 1520[19]

Die moderne wirtschaftsgeschichtliche Forschung bezeichnet die Augsburger Fugger als Großhändler, Bankiers und Industrielle. Der Handelsverkehr der oberdeutschen Kaufleute erstreckte sich über ganz Europa. Im Kupfer- und Silberhandel konnte von ihnen zeitweise eine Monopolstellung erreicht werden. Unter Jakob und Anton Fugger wurde das Augsburger Haus zum Bankier von Kaiser und Königen. Selbst für die Mitgift der Fürstentöchter sorgten die Handelsherren[20]. Die deutschen Ablaßgelder übermittelten sie an die Kurie in Rom[21] und als überzeugte Katholiken unterstützten sie den Dr. *Eck*, den Widersacher von *Luther*. Daneben war Jakob Fugger einer der größten Industriellen seiner Zeit. Zahlreiche Webstühle in Augsburg arbeiteten für ihn und lieferten für seinen Handel Barchent und andere Stoffe. In den Silberbergwerken Tirols und Spaniens ließ der geniale Kaufmann große Mengen des edlen Metalles fördern. Treffend hat R. *Ehrenberg* das 16. Jahrhundert das „Zeitalter der Fugger" genannt.

Ein solches Riesenunternehmen, das den europäischen Silber- und Kupfermarkt, sowie den Kapitalmarkt ein Jahrhundert lang beherrschte, war ohne ein perfektes Rechnungswesen nicht lebensfähig. Es mußte gewährleistet sein, daß das eingesetzte Kapital in jedem Augenblick einen optimalen Erfolg erzielte, und die Buchhaltung hatte den Beweis dafür zu erbringen.

Von dem Welthandelshause sind uns nur Bruchstücke der Buchhaltung in Form einzelner Bücher überliefert worden, die aber durch die Aufzeichnungen von Matthäus *Schwarz* ergänzt werden können. Dieser wollte damit seine Kenntnisse der „nachkhomenden jugendt auch zu lieb und tail lassen werden". Da er gerade die Bücher der venezianischen Faktorei zur Hand hatte, entnahm er ihr die nötigen Beispiele, um sein Buch anschaulich zu machen. Dadurch gewährt er einen genauen Einblick in die Buchhaltungstechnik der Fuggerschen Handlung jener Zeit, die sich im Stammhaus nicht wesentlich von der in den Faktoreien unterschieden haben dürfte. Man kann deshalb mit gutem Recht die Schwarzsche Handschrift als Quelle zur Darstellung der Fuggerbuchhaltung heranziehen[22].

---

[19] Siehe auch die Darstellung der Fugger-Buchhaltung in der Arbeit von H. *Schiele*.

[20] *Pölnitz*, G. Frhr. v.: Jakob Fugger, Quellen und Erläuterungen, Tübingen o. J., S. 501.

[21] *Pölnitz*, G. Frhr. v.: Jakob Fugger, Kaiser, Kirche und Kapital in der oberdeutschen Renaissance, Tübingen 1949, S. 319.

[22] Siehe S. 123, Anmerkung 28.

Schwarz beginnt mit ein paar einleitenden Worten über die Bedeutung der Buchführung, die von den deutschen Kaufleuten häufig verkannt wird: „Das buchhalten vergleicht sich ainem sparhafen vnd ist ein solliche werckliche, artliche, ordenliche, richtige, kurtzweilige, schöne vnd kurtz erdichte kunst fur die handtierungsleut, von den Italianern erfunden. Aber solliche reichmachende kunst wirt bey vns Teutschen wenig geliebt, insonders bey denen, die da mainen, sie dörffen sein nit."

Ehe Schwarz mit der Beschreibung der Buchhaltung beginnt, stellt er kurz die gebräuchlichsten Bücher vor. Er beginnt mit einer „kleinen antzaig vom Zornall", der sich „was das Schuldtbuech sey" anschließt. Nachdem das Wesen des Schuldbuchs kurz erläutert ist, schildert er im folgenden Abschnitt „was Cassa sey" und erläutert schließlich in einem „Appendix", was unter „Conto di tempo", „Conto corrento", „Conto aparte" und „Gesellenbüchlein" zu verstehen ist. Dem schließt sich der Bericht über das „dreyerlai buchhalten" an, d. h. die drei verschiedenen Möglichkeiten der Verbuchung, die die Zentrale und die Faktoreien anwenden konnten.

Das erste der Buchhalten besteht aus Journal, Schuldbuch und Rechnung aus dem Schuldbuch (Abschluß). Es ist dies die von den Italienern gebrauchte Form der doppelten Buchhaltung, die auch die Venediger Faktorei benützt. Das Journal ist dabei das wichtigste Buch:

„Das Zornal ist ein welsch wort, das haiest ain täglich buch, darein man täglich schreibt, was alle tag gehandelt wirt, alles durcheinander geschriben, einnehmen vnd ausgeben, empfahen vnd wegksenden, kauffen vnd verkauffen, wechßlen vnd verwechßlen, tauschen vnd merggken, überschaffen vnd bar, aus vnd in die cassa, souil dann aines jeden tags wirt gehandlet, das wirt alles vnder ainem datum geschriben."

Von diesen Journaleinträgen sei die Journalbuchung vom 9. April 1516 wiedergegeben. An diesem Tage werden insgesamt 6 Buchungen gemacht, drei davon, ein Waren-, ein Geld- und ein Wechselgeschäft, sollen gezeigt werden:

Adi 9. April

Vns soll herr Jacob Fugger duc. 400. Die sollen wir Simon de Pagathini. Ist vmb ain diemantbund, ime abkaufft vnd auf datum mit Hans Ferber gen Augspurg gesant, duc. 400.

Vns soll Milano duc. 200 Ct. Die sollen wir al bancho Bisani. Soll Franco de Roma den vnsern daselbst zalen in 14 tagen zu 97 ß, duc. 200.

Vns soll al bancho Bisani duc. 4200 Ct. Die sollen wir Anttorf (Antwerpen). Vmb souil haben die vnsern zu Anttorf auf vns gemacht vnd zalt Leonardo Freschgoualdi zu 72 *β* per duc Ct. Die sollen wir eingenomen haben von der herrschaft de Venetia. Also hat sich detto bancho verschriben (zugesagt) zu zalen mit wexlen gen Roma a 2³/₄ percento, duc. 4200.

Aus dem Journal werden die Posten regelmäßig vom „Mutierer“ auf die Schuldbuchkonten übertragen. Um dem „Überträger“ die Übersicht zu erleichtern, werden bereits beim Eintrag ins Journal Debitoren und Kreditoren durch die Ausdrücke „Uns soll“ und „Wir sollen“ und mit den Seitenzahlen der Hauptbuchkonten versehen, wohin der Übertrag erfolgen soll. Erledigte Posten werden durchgestrichen.

Das Schuldbuch enthält sowohl Personen- als auch Sachkonten. Begonnen wird mit den Finanzkonten. Als erstes Konto erscheint das Kassenkonto. Diesem folgt als zweites das Kapitalkonto, das mit „Herr Jakob Fugger“ überschrieben ist. Daran schließen sich achtzehn verschiedene Personen- und Sachkonten an. Ein Ordnungsschema läßt sich nicht entdecken. Unter den Sachkonten finden sich z. B. „Seidengewand“, „Schwatzer Garkupfer“ und „Silber“. Von den Konten sei das Kapitalkonto „Herr Jakob Fugger“ im Ausschnitt dargestellt. Insgesamt befinden sich darauf 26 Soll- und Habenbuchungen:

Herr Jacob Fugger Soll vns.

1516 Adi 25 Zenner per cassa vmb ain wexel den Grander,
als im Zornal ac. (= a carta = auf Blatt) 1 vnnd dises ac. 18,
duc. 500.—.—
E. 15. April per Cassa potenlon, Zornal
ac. 2, dises ac. 18, ... duc. 8.—.—
E. 8 Zungno per bancho Bisani, Zornal
ac. 5, dises ac. 22, ... duc. 29 800.—.—
summa

Auf der anderen Seite des Blattes wird das Haben gebucht:

Herren Jacob Fugger Sollen wir.

1516 Adi p. Zenner per Cassa von Augsburg empfangen, laut
des Zornals ac. 1 vnnd dises ac. 18 (Hauptbuch), ... duc. 3000.—.—
E. 15. April per Cassa, Zornal ac. 2, dises ac. 18 .... duc. 6060.—.—
summa duc.

Wie aus der Buchung „per Cassa potenlohn“ indirekt zu ersehen ist, verwendet Schwarz kein G- und V-Konto. Gewinne und Verluste werden direkt auf das Kapitalkonto übertragen.

Zur Entlastung des Journals werden einige Nebenbücher geführt. In das Kassenbuch, das ein besonders großes Format und hohe Seitenzahlen besitzen soll, werden die Bareinnahmen und -ausgaben eingetragen. Aus dem Kassenbuch überträgt der Buchhalter täglich ins Journal. An anderen Nebenbüchern erwähnt Schwarz noch das Gesellenbuch, das das Kassenbuch entlasten soll („damit man die original cassa nit imprattiere“). In dieses Gesellenbuch wird das Geld eingetragen, das nur auf wenige Tage ausgeliehen wird, möglicherweise auch an die

Angestellten, die rasch etwas für das Unternehmen einkaufen mußten und alle baren Ausgaben für Tinte, Schreibmaterial usw. Daneben nennt Schwarz drei Konten, wohl auch kleine Bücher, welche der Übersichtlichkeit halber gehalten werden. Zahlungstermine der zu gewährenden Darlehen, Verfallzeiten für Wechsel usw. werden im „Conto di tempo" notiert. Eine Kontokorrentbuchführung kennt er auch schon, der das „Conto corrento" dienen soll: „Wer mit dem andern täglich zu handeln hat vnd täglich miteinander abrechnet, ... das ist der lauffendt conto oder die rechenschaft." Das „Conto aparte" benötigt man zur Eintragung von umstrittenen Posten, „so nit aigentlich waist, wer zaler oder gelter."

Aus dem „Conto di tempo" werden in späterer Zeit zwei Wechselbücher. Im Wechselbuch der Aktiva werden die Personen verzeichnet, die ein Darlehen gegen Ausstellung eines Akzepts aufnehmen. Das Wechselbuch der Passiva enthält vor allem Aufzeichnungen über das Depositengeschäft. Die venezianische Faktorei, die große Geschäfte mit Edelmetallen tätigt, besitzt außer den genannten Nebenbüchern noch ein Kupfer- und ein Silberbüchlein. In diese Bücher werden alle mit dem Metallhandel zusammenhängenden Geschäfte eingetragen.

Am 30. September 1516 werden von Schwarz die Bücher abgeschlossen, wohl nur aus methodischen Gründen. Zuerst schließt man die Nebenbücher ab. Aus dem Gesellenbuch z. B. werden die Handlungs- und Haushaltungsunkosten ausgezogen. Die Ergebnisse der Auszüge überträgt der Buchhalter dann ins Journal. Die Buchung der Handlungsunkosten lautet dann so:

Adi ultimo Settembrio.

Vns soll herr Jakob fugger duc. 85, die sollen wir a Cassa vmb souil hat (der Faktor) ... für sich gebraucht, laut des gesellenbuechlins, sider primo Jenner 1516 ...

Vns soll herr Jakob fugger duc. 156½. Die sollen wir a Cassa. Vmb souil ist gangen hie uber das haußhaben laut desselben buechlins als vmb holtz zu brennen 18 duc., vmb butter, öl, saltz, ... Mer vmb wein 50 duc. vnd sonst allerlay clain vnkost als papir, dinten ... duc. 156. 12.—

Diese Kosten erscheinen dann unter „Vns soll Herr Jacob Fugger fur ausgeben". Anschließend werden im Schuldbuch die Konten der einzelnen Fuggerschen Faktoreien, mit denen Geschäftsverbindungen unterhalten werden und alle sonstigen Personen- und Sachkonten abgeschlossen. Die Salden werden jeweils zuerst ins Journal eingetragen und von hier aus dem Konto „Herrn Jakob Fugger" gutgeschrieben bzw. belastet. Die Gegenbuchungen erfolgen auf dem Kassenkonto. Ein Bankkonto hat nach dem Abschluß folgendes Aussehen:

Vns Soll Bancho Preulli

1516. Adi 20. April per Nurmberg ain wexel ac. 3. 26.	duc.	4000.—
Summa		4000.—

Auf der gegenüberliegenden Seite findet man Habenbuchungen dieses Kontos. Das zweiseitige Konto ist schon allgemein gebräuchlich:

Wir Sollen al Bancho Preulli.

1516. Adi 15. April p. Nurmberg ein wexel ac. 2. 26	duc.	300.—
E 20. Mazo p. Verzelin thut ac. 4. 20, ...	duc.	100.6
E 9. Augusto p. Bancho C... verwißen	duc.	3599.18
Summa		4000.—

Das letzte Blatt des Schuldbuchs bringt dann den „Abschluß" des Kassen- und des Kapitalkontos über das „Bilanzkonto", dessen Überschriften „Vns Soll herr Jacob Fugger fur ausgeben" bzw. „Wir sollen herrn Jacob Fugger für einnemen" lauten. Auf dieser „Rechnung vber das Zornall vnd Schuldtbuech des Ersten Buechhalten", wie der Abschluß genannt wird, werden noch einmal alle Einnahmen und Ausgaben vom 1. Januar bis 31. September 1516 erfaßt. Es ist die schon von *Pacioli* gebrauchte Summenbilanz. Bei der Aufstellung dieser Rechnung geht *Schwarz* nach der Reihenfolge der Einträge im Journal vor. Sie beginnt rechts mit dem Anfangskapital und enthält anschließend alle Einnahmen, links alle Ausgaben und den Kassenendbestand. Werden nun beide Seiten des Bilanzkontos addiert, „so soll das Ausgeben so viel sein als das Einnehmen".

Das zweite der dreierlei Buchhalten zeigt die deutsche Form der doppelten Buchhaltung, „darin man die gueter nicht für Debitor helt", deren sich die Zentrale in Augsburg wohl bedient hat. Neben Journal, Schuldbuch und Nebenbücher tritt noch ein Güterbuch (Kapus oder Kaps) hinzu, das die „toten Konten" aufnimmt. Erfolgskonten fehlen wiederum. — Zur Veranschaulichung verwendet Schwarz wieder Beispiele aus den Büchern der Venediger Faktorei.

Das Güterbuch beginnt mit je einem Konto für Kupfer und Silber. Es folgen dann die Konten von 10 Fuggerischen Faktoreien, mit denen man in Verbindung steht. Das Kupferkonto soll in Ausschnitten dargestellt werden:

Einnemen Zoe empfahung Kupffer.
1516. Botzen. Faß 20. ctr. 500 Botzner gewicht, adi 18 de October von Botzen empfangen mit 3 M R. fl. Seind die faß mit No. 1 bis 20, thut Zornal ac. 36
duc. ...

usw.

Ausgaben Zoe wegksendet Kupffer vnd einnehmen des geltz.

Faß 3 ctr. 75 Adi 4. Octobris fur verkauffen per $4^{1}/_{2}$ duc., thutt duc. $337^{1}/_{2}$. Zoe per duc, 287 getauscht an seidingwand; auf datum auf Augspurg gsant, vnd den rest $50^{1}/_{2}$ duc. vmb bar geben, thut ac. 36
duc. 50. 12.

Auffallend ist, daß auf den Warenkonten auf der linken Seite häufig nur die Stückzahl und das Gewicht der eingegangenen Waren, nicht aber deren Geldwert verbucht wird. Auf der rechten Seite hingegen werden regelmäßig auch die gelösten Geldbeträge angegeben. Nach der allgemein vertretenen Ansicht[23], wurden in den Faktoreigesellschaften dem Faktor der Gestehungspreis nicht mitgeteilt, damit ihm ein eventueller Gewinn oder Verlust verborgen bleiben mußte. Die Aufgabe des Angestellten war es nur, die Ware so teuer wie möglich zu verkaufen. In unserem Falle könnte Schwarz auch aus anderen Gründen (Geschäftsgeheimnis) die Werte nicht eingesetzt haben. — Das Schuldbuch enthält außer dem Kassen- und dem Kapitalkonto nur Personenkonten.

Am Ende der Buchungsperiode werden die Buchungen auf den linken und rechten Seiten der Konten addiert und die Summen anschließend übersichtlich zusammengestellt. Für den fehlenden Einkaufspreis wird einfach der Verkaufspreis gesetzt, um zu einem Ausgleich bei der „Summa summarum" zu gelangen. Eigentlich war dieser Abschluß Aufgabe der Augsburger Zentrale, die den Einkaufspreis kannte ("der geet nun den factor zu Venedig nichts mer an, sondern dz haupt zu Augspurg").

Das dritte Buchhalten, das Schwarz schildert, ist eine Zusammenfassung der beiden ersten, das sich in dieser Form u. E. praktisch nicht anwenden ließ. Diese Buchung besteht aus einem „Hauptbuech vber die rechnung des ersten (gesamte Einnahmen und Ausgaben des ersten Buchhaltens) vnd Capus des andern (zweiten) Buchhalten". Der Führung eines Journals bedarf es hier nicht, da die Rechnungen zugleich als Journal gelten. Im Hauptbuch finden wir neben den Personenkonten auch die drei Erfolgskonten: „Vnkost zu Venedig", „Bottenlohn zu Venedig" und „Vortheil zu Venedig". Schwarz scheint diese Konten selbst nicht richtig verstanden zu haben, denn in einer abschließenden Probebilanz läßt er sie wieder aus. Über diese Form der Verbuchung will er auch nichts weiteres aussagen, denn er meint, „ich kans auch mit kurtz nit verteutschen, wie die andern buecher zum tail verteutscht seind. So ich dann lang daruon schreiben thet, so keme ich in das weit meer vnd machet ainem nur ain laborint vnd mer irr dann richtig".

In einem „Beschlus des Hauptbuechs auff ein Generalrechnung" setzt sich nun Schwarz mit dem Kontroll- und Abrechnungsverfahren auseinander, wie es vom Hauptkontor in Augsburg durchgeführt wird, nachdem alle Faktoreien ihre Bücher eingesandt haben. In der Zentrale werden zunächst einmal alle Währungen auf den Gulden umgerechnet. Wie aus der umständlichen Darstellungsweise von Schwarz weiter hervorgeht, werden dann alle Überträge von den Journalen in die Hauptbücher punktiert. Bei Gütern ohne Wertansatz werden der Einkaufs-

23 *Löffelholz*, J.: a.a.O., S. 153 f.

preis, soweit er bekannt ist, oder der mutmaßliche Verkaufspreis eingesetzt. Zweifelhafte Außenstände sollen entweder ausgelassen oder nur mit einem geringen Wert taxiert werden. Schließlich skontriert man die Gegenposten aus den Abrechnungen der Faktoreien untereinander. Schwarz bringt hier als „exemplum" die Aufrechnung von Antwerpen und Nürnberg. Die sich ergebenden Salden werden jeweils der Augsburger Rechnung zugeschrieben. Schließlich hat man erreicht, daß alle Buchungen in einem Buch zusammengestellt sind. Man kann jetzt die Aktiva und Passiva zusammenfassen und voneinander abziehen, „so sichst du, was dein capital ist. Ist es jetzt mer dan vor, so ist gewin. Ist es aber minder (als bei der letzten Abrechnung), so hast du verlust". Mit dieser Vermögensrechnung ist der Jahresabschluß beendet. Es kann heute nicht mehr gesagt werden, in welchem zeitlichen Abstand diese Abschlüsse gemacht worden sind, deren primärer Zweck es vor allem gewesen sein dürfte, die Geschäftsführung der Faktoreien zu überprüfen.

In einer derart weitläufigen Unternehmung, wie die der Fugger, mit ihrem großen Anlagevermögen und den umfangreichen Beständen an hochwertigen Metallen, mußte sich der Mangel einer systematischen Wertberichtigung stark geltend machen[24]. Zudem wurde das Kapital sehr langsam umgeschlagen. Aus besonderen Anlässen, z. B. beim Eintritt von Anton Fugger in die Gesellschaft, wird daher der Status des Unternehmens durch eine Inventur genau fixiert. So läßt der neue Chef, Anton Fugger, auf den 31. Dezember 1527 von allen Faktoreien im In- und Ausland Inventarverzeichnisse anlegen[25]. Die Zusammenstellung der Teilinventuren zum Zwecke des Abschlusses im „Inventarbuch" übernimmt Anton Fugger selbst. Alle zweifelhaften und uneinbringlichen Forderungen sammelt er im „schwarzen Buch". Die bedeutendsten Darlehen der Fugger an Kaiser und Könige faßt er im „Hofbuch", Wechselgeschäfte im Wechselbuche zusammen. Nun beginnt die eigentliche Gewinnrechnung. Zuerst werden die Aktiva addiert. Weder die „bösen Schulden", noch die „Schulden so nit gar gewiß" werden berücksichtigt. Ebenso wird der Wert der detailliert aufgenommenen Kontoreinrichtungen nicht in Rechnung gestellt. Den Aktiva werden die Passiva gegenüberstellt. Durch Subtraktion wird dann das Vermögen ermittelt. Den Gewinn erhält man durch den Vergleich mit der letzten Vermögensaufstellung, genau wie es Schwarz beschreibt: „Solch capital siech ab gegen dem vorigen capital." Das „Hauptgut" beträgt 1527 fl 1 602 319 und 1546 fl 4 721 244. Anschließend erfolgt die Gewinnverteilung.

[24] *Löffelholz*, J.: a.a.O., S. 153.

[25] *Strieder*, J.: Die Inventur der Firma Fugger aus dem Jahre 1527, Zeitschrift für die gesamte Staatswissenschaft, Ergänzungsheft XVII, Tübingen 1905, S. 4 ff.

Die Buchhaltung der Fugger hat 1516 etwa die Form, die der italienische Kaufmann schon 100 Jahre früher gekannt hat. Die Medicier, den Fuggern in der Unternehmensgröße und in den Handelspraktiken sehr ähnlich, schätzten die Einrichtungen von Erfolgskonten, während die Fugger noch Aufwand und Ertrag direkt auf das Kapitalkonto übertrugen. Dieser Mangel wird u. E. dadurch ausgeglichen, daß die Fugger schon eine moderne Kontokorrentbuchführung verwandten. Bei den Mediciern finden wir die ersten Warenbücher, die Fugger verwenden sie ebenfalls. So ließen sich noch mehrere Gemeinsamkeiten feststellen. Wie rasch sich jedoch die Buchführungstechnik im 16. Jahrhundert weiterentwickelte, zeigt die Buchhaltung der Welser um die Mitte des Jahrhunderts.

2. Die Buchhaltung der Welser um 1550

Die Welser gehören zu den ältesten Augsburger Geschlechtern. Über ihren Handel hören wir zuerst etwas im Jahre 1473, als die vier Brüder Welser zusammen eine Handelsgesellschaft gründeten. Die Gesellschaft betrieb in der Folge einen umfangreichen Warenhandel. Dazwischen beteiligte man sich auch an großen Geldgeschäften. Während die Fugger sich im Laufe des 16. Jahrhunderts aber mehr und mehr dem lukrativen Geldgeschäft zuwandten, blieben die Welser ihrem traditionellen Warenhandel treu. Ihr Gesellschaftskapital erhöhte sich dabei von 92 200 fl (1529) auf 243 000 fl (1543)[26]. Die Welser zählten damit zu den größten Handelshäusern in Deutschland, deren Kapitalkraft ausreichte, um in Venezuela Kolonien gründen zu können.

Nur spärlich sind die Nachrichten über die Buchhaltung der Welser. Nach dem Zusammenbruch des Unternehmens (1614) werden den Konkursverwaltern, den Curatores, 250 Geschäftsbücher allein aus den Jahren 1554—1575 überantwortet. Dabei handelt es sich überwiegend um Schuld-, Journal- und Kassenbüchern, wie aus einer aufgefundenen Urkunde hervorgeht. Am 30. September fordern die Kuratoren noch weitere Bücher an, da man bei den Welsern das Vorhandensein von Geheimbüchern vermutet. So werden noch herbeigeschafft[27]:

1. Ain großes Schuldbuch in folio regali, titulirt Gewerbbuch des gellts Nr. E von 1. October 1579 anfachend ... 1585 ulti Septbr. sich endend.
   Der Jornal deß gellts zum obsteendem Gewerbbuch des gellts ist nit vorhanden gewesen.
2. Der Jornal des gellts zu dem Gewerbbuch Nr. F anfachend von 1. October 1585 bis auf ulti Decbr. 1607.

---

[26] *Ehrenberg*, R.: Das Zeitalter der Fugger, 1. Bd., 3. Aufl., Jena 1922, S. 194.
[27] *Welser*, J. M. Frhr. v.: Die Welser, 2. Bd., Nürnberg 1917, S. 224 ff.

3. Ein großes Schuldbuch zum obsteenden Jornal gehörig intitulirt Gewerbbuch deß gellts ...
4. Gewerbbuch der guetter von 1. October 1585 bis ulti Decemb. 1591.
5. Ein Jornalhauptbuch von Paul Wellsers hand vom ...
6. Ein Schuldhauptbuch von Herrn Marx Welsers sen. hand, zum obensteenden Jornal gehörig.
7. Ain aparte Schuldbuch von Pauls Welsers hand ...
8. Ain neues Schuldbuch von 1. Jan. 1564 bis auf ult. Septbr. 1580 ..., ire der Welsers proprio sachen betr.

Von diesen Büchern ist keines erhalten geblieben. Allein ein Handlungsbuch der Nürnberger Faktorei ist aufgefunden worden und soll unten kurz dargestellt werden.

Wie aus der Aufstellung der Bücher hervorgeht, haben die Welser, ähnlich den Fuggern, ein zweigeteiltes Hauptbuch geführt: ein Schuldbuch, hier genannt „Gewerbbuch des gellts", das die Personenkonten enthalten haben dürfte, und ein Güterbuch, bezeichnet „Gewerbbuch der guetter" mit den Sachkonten. An Grundbüchern kennt man Journal und Hauptjournal. Man überträgt also nicht aus dem chronologisch geführten Journal direkt in die Hauptbücher, sondern sammelt die wichtigsten Posten zuerst in einem Hauptjournal. Der Chef führt es persönlich. Ein zwischengeschaltetes Hauptjournal begegnet uns hier zum ersten Mal in der Entwicklung der Buchhaltung. Woher die Welser die Anregung dazu genommen haben, bleibt unbekannt. Das Einschieben eines Sammeljournals zeugt jedoch von einem hohen Stand der Buchhaltungstechnik. Hinter dem Schuldhauptbuch vermuten wir ein Schuldbuch, in dem die bedeutendsten Personenkonten zusammengefaßt waren. Es wird ebenfalls vom Vorstand der Gesellschaft selbst geführt. Das „aparte Schuldbuch" bleibt in seiner Bedeutung im Dunkeln, ebenso das Schuldbuch „ire der Welsers proprio sachen betr.". Vielleicht enthielt es die Verbindlichkeiten der Welser, die Kapitalkonten der Gesellschafter und die Einlagen Außenstehender. Das Buch würde in diesem Fall den Fuggerschen Wechselbüchern entsprechen.

Das aus der Nürnberger Filiale erhalten gebliebene Hauptbuch[28] stammt aus den Jahren 1579/80 und trägt die Überschrift „Schuldbuch 1579". Es diente mehrfachen Zwecken. Neben Personen- enthält es überraschenderweise auch Sachkonten. Alle Konten sind zweiseitig geführt und enthalten Hinweise, wo die Grund- und Gegenbuchungen gemacht worden sind. Auf verschiedenen Seiten findet man Zusammenstellungen von Erträgen aus dem Warenhandel, ein Gewinn- und Verlust-Konto kennt man aber nicht. Auch Kassenabschlüsse und Abrechnungen mit dem Stammhause werden zuweilen in diesem Buche gemacht.

---

[28] *Welser*, J. M. Frhr. v.: a.a.O., S. 157 ff.

Der Nürnberger Buchhalter eröffnet für 126 Nürnberger Bürger ein eigenes Konto. Für die Imhoffs, Tucher und Viatis jeweils mehrere. Die Buchungen betreffen meist Kreditgeschäfte. Dabei scheinen die Tucher „böse“ Schuldner gewesen zu sein:

Laus Deo 1579 Inn Nürmberg

Paulus Tuecher Gebrieder und Mitverwanten alhie sollen uns adi Oktober p. Contto Conrat pelck zu Breslaw p. Herrn Christoff Welser und gesellschaft fl 67. 14. 8. uff 10. Jenner 73 verfallen trag ich uff newe Rechnung hieher Jo 1 fl 67. 14. 8.	Paulus Tuecher Gebrieder und Mitverwanten alhie sollen haben adi ulto September p. Herrn Christoff welser und gesellschaft fl 67. 14. 8. setz ich p. saldo diß für Ausgab (= Abschreibung) Jo 163 ath 147 fl 67. 14. 8.

In Ausschnitten sei noch das Kassenkonto wiedergegeben:

Laus deo 1579 Inn Nürmberg

Cassa sol uns adi Oktober p. Herrn Christoff Welser und gesellschaft, trag Ich uff neue Rechnung hieher Jo 8 ath 51 fl 8446. 5. —	Cassa sollen wir adi 8. Oktober p. Endreß Schmid, Jo 10 ath 74 fl 500.—.—
adi 8 detto per Jochum finold Jo ath 17 fl 43. 12. 8.	adi 30 detto p. Bereische Seiden einkauffen Jo 16 ath — fl 71. 10. —
adi detto p. Lienhart Wolff Jo 10 ath 27 fl 150.—.—	adi detto p. Aragon Saffran einkauffen Jo 16 ath. — fl 99. 3. 3.
adi 13 detto p. Herrn Christoff Welser und gesellschaft Jo 18 ath 85 fl 53. 18. —	Adi 13 detto p. Herrn Christoff Welser und gesellschaft Jo 18 ath 56 fl 664. 5. 4.
	usw.

Auf Blatt 151, dem letzten beschriebenen Blatt des Buches, folgt der Jahresabschluß. Auf der rechten Seite der „Bilanz“ stehen die Einnahmen aus den verkauften Waren. Diese Einnahmen beliefen sich in der Zeit zwischen September 1579 und 31. August 1580 auf fl 124 096. Darin sind enthalten die „wahren umb bar und uff Zil“ verkauft wurden. Dabei betragen die „ungewisn posten“ fl 1941. 8. 2. Auf der linken Seite bilden die Warensendungen aus der Augsburger Zentrale den größten Posten. Dann folgen die Ausgaben für „fuerlon und pottenlon“. Schließlich die Bar- und Zielkäufe. Unter den gekauften Waren sind auch „ettlichen Fassen presilianischen Zucker, so wir von Hamburg her empfangen“. Zwischen den Jahresabschlüssen finden monatliche Zusammenrechnungen der Forderungen statt. Dies ist wiederum ein Beweis für den hohen Stand des Welserschen Rechnungswesens, die die italienische Buchhaltung ganz „schulmäßig“ anwenden.

3. Die Buchhaltung der Nürnberger Gesellschaft Walther, Perger und Finckh um 1550[29]

Die Gesellschaft Walther, Perger und Finckh wurde 1542 mit einem Kapital von fl 4000 gegründet. Sie war eine der zahlreichen kleinen Gelegenheitsgesellschaften, die vor allem den Großhandel mit Metallen und Metallwaren betrieb. Von ihren Geschäftsbüchern ist ein Journal erhalten geblieben, das Prof. H. *Kellenbenz* in der Königlichen Bibliothek zu Stockholm gefunden hat. Bei dem Journal handelt es sich nur um eines der Bücher der Gesellschaft. Es läßt sich daraus jedoch die ganze Buchhaltung rekonstruieren.

In das Journal trägt man chronologisch jedes Geschäft ein, ob es sich nun um einen Ein- oder Verkauf handelt. Bei jedem Eintrag vermerkt man am Rand, wohin der Übertrag erfolgen soll. Dabei bestanden drei Möglichkeiten: einmal in das Caps (Warenkonten), zum zweiten in das Schuldbuch (Personenkonten) und zum dritten in das „Haderbüchlein", das die anfallenden Kosten und zweifelhaften Forderungen aufnimmt. Die einzelnen Buchungen sind sehr sorgfältig vorgenommen worden. Sie enthalten immer das Datum, einen ausführlichen Text und den Betrag. Meist handelt es sich um Warenverkäufe, die regelmäßig bar bezahlt werden. Zuweilen findet man auch die Bemerkung „ist halb zalt". Der Rest wird dann an den gebräuchlichen Zahlungsterminen von Nördlingen und Nürnberg beglichen, in Nürnberg besonders bei der „Heiltumsmesse", jener Ostermesse, bei der die Reichskleinodien ausgestellt waren. Ein Teil der Geschäfte wird aber auch auf dem Tauschwege abgeschlossen, wird gestochen, wie man damals sagte. Unter dem 24. November 1542 heißt es z. B.:

ditto hab ich gestochen 4 Legel öls die wegen 315, 330, ... Pfund, thara 129 Pfund summa 1295 Pfund, thara 129 Pfund lautter 1166 Pfund ... facit 102 fl 0 ß 6 h, dem Hans Kelner zu Leyptzig der hat mir (dafür) geben 12 Lot silber die marckh per 8 fl 3 ß facit 152 fl 16 ß 10 h.

Den Rest bezahlt die Gesellschaft später in bar:

ditto zalt ich dem Hans Kelner die uberige Rest am Silber das er mir am Öl hat geben fl 50 10 10.

Am 1. August kauft die Gesellschaft Silber und läßt es in Nürnberg wiegen:

ditto hab ich kaufft 1 stuckh Silber vom Hans paur wigt 58 marckh 17 lot 3 gr,
Kost ain marckh 8 fl ist gewogen
In der schaw zu Nurnberg, ist zalt 467 17 6.

---

[29] *Kellenbenz,* H.: Nürnberger Handel um 1540, Sonderdruck aus: Mitteilungen des Vereins für Geschichte der Stadt Nürnberg, Bd. 50, Nürnberg 1960, S. 309 ff.

Auch Wechselgeschäfte werden zuweilen gemacht, wenn man rasch Geld braucht. Am 31. März 1543 nimmt ein Angestellter der Nürnberger Gesellschaft bei dem Ulmer Marx *Pflaum* eine Summe gegen Ausstellung eines Wechsels auf, die an Peter und Paul in Naumburg wieder zu bezahlen war:

ditto Nam ich auff wechsel vom Marx pflaum 600 fl, ye 1 fl zu 20 ß, sol Ime widerumb zalenn auff Petri und Pauli zu Naumburg alweg 21 ß fur ain fl. Darbey ist gewesenn Georg Lockner und hatt dessen mein handschrifft 600 fl.

Wie aus den Buchungen zu ersehen ist, wird eine Kennzeichnung als Soll- und Habenbuchung im Journal noch nicht vorgenommen, so wie wir es z. B. bei den Fuggern finden. Die Buchhaltungstechnik der Nürnberger Gesellschaft stellt deshalb keinen wesentlichen Fortschritt gegenüber jener der Fugger dar. Auch die Schreibweise ist noch sehr willkürlich und deutlich der der Welser unterlegen, bei der Martin Luthers Reformwerk schon zu verspüren ist.

E. Bilder von der Nürnberger Buchhaltung im 16. Jahrhundert

I. Die Buchhaltung des Wolf Kern um 1550[1]

[1] Das Fragment des Schuldbuches von Wolf Kern befindet sich als Leihgabe des Germanischen Nationalmuseums Nürnberg im Stadtarchiv Nürnberg. Die einzelnen Blätter des Buches sind von Frau Dr. Sporhan-Krempel, Stuttgart, geordnet worden. Mit freundlicher Genehmigung von Frau Dr. Sporhan-Krempel werden sie teilweise veröffentlicht.

Soll

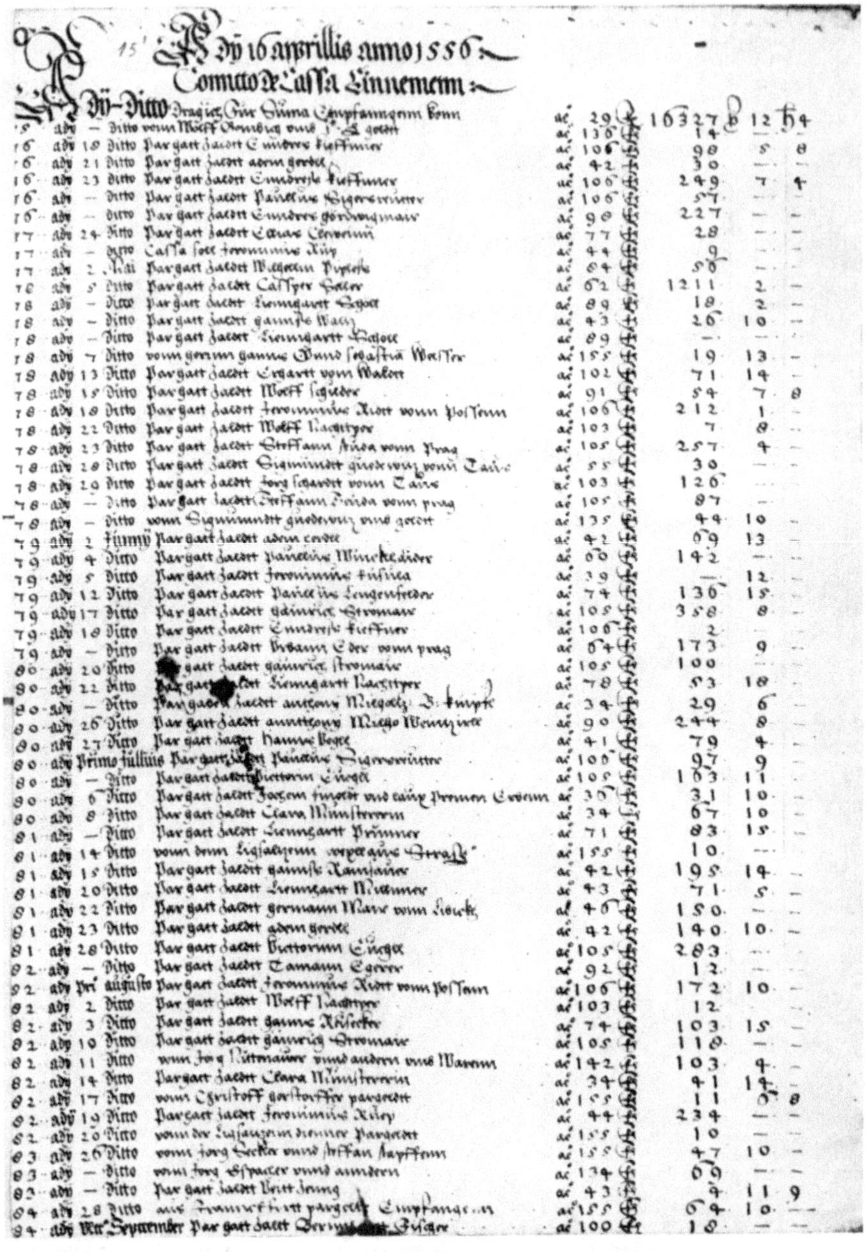

Ady 16 apprillis anno 1556

Conntto de Cassa Linnemem

Ein Kassenkonto aus dem Jahre 1556

Haben

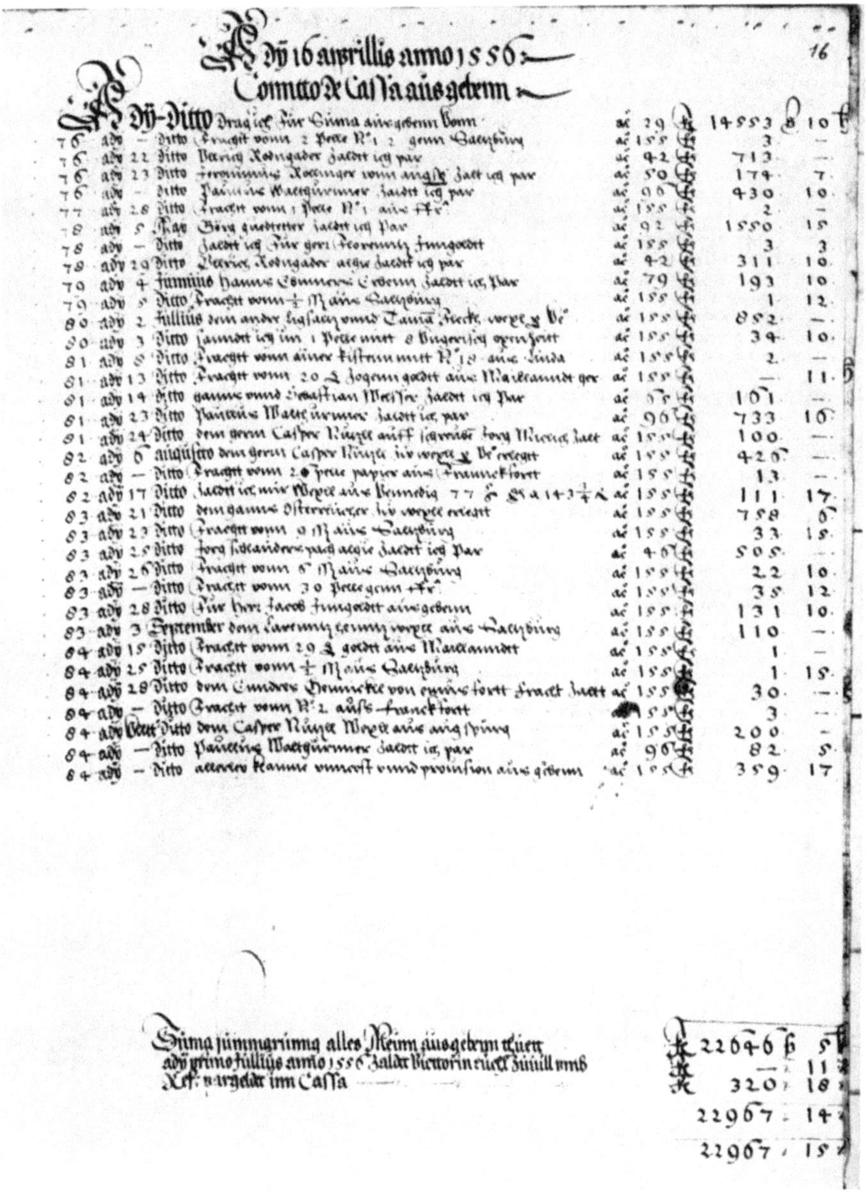

Adÿ 16 aprillis anno 1556 — 16

Conto de Cassa aüsgeben —

	Adÿ	Ditto	Drag ich für Suma aüsgeben [illegible]	a° 29	14553	8	10
76	adÿ	— ditto	Fracht vom 2 Pelle N° 1 2 gen Saltzburg	a° 155	3		—
76	adÿ	22 ditto	[illegible] Rotngader zaldt ich par	a° 42	713		—
76	adÿ	23 ditto	Jeronimus Rottinger [illegible] zaldt ich par	a° 50	174		7
76	adÿ	— ditto	Paulus Weitzhirner zaldt ich par	a° 96	430		10
77	adÿ	28 ditto	Fracht vom 1 Pelle N° 1 aus Ffr	a° 155	2		—
78	adÿ	5 Maÿ	Jörg [illegible] zaldt ich par	a° 92	1550		15
78	adÿ	— ditto	zaldt ich für hern Jeronimus [illegible]	a° 155	3		3
79	adÿ	20 ditto	[illegible] Rotngader abermals zaldt ich par	a° 42	311		10
79	adÿ	4 Junius	Hanns Commerer Erben zaldt ich par	a° 79	193		10
79	adÿ	5 ditto	Fracht vom ½ Maus Saltzburg	a° 155	1		12
80	adÿ	2 Jullius	[illegible]	a° 155	852		—
80	adÿ	3 ditto	[illegible]	a° 155	34		10
81	adÿ	8 ditto	Fracht vom ainer kistenn mit N° 18 aus Linda	a° 155	2		—
81	adÿ	13 ditto	Fracht vom 20 [illegible] aus Marckanndt [illegible]	a° 155	—		11
81	adÿ	14 ditto	Hanns und Sebastian Weiss zaldt ich par	a° 55	101		—
81	adÿ	23 ditto	Paulus Weitzhirner zaldt ich par	a° 96	733		16
81	adÿ	24 ditto	dem hern Casper Nützel [illegible]	a° 155	100		—
82	adÿ	6 augusto	dem hern Casper Nützel [illegible]	a° 155	426		—
82	adÿ	— ditto	Fracht vom 20 pelle papier aus Franckfort	a° 155	13		—
82	adÿ	17 ditto	zaldt ich mir Wexel aus Venedig [illegible]	a° 155	111		17
83	adÿ	21 ditto	dem Hanns Osterreicher [illegible]	a° 155	758		6
83	adÿ	23 ditto	Fracht vom 9 Maus Saltzburg	a° 155	33		15
83	adÿ	25 ditto	Jörg [illegible] zaldt ich par	a° 45	505		—
83	adÿ	26 ditto	Fracht vom 6 Maus Saltzburg	a° 155	22		10
83	adÿ	— ditto	Fracht vom 30 pelle gen Ffr	a° 155	35		12
83	adÿ	28 ditto	für hern Jacob [illegible] aüsgeben	a° 155	131		10
83	adÿ	3 September	[illegible] aus Saltzburg	a° 155	110		—
84	adÿ	15 ditto	Fracht vom 29 [illegible] aus Marckanndt	a° 155	1		—
84	adÿ	25 ditto	Fracht vom ½ Maus Saltzburg	a° 155	1		15
84	adÿ	28 ditto	dem [illegible] Fracht zaldt	a° 155	30		—
84	adÿ	— ditto	Fracht vom N° 2 aus Franckfort	a° 155	3		—
84	adÿ	[illegible] ditto	dem Casper Nützel Wexel aus Augspurg	a° 155	200		—
84	adÿ	— ditto	Paulus Weitzhirner zaldt ich par	a° 96	82		5
84	adÿ	— ditto	[illegible]	a° 155	359		17

Suma summarum alles meins aüsgeben [illegible]
adÿ primo Jullius anno 1556 [illegible]
[illegible] im Cassa —

fl	22646	ß	5
fl	—		11
fl	320		18
	22967		14
	22967		15

Soll

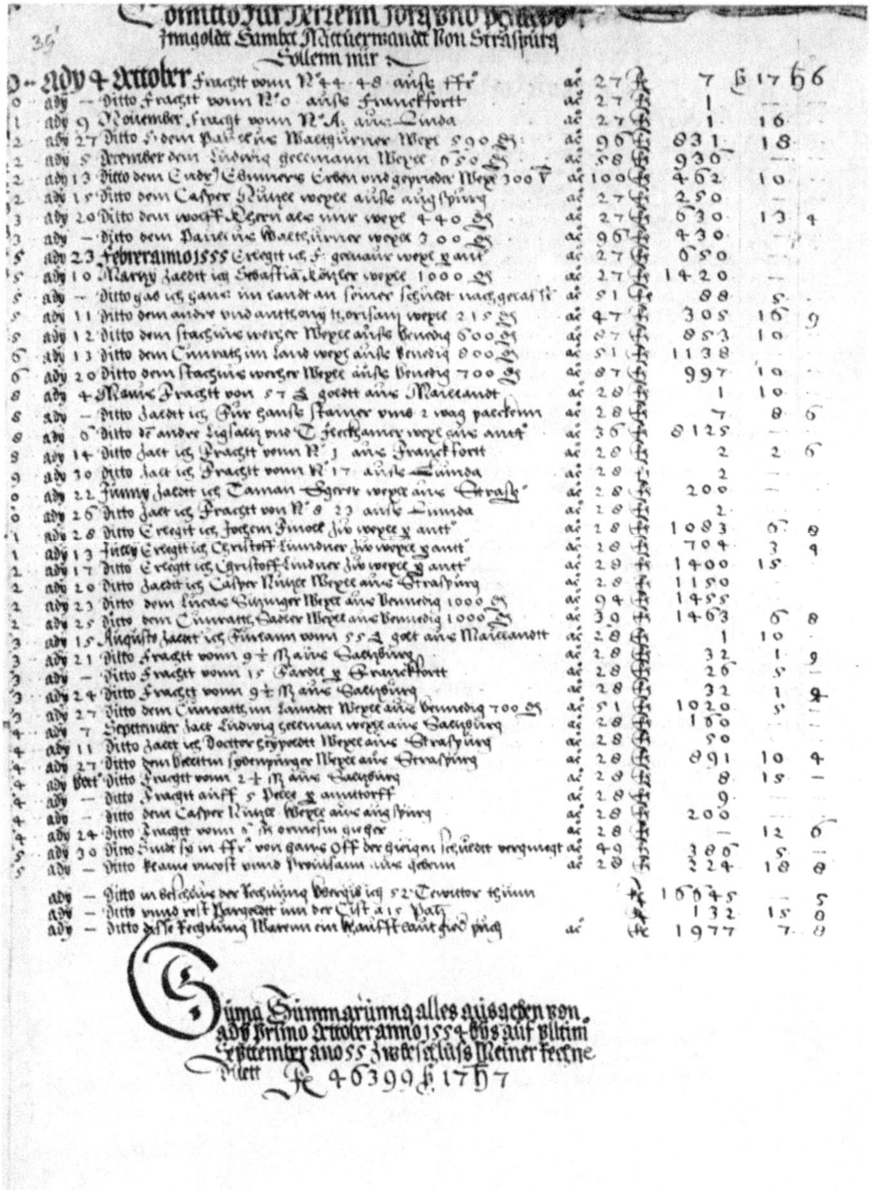

Das Konto der Straßburger Firma Ingoldt
im Geschäftsjahr Oktober 1554 bis Oktober 1555

Haben

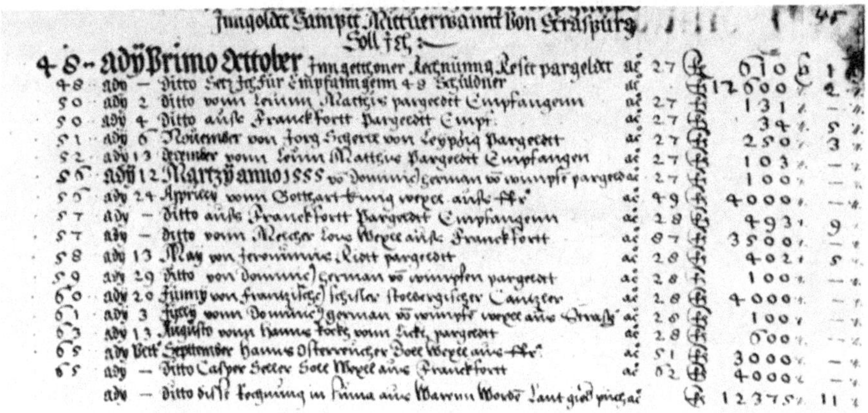

Jungoldt Sampt Mittuerwannt von Strassburg
Soll fer:

48	Ady Primo Octtober	Jnngettoner Rechnung Rest pargeldt	ac	27	fl	6106	1	
48	Ady —	Ditto Setz ich für Empfanngem 49 Schuldner	ac		fl	12600	2	
50	Ady 2	Ditto vonn Lenhart Mattheis pargeldt Empfangenn	ac	27	fl	131	—	
50	Ady 4	Ditto auss Franckfortt Pargeldt Empf.	ac	27	fl	34	5	
51	Ady 6	Nouember von Jorg Scherer von Leyptzig Pargeldt	ac	27	fl	250	3	
52	Ady 13	Dezember vonn Lenhart Mattheis Pargeldt Empfangen	ac	27	fl	103	—	
55	Ady 12	Martzy anno 1555 vo Dominicus German vo wimpfe pargeldt	ac	27	fl	100	—	
55	Ady 24	Apprielly vonn Gotthart Kung wechsel auss Ffr	ac	49	fl	4000	—	
57	Ady —	Ditto auss Franckfortt Pargeldt Empfangenn	ac	28	fl	493	9	
57	Ady —	Ditto vonn Metzger Lowe Wechsel auss Franckfortt	ac	87	fl	3500	—	
58	Ady 13	May von Jeronimus Kott pargeldt	ac	28	fl	402	5	
59	Ady 29	Ditto von Dominicus German vo wimpfen pargeldt	ac	28	fl	100	—	
60	Ady 20	Junny von Franciscus Schiller Stolbergischer Cantzler	ac	28	fl	4000	—	
61	Ady 3	Jully vonn Dominicus German vo wimpfe wechsel auss Strassb	ac	26	fl	100	—	
63	Ady 13	Augusto vonn Hannus Focke vonn Lich pargeldt	ac	28	fl	600	—	
65	Ady Ult	Septembre Hannus Osterreicher Sole Wechsel auss Ffr	ac	51	fl	3000	—	
65	Ady —	Ditto Caspar Seller Sole Wechsel auss Franckfortt	ac	52	fl	4000	—	
	Ady —	Ditto disse Rechnung in Suma aus Warenn Worde Laut giorl pr.	ac		fl	12375	11	

Suma Sumarumma alles Empfanngem von ady Primo Octtober anno 1554 bis auff Ultimo September anno 55 zu beschluss Meiner Rechnung Dilett fl 46399 ß 17 h 7

Soll

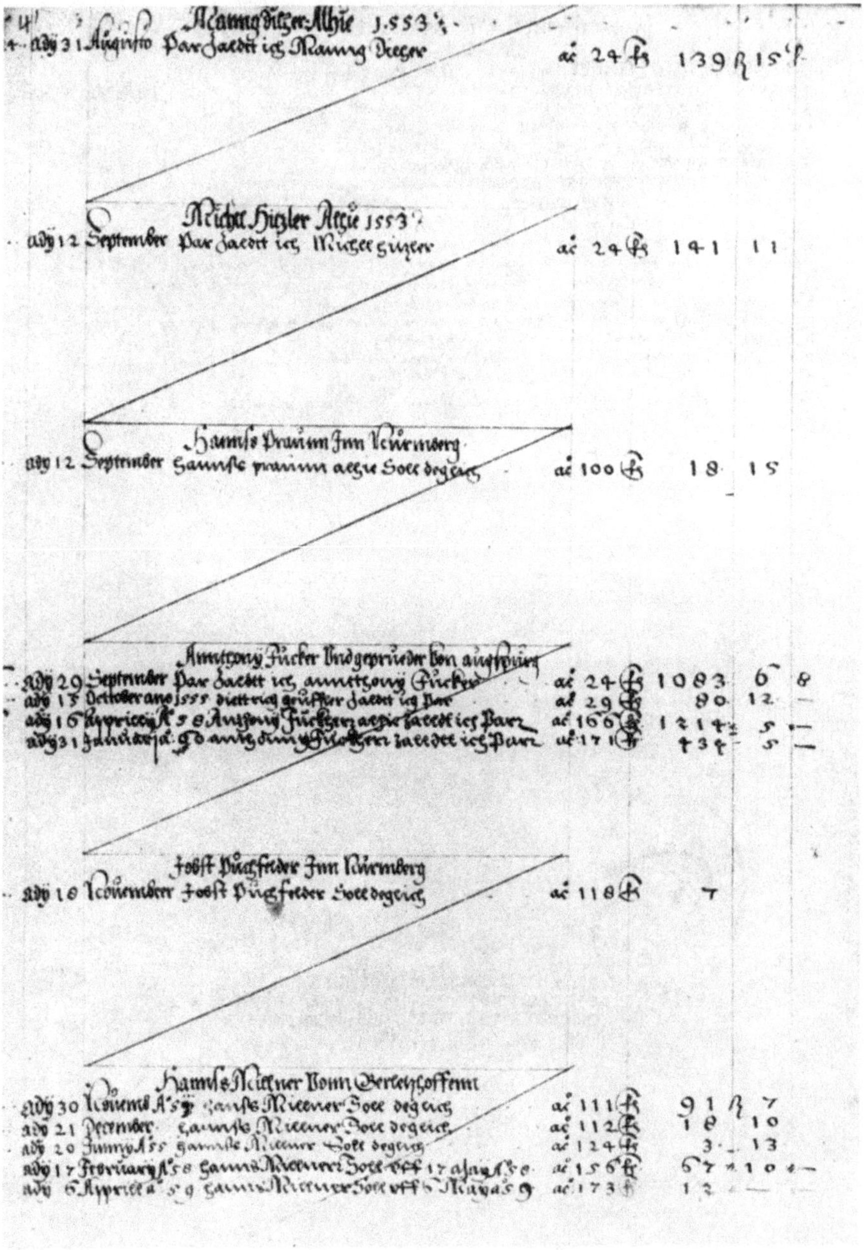

Das Konto der Firma Anton Fugger aus Augsburg
und andere Personenkonten aus dem Jahre 1553

Haben

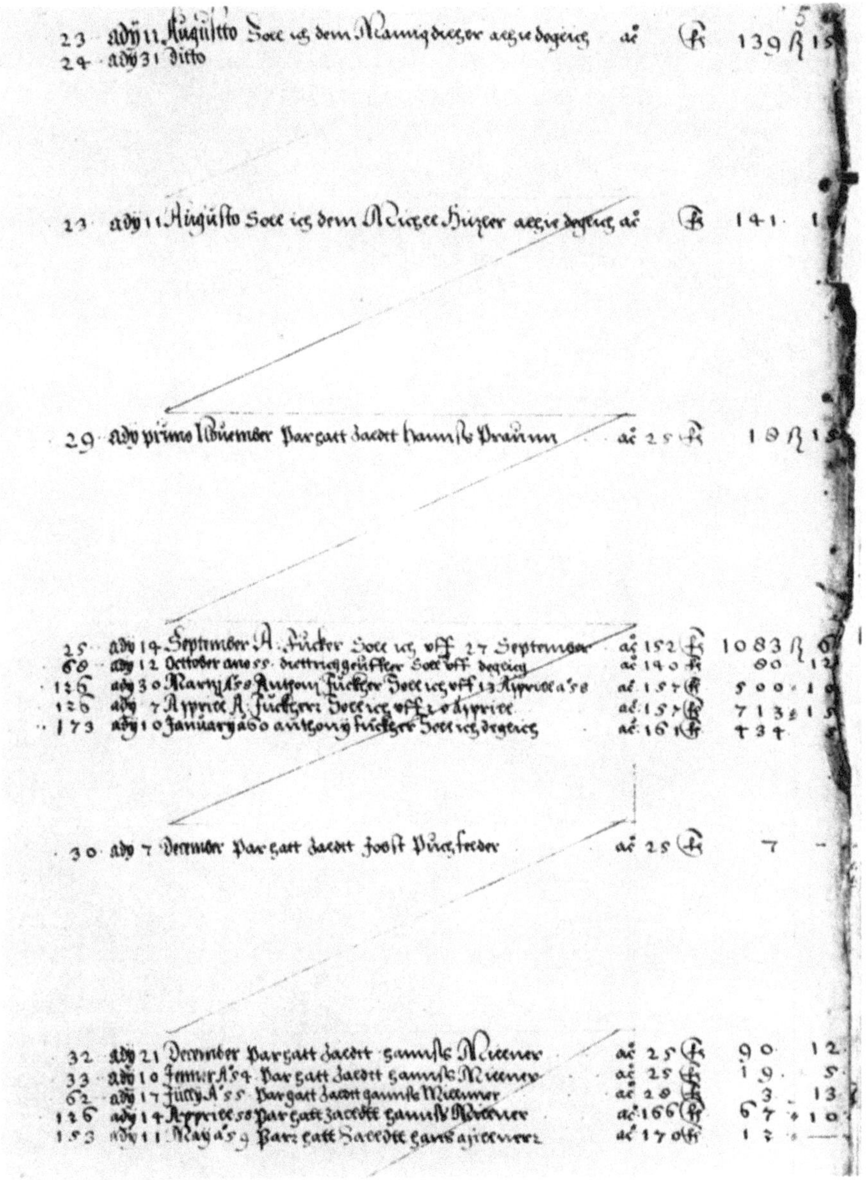
23 adi 11 Augusto Soll ich dem ... a c° 139 fl 15
24 adi 31 Ditto

23 adi 11 Augusto Soll ich dem ... a c° 141 1

29 adi primo Novembre Bargelt ... a c° 25 10 fl 15

25 adi 14 September A. Fucker Soll ich uff 27 Septembre a c° 152 1083 fl 6
68 adi 12 October anno 55 ... a c° 140 00 12
126 adi 30 Marzy A° 58 Antoni Fuckher Soll ich uff 13 Aprille a° 58 a c° 157 500 10
126 adi 7 Aprille A. Fuckher Soll ich uff 20 Aprille a c° 157 713 15
173 adi 10 Januari a° 60 Antoni Fuckher Soll ich ... a c° 161 434

30 adi 7 Decembre Bargelt ... Jobst ... a c° 25 7 –

32 adi 21 Decembre Bargelt ... a c° 25 90 12
33 adi 10 Jenner A° 54 Bargelt ... a c° 25 19 5
62 adi 17 Jully A° 55 Bargelt ... a c° 20 3 13
126 adi 14 Aprille 58 Bargelt ... a c° 166 67 10
153 adi 11 Maya° 59 Bargelt ... a c° 170 17 –

II. Die Buchhaltung des Bartholomäus Viatis um 1580[2]

[2] Das „Jornal und Schuldtbuch", von Bartholomäus Viatis von 1579—1593 geführt, befindet sich im Stadtarchiv Nürnberg, Familienarchiv Viatis Nr. 1.

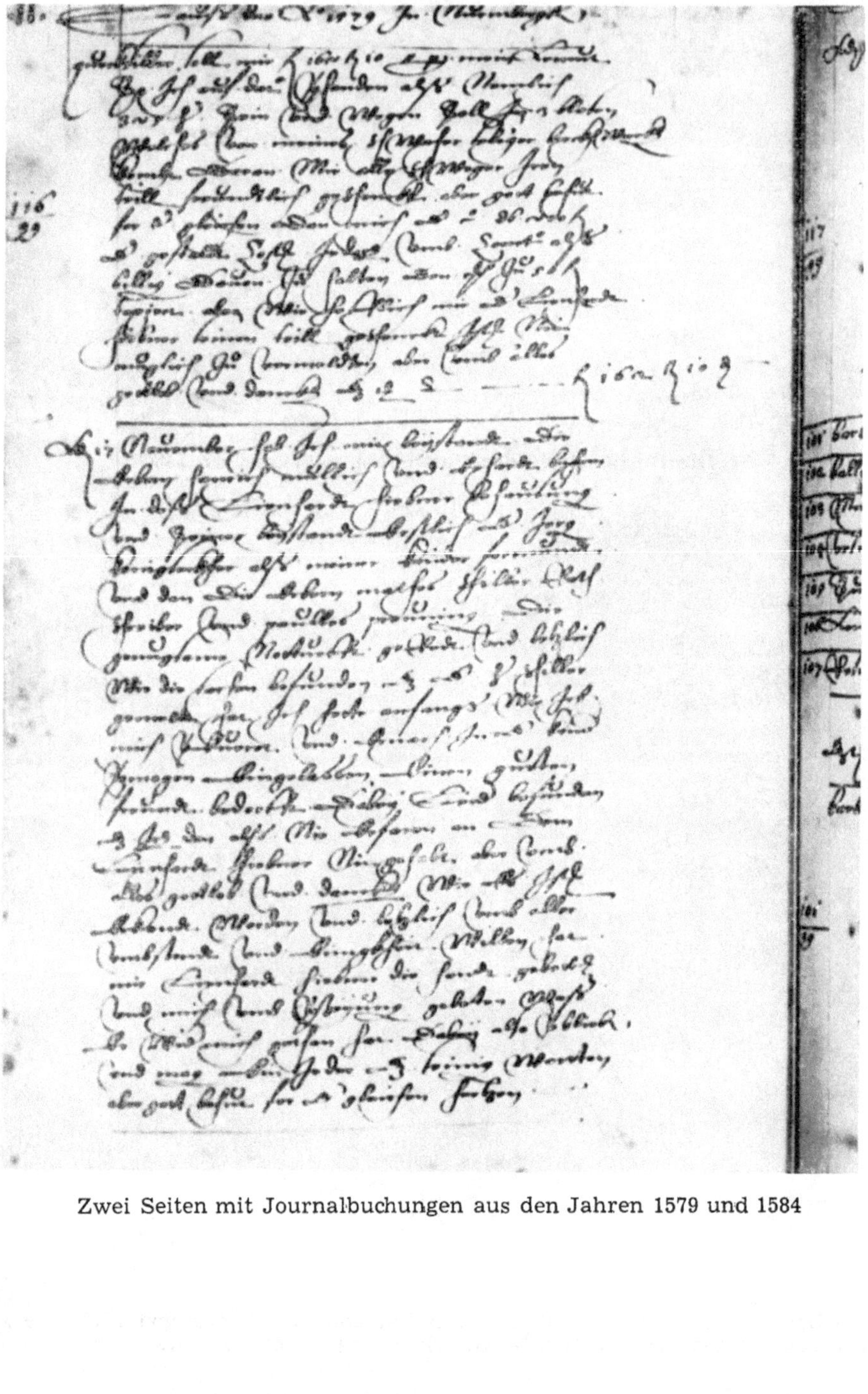

Zwei Seiten mit Journalbuchungen aus den Jahren 1579 und 1584

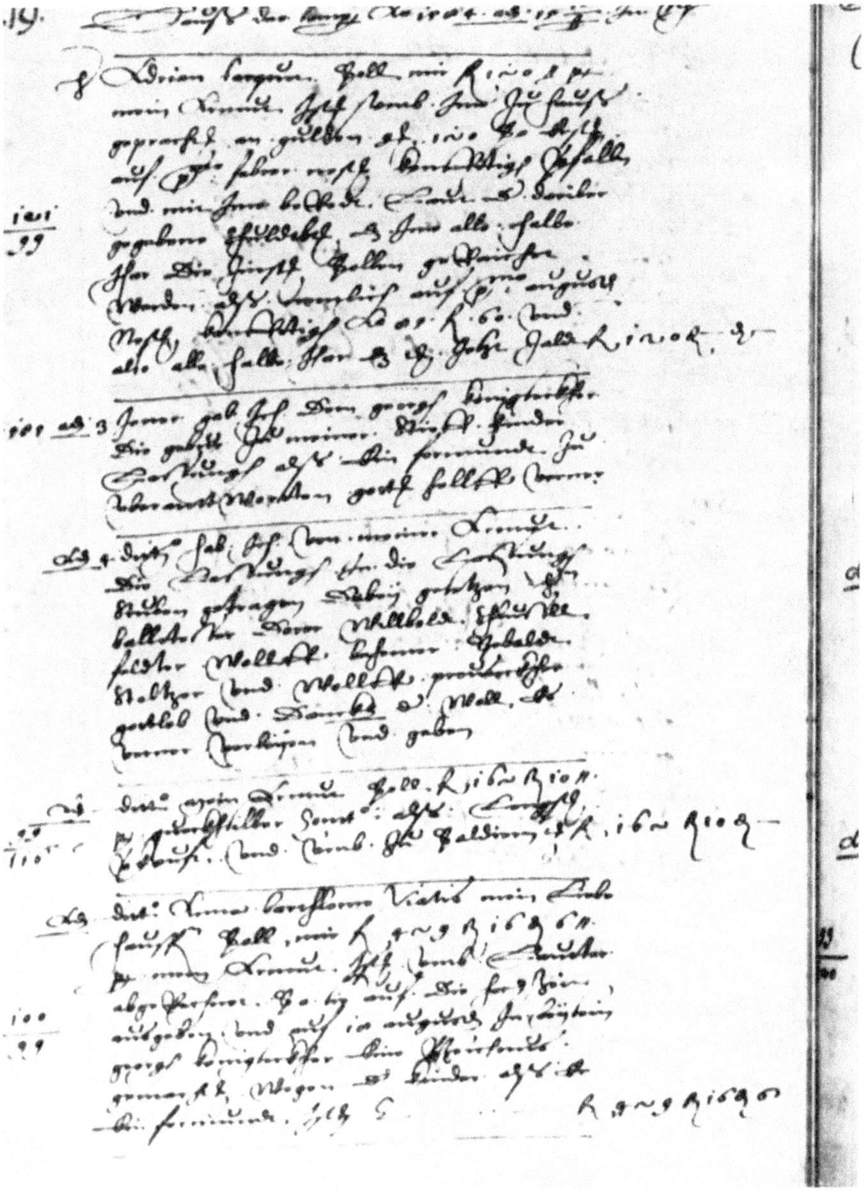

Soll

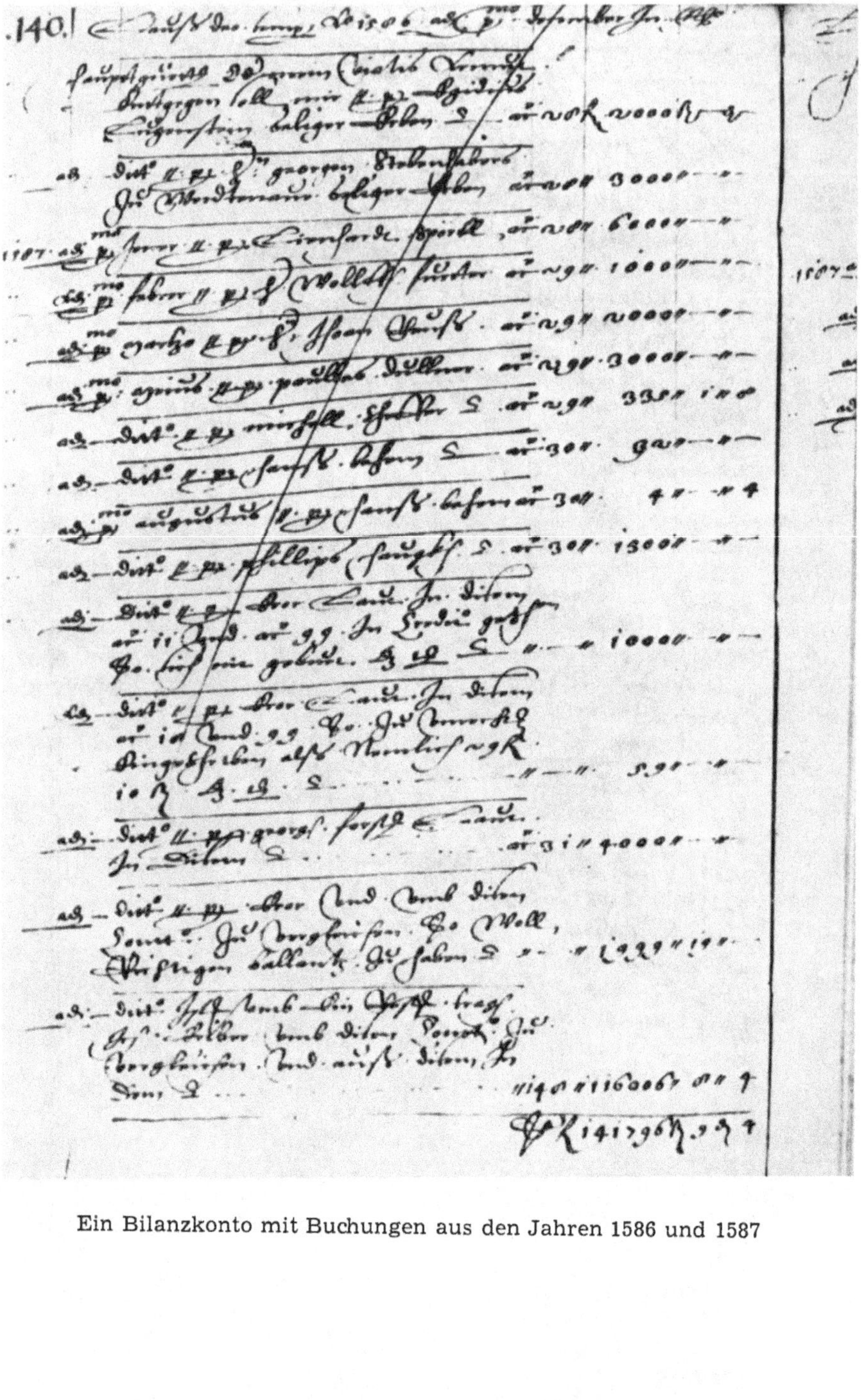

Ein Bilanzkonto mit Buchungen aus den Jahren 1586 und 1587

Haben

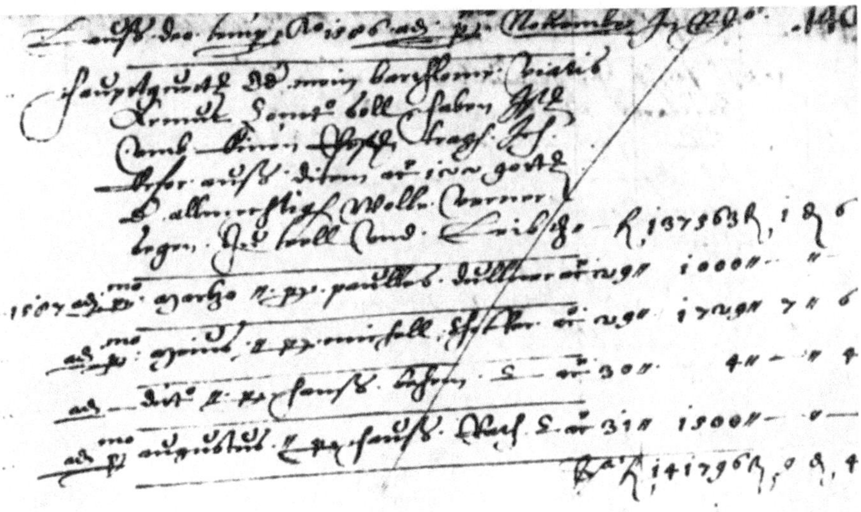

Haben

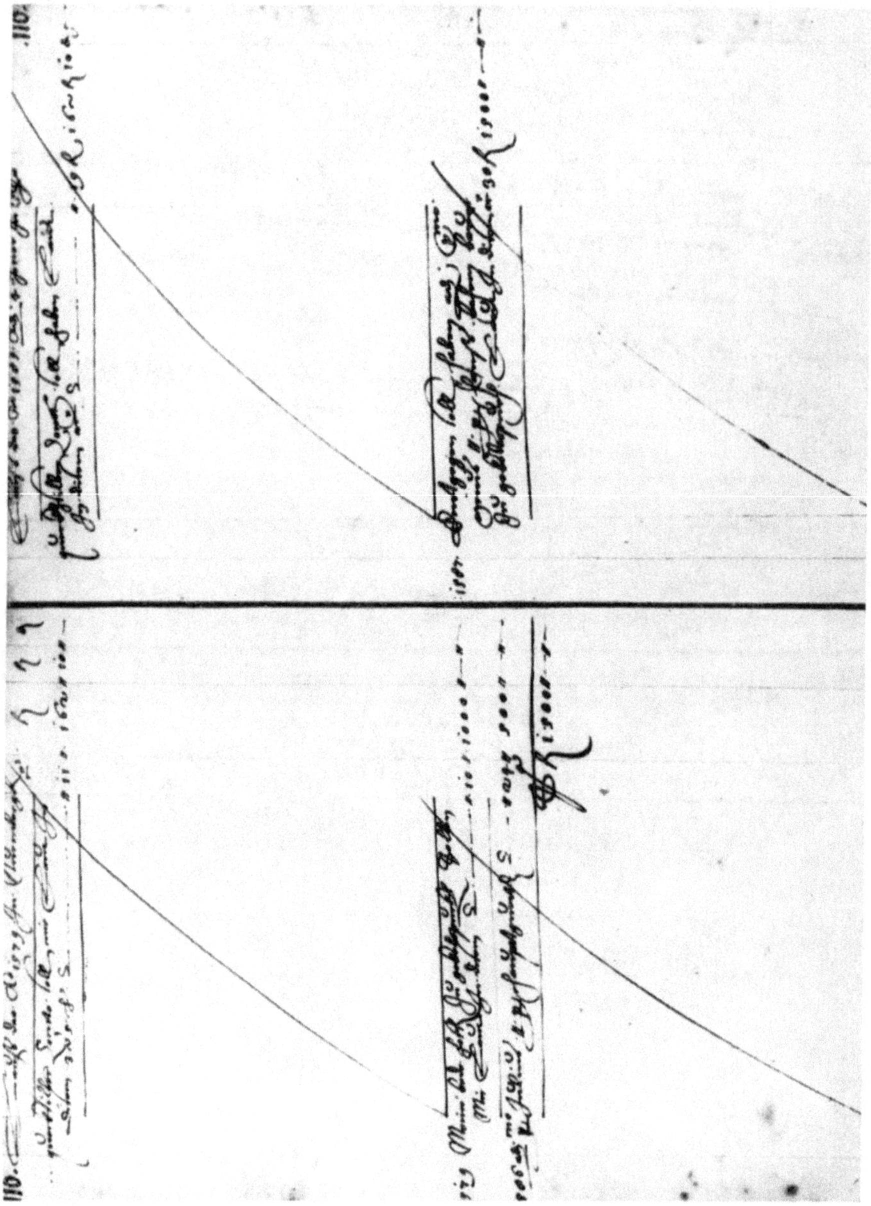

Soll

Das Quecksilberkonto aus dem Jahre 1579.
Ein Sachkonto

Literaturverzeichnis

1. Bücher

Ammann, Hektor: Die Diesbach-Watt-Gesellschaft, St. Gallen 1928.

Bastian, Franz: Oberdeutsche Kaufleute in den älteren Tiroler Raitbüchern (1288—1370), Schriftenreihe zur bayerischen Landesgeschichte, hrsg. v. der Kommission für bayerische Landesgeschichte, Bd. 10, München 1931.

— Das Runtingerbuch 1383—1407 und verwandtes Material zum Regensburger-Südostdeutschen Handel und Münzwesen, 3 Bde., aus der Reihe: Deutsche Handelsakten des Mittelalters und der Neuzeit, hrsg. v. der Historischen Kommission bei der Bayerischen Akademie der Wissenschaften, Bd. VI—VIII, Regensburg 1935—44.

Bechtel, Heinrich: Wirtschaftsstil des deutschen Spätmittelalters. Der Ausdruck der Lebensform in Wirtschaft, Gesellschaftsaufbau und Kunst, von 1350 bis um 1500, München und Leipzig 1930.

— Wirtschaftsgeschichte Deutschlands, 3 Bde., 2. Aufl., München 1951—56 (1. Aufl. 1941, nur 1. Bd. erschienen).

Bensa, Enrico: Francesco di Marco da Prato, Mailand 1928.

Brown, R. Gene und Keneth S. *Johnston:* Paciolo on Accounting, New York, San Francisco, Toronto, London 1963.

Buhl, Herbert: Die geschichtlich begründete Kontentheorie, Stuttgart 1929.

Chroust, Anton und Hans *Proesler:* Das Handlungsbuch der Holzschuher in Nürnberg von 1304—1307, Erlangen 1934.

De la Porte: Führer der Kaufleute und Buchhalter, 1685.

Ehrenberg, Richard: Das Zeitalter der Fugger, Geldkapital und Creditverkehr im 16. Jahrhundert, 2 Bde., 1. Aufl. 1896, 3. Aufl., Jena 1922.

Fuchs, Rudolf: Der Bancho Publico zu Nürnberg, Nürnberger Abhandlungen zu den Wirtschafts- und Sozialwissenschaften, hrsg. v. H. Proesler, M. R. Lehmann und W. Weddigen, Heft 6, Berlin 1955.

Gatz, K.: Kauffahrer, Krämer und Handelsherren. Die deutsche Kaufmannschaft im Mittelalter, Hannover 1949.

Goethe, Joh. Wolfgang v.: Wilhelm Meisters Lehrjahre, 1796.

Goldschmidt, Levin: Universalgeschichte des Handelsrechts, 1. Lieferung, 1. Abteilung des 1. Bd., von: Handbuch des Handelsrechts, 1. Aufl. 1864, 3. Aufl., Stuttgart 1891.

Greiff, B.: Tagebuch des Lucas Rem aus den Jahren 1494—1541. Ein Beitrag zur Handelsgeschichte der Stadt Augsburg. Mitgeteilt von B. Greiff im 26. Jahresbericht des historischen Kreisvereins im Regierungsbezirk von Schwaben und Neuburg für das Jahr 1860, Augsburg 1861.

Grote, Ludwig: Die Tucher. Bildnis einer Patrizierfamilie, München 1961.

Hirschmann, Gerhard: Die Familie Muffel im Mittelalter. Ein Beitrag zur Geschichte des Nürnberger Patriziats, seiner Entstehung und seines Besitzes, Diss. Universität Erlangen 1948.

Isaac, Alfred: Die Entwicklung der wissenschaftlichen Betriebswirtschaftslehre in Deutschland seit 1898, Betriebs- und finanzwirtschaftliche Forschungen, hrsg. v. F. Schmidt, II. Serie, Heft 8, Berlin 1923.

Jäger, Adolf: Stellung und Tätigkeit der Schreib- und Rechenmeister (Modisten) im ausgehenden Mittelalter und zur Zeit der Renaissance. Ein Beitrag zur Geschichte des ringenden und strebenden Mittelstandes aus der Zeit der Blüte und des beginnenden Verfalls der Reichsstadt. Diss. Universität Erlangen 1925.

Jäger, Ernst Ludwig: Beiträge zur Geschichte der Doppelbuchhaltung, Stuttgart 1874.

— Drei Skizzen zur Buchhaltung, Stuttgart 1879.

Jahnel, Helga: Die Imhoffs. Eine Nürnberger Patrizier- und Großkaufmannsfamilie. Eine Studie zur reichsstädtischen Wirtschaftspolitik und Kulturgeschichte an der Wende vom Mittelalter zur Neuzeit (1351—1579), Diss. Universität Würzburg 1951.

Jansen, Max: Jakob Fugger der Reiche, Leipzig 1910.

Kellenbenz, Hermann: Unternehmerkräfte im Hamburger Portugal- und Spanienhandel 1590—1625, Hamburg 1954.

— Nürnberger Handel um 1540. Sonderdruck aus: Mitteilungen des Vereins für Geschichte der Stadt Nürnberg, Bd. 50, Nürnberg 1960, S. 309 ff.

Kheil, C. P.: Benedetto Cotrugli Raugeo. Ein Beitrag zur Geschichte der Buchhaltung, Wien 1906.

Kötzschke, Rudolf: Grundzüge der deutschen Wirtschaftsgeschichte bis zum 17. Jahrhundert, 2. Aufl., Leipzig und Berlin 1923.

Krag, Wilhelm: Die Paumgartner von Nürnberg und Augsburg. Ein Beitrag zur Handelsgeschichte des 15. und 16. Jahrhunderts, München und Leipzig 1919.

Kuske, Bruno: Die Entstehung der Kreditwirtschaft und des Kapitalverkehrs, in: Die Kreditwirtschaft, 1. Teil, Kölner Vorträge, veranstaltet von der Wirtschafts- und Sozialwissenschaftlichen Fakultät der Universität Köln, WS 1926/27, Bd. 1, Leipzig 1927, S. 1—79.

Leitherer, Eugen: Geschichte der handels- und absatzwirtschaftlichen Literatur, Köln und Opladen 1961.

Leuchs, Joh. Michael: System des Handels, Faksimiledruck der 1. Aufl. von 1804. Mit einer Einleitung: J. M. Leuchs als Handelswissenschaftler von R. Seyffert, Quellen und Studien zur Geschichte der Betriebswirtschaftslehre, hrsg. v. R. Seyffert, Bd. V, Stuttgart 1933.

Leyerer, C.: Theorie und Geschichte der Buchhaltung, Brünn 1919.

Linhardt, Hanns: Kapitalwirtschaft und Kapitalrechnung, in: Die Unternehmung im Markt, Festschrift für Wilhelm Rieger zu seinem 75. Geburtstag, Stuttgart und Köln 1953, S. 39—65.

— Grundlagen der Betriebsorganisation, Betriebswirtschaftliche Bibliothek, hrsg. v. W. Hasenack, Reihe A/IV, Essen 1954.

— Bankbetriebslehre, Bd. I: Bankbetrieb und Bankpolitik, in: Bankwirtschaftliche Schriftenreihe, hrsg. v. H. Linhardt, Köln und Opladen 1957.

— Nürnbergs Bankwirtschaft. Antrittsvorlesung an der Hochschule für Wirtschafts- und Sozialwissenschaften Nürnberg am 6. Februar 1957, Veröffentlichungen der Hochschule für Sozial- und Wirtschaftswissenschaften zu Nürnberg. Bd. X, Nürnberg o. J.

— Die Betriebswirtschaftslehre, in: Angriff und Abwehr im Kampf um die Betriebswirtschaftslehre, Betriebswirtschaftliche Schriften, Heft 11, Berlin 1963, S. 131—147.

— Die historische Komponente der funktionalen Betriebswirtschaftslehre, Betriebsfunktionen — historisch betrachtet, Betriebswirtschaftliche Schriften, Heft 14, Berlin 1964.

Löffelholz, Josef: Geschichte der Betriebswirtschaft und der Betriebswirtschaftslehre. Altertum — Mittelalter — Neuzeit bis zu Beginn des 19. Jahrhunderts, Betriebswirtschaftliche Abhandlungen, Bd. 23, Stuttgart 1935.

Lopez, Robert S. und Irving W. *Raymond:* Medieval Trade in the Mediterranean World. Illustrative Documents translated with Introductions and Notes, Records of Civilisation, Sources and Studies, hrsg. v. A. P. Evans, Bd. LII, New York 1955.

Ludovici, Carl Günther: Grundriß eines vollständigen Kaufmanns-Systems, Omnitypiedruck der 2. Aufl. von 1768, mit einer Einleitung: Carl Günther Ludovici und sein Hauptwerk. Die Akademie der Kaufleute, von R. Seyffert, Quellen und Studien zur Geschichte der Betriebswirtschaftslehre, hrsg. v. R. Seyffert, Bd. IV, Stuttgart 1932.

Lütge, Friedrich: Deutsche Sozial- und Wirtschaftsgeschichte. Ein Überblick, Berlin, Göttingen, Heidelberg 1952.

Luther, Martin: Von Kauffshandlung und Wucher, 1524.

Meder, Lorenz: Handel-Buch, Nürnberg 1558.

Müller, Karl Otto: Welthandelsbräuche (1480—1540), Reihe: Deutsche Handelsakten des Mittelalters und der Neuzeit, hrsg. v. d. Historischen Kommission bei der Bayerischen Akademie der Wissenschaften, Bd. V, Stuttgart-Berlin 1934.

— Quellen zur Handelsgeschichte der Paumgartner von Augsburg (1480—1520), Wiesbaden 1955.

Müller-Armack, Alfred: Genealogie der Wirtschaftsstile. Die geistesgeschichtlichen Ursprünge der Staats- und Wirtschaftsformen bis zum Ausgang des 18. Jahrhunderts, 1. Aufl., Stuttgart 1941.

Pape, Ernst: Grundriß der doppelten Buchführung aus dem Wesen der kaufmännischen Unternehmung erklärt, 2. Aufl., Leipzig 1921 (1. Aufl. 1920).

Penndorf, Balduin: Geschichte der Buchhaltung in Deutschland, Leipzig 1913.

— Entwicklungsgeschichte des Betriebslebens, in: Die Handelshochschule, 2. Aufl., Berlin-Wien o. J., Bd. 3, Teil 2; neu bearbeiatet von R. Henzler, Wiesbaden.

— Luca Pacioli, Abhandlung über die Buchhaltung 1494, nach dem italienischen Original von 1494 ins Deutsche übersetzt und mit einer Einleitung über die italienische Buchhaltung im 14. und 15. Jahrhundert und Paciolis Leben und Werk, versehen von B. Penndorf, Quellen und Studien zur Geschichte der Betriebswirtschaftslehre, hrsg. v. R. Seyffert, Bd. II, Stuttgart 1933.

Pölnitz, Götz Frhr. v.: Jakob Fugger, Kaiser, Kirche und Kapital in der oberdeutschen Renaissance, Tübingen 1949.

— Jakob Fugger, Quellen und Erläuterungen, Tübingen o. J. (1951).

— Anton Fugger, 2. Bd.: 1536—1548, (Teil I: 1536—1543), Schwäbische Forschungsgemeinschaft bei der Kommission für bayerische Landesgeschichte, Reihe 4, Bd. 8, Studien zur Fuggergeschichte, hrsg. v. G. v. Pölnitz, Bd. 17, Tübingen 1963.

Propfe, Johannes: Die Rechnungsbücher und Briefschaften des Dürener Tuchhändlers Bernhard v. Lohn 1604—1646, Diss. Universität Köln 1930.

Rieger, Wilhelm: Einführung in die Privatwirtschaftslehre, 2. unveränderte Aufl., Erlangen 1959 (1. Aufl. 1928).

Rigobon, Pietro: Di Giovanni Tagliente veneziano e delle sue opere di ragionerie, Mailand 1894.

Rörig, Fritz: Hansische Beiträge zur deutschen Wirtschaftsgeschichte, Breslau 1928.

— Wirtschaftskräfte im Mittelalter, Abhandlungen zur Stadt- und Hansegeschichte, hrsg. v. P. Kaegbein, Graz 1959.

Roover, Raymond de: The Medici Bank. Its Organization, Management and Decline, New York, London 1948.

Roth, Günter D.: Kurze Wirtschaftsgeschichte Mitteleuropas, Von den Zünften zur industriellen Revolution, München 1961.

Roth, Joh. Ferdinand: Geschichte des Nürnberger Handels, 4 Bde., Leipzig 1800—1802.

Sapori, A.: I libri di commercio dei Peruzzi, Mailand 1934.

Savary, Jacques: Le Parfait Négociant, Paris 1675 (Der vollkommene Kaufmann).

Schäfer, Erich: Die Unternehmung, Einführung in die Betriebswirtschaftslehre, 5. Aufl., Köln und Opladen 1963 (1. Aufl. 1949).

Schirmer, Alfred: Wörterbuch der deutschen Kaufmannssprache auf geschichtlichen Grundlagen, Straßburg 1911.

Schmalenbach, Eugen: Dynamische Bilanz, 4. Aufl., Leipzig 1926.

— Die doppelte Buchführung, Köln und Opladen 1950.

Schulte, Aloys: Geschichte des mittelalterlichen Handels und Verkehrs zwischen Westdeutschland und Italien mit Ausschluß von Venedig, 2 Bde., Leipzig 1900.

— Geschichte der Großen Ravensburger Handelsgesellschaft 1380—1530, 3 Bde., Berlin 1923.

Schuster, Leo: Die Rolle der Nürnberger Kaufherren am Fondaco dei Tedeschi in Venedig, Nürnberger Diplomarbeit, abgedruckt in: Mitteilungen aus der Stadtbibliothek Nürnberg, Jg. 11, Heft 1, Mai 1962, S. 1—54.

Sieveking, Heinrich: Die Handlungsbücher der Medici, Sitzungsberichte der Kaiserlichen Akademie der Wissenschaften in Wien, Bd. CLI, Wien 1905.

— Aus Genueser Rechnungs- und Steuerbüchern, Wien 1909.

— Zur Entstehung und Verbreitung der doppelten Buchführung, in: Beiträge zur Buchführung und kaufmännischen Arithmetik, Mitteilungen aus dem handelswissenschaftlichen Seminar der Universität Zürich, Neue Folge, Heft 75, hrsg. v. G. Bachmann, R. Büchner und O. Juzi, Zürich 1944, S. 7—32.

Simonsfeld, Henry: Der Fondaco dei Tedeschi in Venedig und die deutsch-venetianischen Handelsbeziehungen im 15. Jahrhundert, 2 Bde., Stuttgart 1887.

Sombart, Werner: Der moderne Kapitalismus, 3 Bde., 1. und 2. Bd., 3. Aufl., München und Leipzig 1919, 3. Bd., 1. Aufl., Leipzig 1927.

Spengler, Oswald: Der Untergang des Abendlandes, Umrisse einer Morphologie der Weltgeschichte, 2 Bde., Bd. I, 7.—10. Aufl., München 1920, Bd. II 1.—15. Aufl., München 1922.

Sporhan-Krempel, Lore u. Wolfgang v. *Stromer:* Das Handelshaus der Stromer von Nürnberg und die Geschichte der ersten deutschen Papiermühle, Sonderdruck zur Vierteljahrschrift für Sozial- und Wirtschaftsgeschichte, 47. Bd., März 1960, S. 3 ff.

Stern, Robert: Buchhaltungs-Lexikon, 2 Bde., 2. Aufl., Wien, Berlin und Leipzig 1917.

Stiegler, J. P.: Fünf Jahrtausende Buchhaltung. Von der Urkartei auf Tontafeln bis zur Elektronik in der Buchhaltung, 3. erweiterte Aufl., Stuttgart 1958.

Strieder, Jacob: Studien zur Geschichte kapitalistischer Organisationsformen, Monopole, Kartelle und Aktiengesellschaften im Mittelalter und zu Beginn der Neuzeit, 2. Aufl., München und Leipzig 1925.

— Die Inventur der Firma Fugger aus dem Jahre 1527, Zeitschrift für die gesamte Staatswissenschaft, Ergänzungsheft XVII, Tübingen 1905.

Stromer v. Reichenbach, Wolfgang Frhr. v.: Die Nürnberger Handelsgesellschaft Gruber-Podmer-Stromer im 15. Jahrhundert, Nürnberger Forschungen, Einzelarbeiten zur Nürnberger Geschichte, hrsg. vom Verein für Geschichte der Stadt Nürnberg, 7. Bd., Nürnberg 1963.

— Das Schriftwesen der Nürnberger Wirtschaft im 14. und 15. Jahrhundert. Zur Geschichte der Nürnberger Handelsbücher, erscheint im Frühjahr 1966, in: Beiträge zur Wirtschaftsgeschichte Nürnbergs, hrsg. von der Stadtbibliothek Nürnberg.

Sykora, Gustav: Systeme, Methoden und Formen der Buchhaltung. Von ihren Anfängen bis zur Gegenwart, Wien 1952.

Vehn, A. ter: Die Entwicklung der Bilanzauffassungen bis zum AHGB, Zeitschrift für Betriebswirtschaft, 5. Sonderheft, Berlin-Wien 1929.

Weber, Eduard: Literaturgeschichte der Handelsbetriebslehre, Zeitschrift für die gesamte Staatswissenschaft, hrsg. von K. Bücher, Ergänzungsheft XLIX, Tübingen 1914.

Weber, Hans: Die heutige Buchhaltungsmethodik als Ergebnis wirtschaftlicher, wirtschaftswissenschaftlicher und buchhaltungswissenschaftlicher Entwicklung, Diss. Hochschule für Wirtschafts- und Sozialwissenschaften Nürnberg, Nürnberg 1954.

Weber, Max: Wirtschaftsgeschichte, Abriß einer universalen Sozial- und Wirtschaftsgeschichte, 3. durchgesehene und ergänzte Aufl., besorgt von J. F. Winckelmann, Berlin 1958, (1. Aufl. 1923).

Welser, Joh. Michael Frhr. v.: Die Welser, 2 Bde., Nürnberg 1917.

Zwiedineck-Südenhorst, Hans v.: Venedig als Weltmacht und Weltstadt, Monographien zur Weltgeschichte, Bd. VIII, Bielefeld und Leipzig 1899.

2. Zeitschriften

Beigel, R.: Beitrag zur Frage der Erfindung der doppelten Buchführung, in: Zeitschrift für Handelswissenschaft und Handelspraxis, 2. Jg., 1909/10, S. 65—69.

Hummel, August: Die Buchhaltung der Fugger, in: Zeitschrift für Handelswissenschaft und Handelspraxis, 5. Jg., 1912/13, S. 268—272.

Klaveren, Jacob van: Güterverkehr und Zahlungsverkehr im Fernhandel des Mittelalters und zu Beginn der Neuzeit. Eine Erwiderung, in: Zeitschrift für handelswissenschaftliche Forschung, N. F., 13. Jg., 1961, S. 462 bis 463.

Leyerer, C.: Einiges über die historische Entwicklung der Doppik, in: Zeitschrift für Handelswissenschaft und Handelspraxis, 4. Jg., 1911/12, S. 116 bis 124.

— Historische Entwicklung der Buchführung seit der ersten Kenntnis bis zum 17. Jahrhundert, in: Zeitschrift für handelswissenschaftliche Forschung, 16. Jg., 1922, S. 123—152.

Linhardt, Hanns: Güterverkehr und Zahlungsverkehr im Fernhandel des Mittelalters und zu Beginn der Neuzeit. Besprechungsaufsatz zu: Jacob van Klaveren: Europäische Wirtschaftsgeschichte Spaniens im 16. und 17. Jahrhundert, Stuttgart 1960, in: Zeitschrift für handelswissenschaftliche Forschung, N. F., 13. Jg., 1961, S. 203—206.

Penndorf, Balduin: Paulus Behaim (1519—1568). Lehr- und Wanderjahre eines deutschen Kaufmanns im 16. Jahrhundert, in: Zeitschrift für Handelswissenschaft und Handelspraxis, 6. Jg., 1913/14, Beiblatt: Der Kaufmann und das Leben, 3. Jg., 1913/14, S. 29—31.

— Die kaufmännischen Angestellten eines Augsburger Handelshauses im 16. Jahrhundert, in: Zeitschrift für Handelswissenschaft und Handelspraxis, 6. Jg., 1913/14, Beiblatt: Der Kaufmann und das Leben, 3. Jg., 1913/14, S. 59—64.

— Zur Entwicklung der Bücherrevision in Deutschland, in: Zeitschrift für Handelswissenschaft und Handelspraxis, 6. Jg., 1913/14, Beiblatt: Der Kaufmann und das Leben, 3. Jg., 1913/14, S. 157—159.

— Die Entwicklung der Buchhaltung in Deutschland im 16. Jahrhundert, in: Zeitschrift für Handelswissenschaft und Handelspraxis, 8. Jg., 1915/16, S. 31—36.

— Die Anfänge der Betriebsbuchhaltung, in: Zeitschrift für handelswissenschaftliche Forschung, 24. Jg., 1930, S. 627—631.

— Inventur, Bilanz und Bewertung in der italienischen Buchhaltung des 14. Jahrhunderts, in: Zeitschrift für handelswissenschaftliche Forschung, 24. Jg., 1930, S. 489—495.

— Entwicklung des Revisionswesens in Deutschland, in: Die Betriebswirtschaft, 25. Jg., 1932, S. 311—313.

Roover, Raymond de: Aux origines d'une technique intellectuelle. La formation et l'expansion de la comptabilité à partie double, in: Annales d'Histoire Economique et Sociale, 9. Jg., Paris 1937, S. 270—298.

Namenverzeichnis

Alberti 155

Badoer, Jakob 119
Barbarigo, Andrea 167, 170
Bardi 178
Baumgartner 17, 46 ff., 143, 148, 162, 176
Behaim, Paulus 117, 177 f.
Borromei, Filipo 119
Burckhard 50

Cotrugli, Benedetto 144, 153 ff.

Diesbach-Watt-Gesellschaft 130
Ducci, Gaspar 96

Eck, Johannes 184

Fibonacci, Leonardo 133
Ferdinand I 21, 23, 104
Fugger
— Anton 31, 35, 38, 45
— Georg 30, 33 ff., 43
— Hieronymus 31, 35, 38
— Jakob der Ältere 30, 31, 43
— Jakob der Reiche 10, 12, 30, 33 ff., 38, 43 f., 124
— Raymund 31, 35
— Ulrich 30, 33 ff., 40, 43

Gammersfelder 120, 145
Galilei 125
Geldersen, Vicko 116, 140, 167
Gossembrot 46 ff.
Grammateus, Henricus 163, 170
Gresham, Thomas 96, 173
Grimel 172
Gruber 138

Hammurabi 118
Hartbrunner 117
Haug 46, 117
Herwart 47 f., 50
Höchstetter 26, 46, 53
Holzschuher 131 f., 136, 140, 165, 178 ff.
Hutten 104

Imhof 46, 130, 132, 175, 177, 193

Karl V. 45, 104
Kleberger, Hans 96
Kress, Hilpolt 133

Langemantel, David 174
Leonardo da Vinci 155
Leuchs, J. M. 123 f., 134 f.
Lever, Heinrich 138
Lohn, Bernhard 137, 140
Ludovici, C. G. 123 f.
Luther 103, 184, 195

Manzoni 163, 174
di Marco, Francesco 119, 141 f., 150 f., 169
Maximilian I. 20, 145
Meckau, Melchior 26
Meder, Lorenz 117, 164
Medici 151 f., 191
Mendel 165
Menher, Valentin 172
Metzler, Hans 88 f.
Mülich, Marx 89
Muffel, Paul 117

Neidhart 46, 172, 186 f.
Neudörffer, Johann 163, 166, 177
Newton 125

Örtel, Mathias 86
Old Hugh 144

Pacioli, Lucas 125 f., 148, 153, 154 ff., 163, 167, 174, 188
Paumgartner s. Baumgartner
Peruzzi 151
Peutinger, Conrad 48
Pimmel 46, 50
Podmer 138
Porte, de la 120

Ravensburger Gesellschaft 130, 136, 173, 181 ff.
Rem, Lucas 159
Ruland, Ott 140
Runtinger 116, 133, 136 f., 139

Savary, Jacques 117, 120, 176
Schwarz, Mattäus 52, 83, 123, 134, 161, 167, 176 ff., 184 ff.
Schweicker, Wolfgang 145, 163 f.
Soranzo 152
Starck, Ulrich 136
Stevin, Simon 168
Stöckl 50
Stromer 138, 142

Tagliente, Giovanni 135
Thomas von Aquin 126
Thurzo 15 ff., 48 ff., 67, 102
Tölner, Johann 116
Tucher, Lazarus 85, 96, 99, 193

Watt, Peter 130
Welser 45 ff., 130, 171, 173, 191 ff.
Wittenborg, Johann 116, 134, 139 f., 180

Zangenmeister 117

Sachverzeichnis

Absatz 82, 91, 101
Abschreibung 62, 162, 169
Agenten 85, 96, 99, 101
Anleihen 14, 18 ff., 45, 48
Arbitrage 98
Außenstände 66, 190

Bankrott 26, 53, 191
Barchent 12, 74, 76, 91
Baumwolle 12, 74, 91
Bergregal 19 ff., 103
Beschaffung 82, 91, 101, 103
Beweiskraft der Bücher 53, 116, 147
Bewertung 63 f., 69
Bilanz 68 ff., 118, 193
— konto s. Konten
— Probebilanz 61, 146
— Summenbilanz 156, 188
Börse 74, 93 ff.
Buchhaltung
— einfache 118 f., 134 f., 136 ff.
— doppelte 52, 57, 115, 117 ff., 134 f., 146 ff.
— italienische 53 f., 118, 120, 124, 185 ff., 193
— deutsche 53 f., 115, 188 ff.
Bücher
— Güterbuch 54 f., 57 ff., 118, 161, 188 f., 192, 194
— Hauptbuch 50, 61, 154, 156, 167, 189, 192
— Hofbuch 50, 61, 65, 190
— Journal 54, 117, 137, 150, 154, 156, 167, 185 f., 189, 192, 194
— Kassenbuch 55, 118
— Lohnbuch 141
— Nebenbücher 55, 118, 168
— Schuldbuch 54, 57 ff., 118, 186 ff., 192, 194
— Wechselbuch 56, 61, 65 ff., 187, 190

Commenda 130

Erbengemeinschaft 30, 43 f.

Faktor 37 f., 83 ff., 85 f., 87 ff.
Faktorei 23, 26 ff., 43, 51, 53 ff., 64 ff., 68 ff., 72 ff., 80 ff., 100 ff., 130 f.
— buchhaltung 51 f., 56 ff., 175 ff., 181 f., 187 ff.
Familiengesellschaft s. Gesellschaften
Filiale s. Faktorei
Finanzierung 25, 37, 43, 96
Fondaco dei Tedeschi 101, 165

Generalrechnung 35, 62 f.
Gesellschaften
— Familienges. 42 f., 130
— Kapitalges. 39 f.
— Kommanditges. 41 f.
— OHG 40 ff., 130
— Personalges. 39 ff.
— Stille Ges. 41
Gesellschaftskapital s. Kapital
Gewinn 14, 15, 20 f., 28, 33, 35 f., 62, 118, 170 f., 190
Gewinn- u. Verlustkonto s. Konten
Gewürze 12 ff., 46, 74, 92, 94
Güterbuch s. Bücher

Haftung 34, 39 f., 44
Handels
— diener s. Faktor
— funktionen 11 f.
— vollmacht 85 f.
Hauptbuch s. Bücher
Hauptgut s. Gesellschaftskapital
Hofbuch s. Bücher
Hüttenwerke 16 f., 49, 73 f.

Inventur 64 ff., 118, 182, 190
Investitionen 22, 42

Journal s. Bücher

Kapital 15, 61, 136
— bedarf 15, 18, 25, 50
— bildung 12, 18 f., 25
— gesellschaft s. Gesellschaften
— konto s. Konten
— Gesellschaftskapital 25, 32 f., 38 ff., 49 f., 61, 68, 69 f., 171
Kapitalismus 10, 29, 51, 119 f., 123, 136, 159
Kapus s. Güterbuch
Kommanditgesellschaft s. Gesellschaften
Konten
— Bilanzkonto 166, 170, 188
— GuV-Konto 59, 117, 150, 157, 166, 170 ff.
— Kapitalkonto 60, 61, 117, 124, 152, 166, 191
— Kassenkonto 57 ff., 117, 150
— Personenkonten 54, 57, 61, 116, 135, 137, 150 f., 164 ff.
— Sachkonten 135, 137, 150 f., 164 ff.
Kontokorrent 137, 187, 191
Konkurs s. Bankrott
Kux 15, 17 f.

Lagerwesen 82, 101, 128
Liquidation 116
Liquidität 25 f., 28, 128, 131

Memorial 131, 141 f., 150, 154, 156, 167
Messe 74, 92 ff., 127, 131, 194

Nebenbücher s. Bücher

Obligationen 97 f.
OHG s. Gesellschaften

Partierechnung 118, 170
Personalgesellschaft s. Gesellschaften
Preiskalkulation 143 f.
Privilegien 19, 78
Probebilanz s. Bilanz

Rationalismus, ökonomischer 52, 159
Risiko 14, 21 f., 24, 29, 45, 50, 78
Rücklagen 69
Rückstellungen 169

Sachkonten s. Konten
Schuldbuch s. Bücher
Sozialpolitik 89
Spekulation 13, 15, 95, 98
Stapel 77
Steuern 23, 69, 97, 168
Stille Gesellschaft s. Gesellschaften
Syndikat 47 f., 102

Textil
— handel 12 ff., 15
— produktion 12, 15 f., 92
Transport 77 f., 82, 127 f.

Vorkauf 14
Vertreter s. Faktor

Wechsel 20, 24, 27, 65 ff., 129
— buch s. Bücher
— geschäft 56 ff., 59, 96 ff., 139, 195
Wertberichtigung 63, 190

Zahlensystem, indisches 133
Zins 21 f., 24, 41, 45
— verbot 24, 27
Zoll 77

FSC
www.fsc.org
MIX
Papier | Fördert gute Waldnutzung
FSC® C083411

Kolibri 360 GmbH
Ferdinand-Jühlke-Straße 7
99095 Erfurt, Deutschland
produktsicherheit@kolibri360.de